경허록

鏡虛録

일
러
두
기

1 이 책은 경허록·만공법어 편찬위원회에서 기존에 간행된 선학원본 『경허집』
   (1943년)과 한암 필사본 『경허화상집』(1931년)에 수록된 내용을 전통적인 선어록
   禪語錄의 체제에 따라 전면적으로 재편하여 편찬한 것이다.
2 원문의 오탈자는 정자로 바로 잡았고, 번역은 2016년에 출판된 『경허집』(이상하
   역, 동국대학교출판부)에 의거하여 수정·보완하였다.
3 부록에는 만공월면 선사가 쓴 경허 선사 추모송과 더불어 경허록·만공법어 편
   찬위원회에서 새로 정리한 경허 선사 일대기를 수록하였다.

경허록

鏡虛錄

경허록 · 만공법어 편찬위원회

불광출판사

간행사
刊行辭

경허 문도들이 뜻을 모아 경허 선사의 어록을 정선하여 출간한다고 하니, 기쁘고 감개무량하기 이를 데 없다. 선사는 끊겼던 선등禪燈을 다시 밝히고 국내의 수많은 선원을 개원하였으며, 참선곡參禪曲과 개안開眼의 법어法語로써 선禪의 지평을 열어 수많은 선지식을 양성하였다.

선사는 명실상부한 근세 한국 선禪의 중흥조로서, 선종을 표방하는 현재 조계종 수행에 지대한 영향을 끼친 대종사이시다. 그럼에도 불구하고 선사의 사상과 수행법은 그동안 일목요연하게 정리되지 못하였다. 선사의 문집도 여러 차례에 걸쳐 정리·번역되었지만, 교감校勘이 제대로 이루어지지 못해 오탈자誤脫字가 적지 않은 채 유통되어 왔다.

2016년 한글본 한국불교전서 『경허집』에 이르러 비로소 이본異本을 대조하여 새롭게 번역되었다. 그러나 선사의 작품이 아닐 것으로 판단되는 작품들도 한국불교전서의 체제에 따라 원본 그대로 수록하고 번역해 둘 수밖에 없었으므로, 여전히 선사의 진면목을 온전히 드러내기에는 부족하다는 아쉬움이 있었다. 심지어 선사의 작품이 아닌 시를 입전수수入廛垂手의 경지를 읊은 것으로 해석하는 일들도 있었다.

이번에 출간되는 『경허록』은 선사의 시문詩文들 중에서 옥석玉石을 가려내어 선사의 진의眞意를 드러내는 작품들을 위주로 선별하여 조사祖師 어록語錄의 체제로 다시 편집한 것이니, 이는 옛날의 조사스님들도 시문집과 어록을 달리 편찬하였던 예例를 따르는 것이다. 이제 이 『경허록』을 통하여 선사의 진면목이 세상에 알려지고 우리 종문宗門의 수행에 한 가닥 고로古路가 분명히 열릴 수 있으리라 믿고 또한 기원하는 바이다. 선사는 천장암에서 보림을 마치고는 주장자를 꺾어서 던지고,

傍人若問惺牛事　　누가 나의 경계를 묻는다면
石女心中劫外歌　　돌계집 마음속 겁외가라 하리라

라고 하셨으니, 돌사람의 마음속에서 울려 나오는 겁외가 소리를
들을 수 있어야 비로소 선사의 경계를 알 수 있으리라.

또한,

林壑在天星月下	숲과 골짜기는 하늘에 있고
	달과 별은 아래에 있는데
死鷄捕鼠祭亡人	죽은 닭이 쥐를 잡아서
	죽은 사람 제사 지내네

라고 하셨으니, 이 또한 한 꿰미로 통하는 소식이다. 『경허록』을 읽
는 독자들에게 참구해 보기를 권하는 바이다.

불기 2568년(2024) 10월
덕숭산德崇山 정혜사定慧寺 능인선원能仁禪院에서
송원설정 근지謹誌

목차

간행사 ——————————————————— 004

경허록 상

1. 상당上堂

1) 해인사 결제 ——————————————— 015
2) 해인사 해제 ——————————————— 016
3) 정혜사 —————————————————— 017

2. 시중示衆

1) 참선법參禪法 ———————————————— 018
2) 일진화一塵話 ———————————————— 021
3) 니우후泥牛吼 ———————————————— 026

3. 시인示人

1) 등암 화상에게 주다[與藤菴和尙] —————————— 033
2) 승화 상인에게 주다[贈承華上人] ——————————— 054
3) 법계당에게 보이다[示法界堂] ———————————— 060
4) 무이당에게 부쳐 주다[寄贈無二堂] ——————————— 067
5) 13세 동자 경석에게 보이다[示慶奭十三歲童子] ————— 068
6) 작별하면서 어떤 사람에게 보이다[臨別示人] ————— 071

4. 대기對機

1) 해인사 조실로 주석할 때의 법어 5칙[海印寺祖室時法語 五則] — 072

2) 중원 수좌와의 문답[與重遠禪和問答] ———————— 076

5. 서장書狀

1) 자암 거사에게 보낸 편지[與慈庵居士] ——————— 078

2) 장 상사와 김석두에게 보낸 편지[與張上舍金石頭] —— 080

3) 김 석사와 장 상사에게 보낸 편지[與金碩士張上舍] —— 084

6. 가송歌頌

1) 오도가悟道歌와 오도송悟道頌 ————————————— 086

2) 심우송尋牛頌 1 ———————————————————— 092

3) 심우송尋牛頌 2 ———————————————————— 101

4) 심우도에 쓰다[題尋牛圖] ———————————————— 105

5) 금봉당의 팔첩 병풍에 쓰다[書錦峰堂八帖屛] ————— 111

7. 시게詩偈

1) 물외잡영物外雜咏 —————————————————— 113

2) 산중 생활 12시[山居十二時] ——————————————— 142

3) 오언절구五言絶句 ——————————————————— 146

4) 칠언절구七言絶句 ——————————————————— 147

5) 오언율시五言律詩 ——————————————————— 160

6) 육언절구六言絶句 ——————————————————— 162

7) 산구散句 —————————————————————— 163

8) 전법게傳法偈 ————————————————————— 164

경허록 하

1. 영찬影讚

1) 대각등계 금봉당 상문의 진영[大覺登階金峰堂尙文之眞] —— 169

2) 동곡당 대선사의 진영[東谷堂大禪師之眞] —— 171

3) 금우 화상 영찬錦雨和尙影贊 —— 173

4) 인봉 화상 영찬茵峰和尙影贊 —— 174

5) 대연 화상 영찬大淵和尙影贊 —— 175

6) 귀암 화상 영찬歸庵和尙影贊 —— 176

7) 고암 화상 영찬古庵和尙影贊 —— 177

8) 용은당 화상 진영찬龍隱堂和尙眞影贊 —— 178

2. 문文

1) 화엄사 상원암에 다시 선실을 설치하고 완전한 규례를 정하는 글

[華嚴寺上院庵復設禪室定完規文] —— 179

2) 함께 정혜를 닦아 함께 도솔천에 나서 함께 불과를 이루는

계사를 결성하는 글[結同修定慧同生兜率同成佛果稧社文] —— 183

3) 합천군 가야산 해인사 수선사 창건에 대한 기문

[陜川郡伽倻山海印寺修禪社創建記] —— 208

4) 동래군 금정산 범어사 계명암에 선원을 창설한 데 대한 기문

[東萊郡金井山梵魚寺鷄鳴庵創設禪社記] —— 214

5) 범어사 금강암에 칠성각을 창건한 데 대한 기문

[梵魚寺金剛庵七星閣創建記] —— 219

6) 범어사 계명암 창건에 대한 기문[梵魚寺鷄鳴庵創建記] —— 222

7) 범어사 수선사 방함록 서문[梵魚寺修禪社芳啣序] —— 227

8) 『정법안장』의 서문[正法眼藏序] —— 230

9) 수선사 방함인修禪社芳啣引 —— 232

10) 범어사에 선사계의를 설치한 데 대한 서문[梵魚寺設禪社契誼序] —— 233

11) 범어사 총섭방함록의 서문[梵魚寺總攝芳啣錄序] —— 236

3. 행장行狀

1) 취은 화상 행장取隱和尙行狀 —————————— 242

2) 서룡 화상 행장瑞龍和尙行狀 —————————— 252

3) 용은 대사 행장龍隱大師行狀 —————————— 259

4. 한글 가사

1) 참선곡參禪曲 ——————————————— 266

2) 가가가음可歌可吟 ———————————— 274

3) 중노릇하는 법 ————————————— 281

4) 법문곡 ——————————————————— 288

부록

1) 경허 선사 추모송 3수[鏡虛禪師追慕頌 三頌] ——————— 294

2) 경허 선사 일대기 ———————————————— 296

경허록·만공법어 편찬위원회 ———————————— 310

경허록 상

상당

上堂

해인사 결제

—

결제 때 법상에 올라 주장자를 들어 한 번 내려치고 이르기를, "삼세제불과 역대 조사와 천하의 선지식 노스님들이 모두 여기에 있도다." 하고, 또 주장자를 들어서 허공을 한 번 긋고는 이르기를, "삼세제불과 역대 조사와 천하의 선지식 노스님들이 이를 따라갔도다. 대중은 도리어 알겠는가?" 하고는 아무도 대답하는 이가 없자 주장자를 던지고 법상에서 내려왔다.

結制上堂하여 拈拄杖一下云 三世諸佛歷代祖師天下善知識老和尙이 總在這裏로다 又一卓劃來云 三世諸佛歷代祖師天下善知識老和尙이 總隨去也로다 大衆還會麼否아 衆無對어늘 擲拄杖下座하다

해인사 해제

—

하안거 해제 때 법좌에 올라 동산洞山이 시중示衆하기를, "초가을 늦여름에 형제들이 동쪽으로 가고 서쪽으로 가니, 모쪼록 만 리에 풀 한 포기 없는 곳으로 가라."고 한 것을 들어서 말하기를, "나는 그렇게 말하지 않겠다. 초가을 늦여름에 형제들이 동쪽으로 가고 서쪽으로 가니, 길 위에 난 잡초들을 일일이 밟고 가라고 하겠다. 동산의 말과 같은가, 다른가?"라고 하였다. 대중이 아무도 대답하지 않거늘 잠시 묵묵히 있다가 말하기를, "대중이 아무도 대답하지 않으니, 내가 스스로 대답하겠다." 하고 곧바로 법좌에서 내려와 방장실로 돌아갔다.

解夏上堂하여 擧洞山示衆云 秋初夏末에 兄弟東去西去하니 直須 向萬里無寸草處去어다라하되 余則不然하니 秋初夏末에 兄弟東去 西去하니 路上雜草를 一一踏着이라야 始得다하노니 與洞山語로 是同別 가 衆無對어늘 良久云 衆已無對하니 余自對去하리라하고 便下座歸方丈 하다

정혜사

주장자를 들어서 한 번 내려치고 이르기를, "이 말소리가 이것이
다.[1] 일러 보라. 이것이 무슨 도리인가?" 또 한 번 주장자를 내려치
고 이르기를, "한 번 웃음에 어디로 갔는지 모르겠는데, 안면도의
봄물은 쪽빛처럼 푸르다." 하고는 주장자를 던지고 "홈"[2] 하다.

拈柱杖子一下云 只這語聲是니라 且道하라 甚麼道理오 又卓一下
云 一笑不知何處去하니 安眠春水碧如藍이로다 擲却了하고 云 吽이

라하다

---

1   이 말소리가 이것이다 : 부대사傅大士의 게송에서 "만약 부처가 간 곳을 알고
     자 한다면, 바로 이 말소리가 이것이다.[欲識佛去處, 祇這語聲是.]"라고 한 데서 온
     말이다.
2   홈吽 : 원래 귀신을 쫓는 진언인데, 선가에서 설법할 때 법을 표현하는 수단으
     로 쓰인다. 할喝과 같다.

시중

示衆

참선법參禪法

—

대저 참선이란 특별한 일이 아니다. 단지 자기 집 속에서 자기 주
인공을 분명히 보아서, 외물外物에 뒤섞이지도 않고 생사에 끌려
가지도 않아, 홀로 우뚝하고 명백하게 드러나고 평안하여, 속박된
것도 아니고 해탈한 것도 아니고, 번뇌도 아니고 열반도 아니다.
종일 옷을 입어도 한 오라기 실도 몸에 걸친 적이 없고, 종일 밥을
먹어도 한 톨의 쌀도 씹은 적이 없으며, 심지어 화복과 생사가 나
뉠 때에도 언제나 이와 같아서 한가로워 아무런 일이 없다.

　　이는 일을 마친 사람이니, 일을 마친 사람의 분상에서는 때로
는 부처와 중생, 하늘과 땅을 가지고 하나의 작은 티끌로 만들기도
하며, 때로는 모든 것들이 제자리에 있도록 내맡겨 두기도 하며,
때로는 모든 것들의 자리를 뒤바꾸기도 하여 일체에 자유자재하

경허록　　●

니, 이를 부사의대용不思議大用이라 하며 자재해탈이라 한다. 해탈할 생사도 없고 증득할 열반도 없어서 임운등등任運騰騰하여 인연 따라 걸림 없이 사니, 이것은 진실하고 명백한 하나의 본래면목이 안락하고 쾌활하며 명묘明妙하게 수용受用하여 생사에 오고 가는 것이 마치 문이 열려 사람이 나가는 것과 같아서, 천당과 불찰佛刹에 모두 자기 마음대로 가서 더 이상 몽환夢幻 같은 몸과 마음의 괴로움에 속박되는 일이 없다. 이는 본래 갖추고 있는 것이지, 억지로 그렇게 하는 것은 아니다.

이 말에 따라 고양이를 그려서[3] 이러한 경지를 밟도록 하라. 껄껄!

夫叅禪者는 不是特地之事라 秖是返照自家屋裏하여 覰得自家主人公明白하여 不被外物叅雜하며 不爲生死互換하여 孤迥迥地하며 明白白地하며 平妥妥地하여 非繫縛이요 非解脫이요 非煩惱요 非涅槃이라 終日着衣하여도 未曾掛一縷하며 終日喫飯하여도 未曾齕一粒하고 至於禍福生死之際하여도 亦皆如是하여 任運無事하니 此是了事人이라 於了事人分上에는 有時將佛與衆生과 乾坤大地하여 作一微塵

---

3   이 말에 따라 고양이를 그려서 : 법문에 따라 참구함을 비유한 것이다. 『선요禪要』에 화두에 따라 참구하는 것을 비유하여 "당장에 화법畫法에 따라 고양이를 그리기 시작하여 그리고 그려서 뿔과 얼룩무늬가 있는 곳, 심식의 길이 끊어진 곳, 사람과 법을 모두 잊은 곳에 이르면 붓끝 아래 산 고양이가 뛰쳐나올 것이다.[直下依樣畵猫去, 畵來畵去, 畵到結角羅紋處, 心識路絶處, 人法俱忘處, 筆端下, 驀然突出箇活猫兒來.]"라고 하였다.

用하며 有時任他하여 各住其位하며 有時易其位用하여 得一切自在

하니 是名不思議大用也이요 亦名自在解脫也라 無生死可脫하며 無

涅槃可證하여 任運騰騰하여 隨緣無碍하니 箇是實實明明底一段本

來面目이 安樂快活하여 明妙受用하여 往來生死를 如門開人出相

似하며 天堂佛刹을 摠自隨意하여 更無夢幻身心苦相之可拘繫하니

此是本有之事요 不是强爲者也니라 請依此畵猫兒하여 踏得恁麼

田地也어다 呵呵로다

일진화一塵話

—

이 ○을 두고 이것이라고 한다면 머리 위에 머리를 얹는 격이요, 이것이 아니라고 한다면 머리를 끊고 살고자 하는 격이니, 여기에 이르러 어떻게 생각으로 접근할 수 있겠는가. 고인이 "생각하고자 하나 생각할 수 없어 그 자리를 밟을 때 만 리 하늘에 구름이 없어 늘 드러나 있다."[4]라고 하였으니, 이 또한 쓸데없는 말일 뿐이다. 또 "비록 천 척의 높은 소나무는 있으나 바위틈에 솟아난 죽순은 없다."[5]라고 하였으니, 죽순이 있은들 무엇 하리오. 또 "공겁空劫 이전은 호리병 속 풍월[6]이요, 위음왕불威音王佛 이전은 눈에 가득 아름다운 풍광이다."라고 한 것은 군더더기일 뿐이다.

---

4   생각하고자 하나~드러나 있다 : 서주舒州 용문불안龍門佛眼 화상의 상당법어에 나온다.『고존숙어록古尊宿語錄』권제28.

5   비록 천 척의~죽순은 없다 : 삼성영수三聖慧秀 상좌가 장사長沙 스님에게 묻기를, "남전南泉이 천화遷化하여 어디로 갔습니까?"라고 하니, 장사 스님이 "석두石頭 스님이 사미일 때 육조 스님을 뵈었느니라."고 하였다. 영수 상좌가 "석두 스님이 육조 스님을 찾아뵌 일은 묻지 않습니다. 남전 스님이 천화하여 어디로 갔습니까?"라고 하니, "네가 생각해 보아라."고 하였다. 이에 영수 상좌가 "화상은 비록 천 척의 소나무는 있지만 바위틈에 빼어난 대나무는 없습니다.[和尚雖有千尺寒松, 且無抽條石筍.]"라고 하니, 장사 스님이 대답하지 않았다.

6   호리병 속 풍월 : 풍광이 매우 아름다운 별천지를 뜻한다. 후한後漢 때 시장에서 약을 파는 호공壺公이란 노인이 자기 점포에 병 하나를 걸어 놓고 있다가 장사를 마치면 늘 그 병 속으로 뛰어들어가곤 했는데, 비장방費長房이란 사람이 그것을 보고 호공에게 청하여 따라 들어가 보니, 호리병 속에는 별천지가 있었다는 고사에서 온 말이다.『후한서後漢書』권82 하「방술열전方術列傳」〈비장방費長房〉.

앙산仰山 화상은 "깨달음은 없지 않지만 제이두第二頭[7]에 떨어짐을 어이하리오."라고 하였으니, 이는 반쯤만 말한 것이다. 수산주修山主는 "알면 매우 기특한 일이지만 알지 못해도 인정한다."라고 하였으며, 대혜大慧 선사는 "사오백 길 꽃과 버들 우거진 거리요, 이삼천 곳 풍악 울리는 누각이다."라고 하였으니, 여기에 누가 입을 댈 수 있겠는가. 입을 댄다면 나에게 입을 댄 곳을 도로 가져다 보여 달라.

어떤 사람이 나와서 이르기를, "그 또한 귀를 막고 요령을 훔치고 몸은 숨겼으나 그림자는 드러난 것이다."라고 하면 즉시 "네가 어느 곳에서 이런 소식을 얻었는가?"라고 하리니, 일러 보라. 이와 같이 말하는 것이 도리어 맞는 말인가?

또 지금 깎아지른 듯 솟은 푸른 벼랑에 소나무와 삼나무는 푸른빛으로 우거지고 계곡물은 졸졸 흐르며 안개와 구름은 오락가락하고 온갖 새들은 지저귀며, 들판은 아득히 드넓고, 바다에는 파도가 일어, 경물景物은 어지러이 펼쳐지고 사시사철에 따라 모습이 바뀌니, 이 중에 또한 불법이 있는가? 경經에 "삼계가 오직 마음이다."라고 하였고, 또 고인이 "바람에 흔들리는 나뭇가지와 달빛 비친 물가가 진심眞心을 나타내 보이고, 노란 국화와 푸른 대나무가 묘법妙法을 드러내 밝힌다."라고 하였으며, 또 "분명하고 분명

---

7   제이두第二頭 : 제일의第一義와 상대되는 개념으로 제이의第二義와 같다.

경허록 •

한 백초百草**8**마다 분명하고 분명한 조사祖師의 뜻이로다."라고 하였으니 일러 보라. 어느 것이 진심과 묘법을 드러내 밝힌 것이며, 어느 것이 조사의 뜻이며 불법인가? 만약 없다면, 불조佛祖가 어찌 거짓말로 사람을 속였으리오. 이미 사람을 속이지 않았다면 또 어떻게 알 수 있겠는가?

고인이 이르기를,

일단 일에 손을 댔으면 끝까지 해야 하니**9**
한 주먹으로 쳐서 황학루를 거꾸러뜨리고
한 발길로 차서 앵무주를 엎어 버린다
의기 있는 곳에 의기를 더 보태고
풍류 없는 곳에서 풍류를 즐긴다

하였으니, 이 또한 호떡을 눌러 기름을 짜는 격이라 크게 수고로울 뿐 아무 소용이 없는 일이다.

한 승려가 묻기를, "어떤 것이 변천하지 않는다는 뜻입니까?"라고 하니, 고덕古德이 "해가 동쪽에서 떠서 밤에 서쪽에서 진다."

---

8   백초百草 : 현상계의 모든 사물들 또는 번뇌를 뜻한다.

9   일단 일에~해야 하니 : 원문 "一不做, 二不休."는 '일단 손을 대고 나면 끝까지 하다, 한번 나쁜 일을 시작한 바에는 끝까지 하다.'라는 뜻이다. 『오조법연어록五祖法演語錄』 권상에서 "一不做, 二不休. 不風流處也風流."라고 하였고, 『벽암록碧巖錄』 79칙 본칙평창本則評唱에서 "衲僧家, 一不做, 二不休."라고 하였다.

라고 하였다. 또 한 승려가 앞의 질문을 하니, 고덕이 손으로 물이 흘러가는 시늉을 하였다. 이에 두 승려가 모두 깨달았다.

일러 보라. 무엇을 깨달았는가? 그 또한 단 복숭아와 감은 먹지 않고 산을 돌아다니며 신 배를 따는 격이니, 허물이 적지 않고 낭자狼藉[10]가 적지 않도다. 그렇다면 필경 어떻게 해야 분명히 알겠는가. 우선 아래의 주각注脚을 들어 보라.

헛기침을 한 번 하고 이르노라.

조상이 똑똑하지 못하여 앙화殃禍가 자손에게 미치도다.
30년 뒤에 잘못 들어 말하지 말라.
쯧쯧.

若道這箇是면 頭上安頭요 若道這箇不是면 斷頭覓活이니 到這裏하여 却如何湊泊고 古人云 欲思不思踏破時에 萬里無雲常現露라 하니 也是閑話長語로다 又云 雖有千尺寒松이나 且無抽條石笋이라하니 要石笋作甚麼고 又云 空劫已前은 一壺風月이요 威音那畔은 滿目烟光者는 又是贅疣指騈了也로다 仰山和尙云 悟則不無나 爭奈爲第二頭오하니 道得一半了也로다 修山主云 會得甚奇特이리오

---

10   낭자狼藉 : 이리가 풀을 깔고 자고 난 뒤에 풀이 어지럽게 흩어져 있는 모양이라는 뜻인데, 여기서는 허물을 뜻한다.

不會也相許로다하고 大慧禪師云 四五百條花柳巷이요 二三千處管
絃樓라하니 誰能揷嘴得고 揷嘴了라도 也還我揷嘴處看이니라 有人出
來云 也是塞耳偸鈴이요 藏身露影이라하면 卽云 爾向甚處하여 得這
消息來오하리니 且道하라 如此下語ㅣ 還諦當也否아 且也現今蒼壁
峭截에 松檜森翠하고 澗水鳴咽하며 烟雲舒捲하고 百鳥和鳴하며 廣野
綿邈하고 大海汹湧하여 景物紛羅하고 四時變態하니 於中亦有佛法
也無? 經云 三界唯心이라하고 又古人云 風柯月渚ㅣ 現露眞心이요
黃花翠竹이 宣明妙法이라하고 又云 明明百草頭에 明明祖師意라하니
且道하라 那箇是現明底眞心妙法이며 那箇是祖意佛法고 若無也
인댄 佛祖豈是妄語欺人이리오 旣不欺人인댄 又且如何和會得고 古
人云 一不做二不休니 一拳拳倒黃鶴樓요 一蹋蹋飜鸚鵡洲라 有
意氣時添意氣요 不風流處也風流로다하니 亦將胡餠壓汁的相似라
大是勞而無功이로다 僧問 如何是不遷變意잇고한대 古德答曰 日出
東方也落西라하고 又僧作前問한대 古德以手作流水勢어늘 二僧
皆悟去하니 且道하라 悟箇甚麼오 也是不喫甘桃柿하고 緣山摘醋梨
하니 漏逗不少요 狼藉不少로다 然則畢竟如何諦當得去오 且聽下
文注脚하라 噓一噓云 祖禰不了하여 殃及子孫이로다 三十年後莫錯
擧하라 咄

니우후泥牛吼

—

대저 참선하는 이는 무엇보다 먼저 무상이 신속하고 생사의 일이 중대함을 두려워해야 한다. 그러므로 고인은 "오늘은 비록 살아 있더라도 내일은 보장하기 어렵다."라고 하였으니, 단단히 생각하여 조금도 방일하지 말아야 한다. 다음으로는 일체 세간의 일에 조금도 마음을 두지 않아 아무 작위作爲함이 없이 마음이 고요해야만 된다.

만약 마음과 경계가 서로 부딪쳐 마치 불과 섶이 서로 만나는 것과 같은 상태로 세월만 보낸다면, 이는 화두를 드는 공부에 방해될 뿐 아니라 캄캄한 무명의 업장이 더욱 증장될 것이다. 가장 중요한 것은 세상일에 무심하고 마음에 일이 없는 것이니, 이렇다면 마음의 지혜가 자연히 맑고 밝아질 것이다.

모든 것이 다 마음을 따라 만들어지니, 선하면 천당에 태어나고 악하면 지옥이 나타나고, 사나우면 이리가 되고 어리석으면 지렁이가 되고 가벼우면 나비가 되는 법이다. 그러므로 고인이 "단지 이 한 생각이 어긋남을 말미암아 온갖 형상들이 나타난다."라고 하였으니, 마음을 비워 성성하고 순일하여 산란하지도 혼침하지도 않고 텅 비어 툭 틔어 있으면 다시 어느 곳에서 생사를 찾으며, 어느 곳에서 선악을 찾으며, 어느 곳에서 지범持犯을 찾으리오.

이 활발발活潑潑하고 또렷이 밝은 것이 정수리 위로부터 발아래까지 사무쳐, 태어남을 따라 생겨나지도 않고 죽음을 따라 없어지지도 않으며, 부처가 되지도 않고 조사가 되지도 않으며, 크기로는 온 우주를 감싸고 작기로는 가는 티끌 속에 들어가며, 게다가 부처도 되고 중생도 되며, 크지도 작지도 않고, 둥글지도 모나지도 않고, 밝지도 어둡지도 않아 자유자재로 융통하여 철저히 이와 같을 뿐이로되 그렇다고 해서 조금도 억지로 그렇게 만들어진 도리가 아니다.

이 현묘한 문을 참구하는 사람은 늘 반조하여 참구하는 데 힘써서 마음을 씀이 성성하고 정밀하여 끊어짐[間斷]이 없도록 해야 한다. 그렇게 참구함이 지극히 간절하여 더 이상 마음을 써서 참구할 수 없는 지경에 이르면, 갑자기 마음 길이 문득 끊어져 본명원신本命元辰[11]을 밟으면, 이 본지풍광이 본래 스스로 갖춰져 있어 원만하여 모자람도 없고 남음도 없다. 이러한 시절에 이르러서는 눈에 응할 때에는 마치 백천 개의 일월이 시방을 비추는 것 같고, 귀에 응할 때에는 마치 바다에 풍랑이 일어 그 소리가 수미산을 진동하는 것과 같되[12], 이는 억지로 그렇게 되는 것이 아니다. 이 도리

---

11   본명원신本命元辰 : '본명'은 그 사람이 태어난 해의 간지干支이고, '원신'은 그 사람의 운명을 좌우하는 별이다. 선가에서는 이를 본성, 본분에 비유한다. 『대혜서장大慧書狀』 「답강급사答江給事」.

12   눈에 응할 때에는~것과 같되 : 『대혜서장』 「답영시랑答榮侍郎」에서 "고덕이 증오證悟하고는 곧 말하기를, '눈에 응할 때는 천 개의 해와 같아서 만상이 그 모습을 숨길 수 없고, 귀에 응할 때는 빈 골짜기와 같아서 크고 작은 소리가 부족함이 없다.'라고 하였으니, 이와 같은 일은 달리 찾을 필요도 없고, 남의 힘을 빌릴 필요도 없어 자연히 인연이 응하는 곳에서 활발발하게 나타난다.[古德契證了便解道: '應眼時若千日, 萬象不能逃影質; 應耳時若幽谷, 大小音聲無不足.' 如此等事, 不假

는 너무 가까이 있기 때문에 사람들이 스스로 알지 못할 뿐이다.

무릇 참선하는 사람은 착실하게 이 도리를 알고 법식法式을 반조하여 분명하게 형용하며 세밀히 살펴야지 거칠게 대강 알아서는 안 된다. 이렇게 마음을 써서 수행하여 수행하는 공력이 순숙純熟해지면 실상의 이치가 절로 나타나는 법이다.

태고太古 스님은 "들었다 하면 화살이 바위에 깊이 박히네."[13]라고 하였으며, 청허淸虛 스님은 "마치 모기가 쇠로 된 소에 올라타서 부리를 댈 수 없는 곳에서 몸까지 파고 들어가는 것과 같다."[14]라고 하였으니, 화두를 들고 참구하는 이들은 이 말씀들을 지남指南으로 삼아야 한다.

일상생활 중의 만행萬行을 말할 것 같으면, 가슴속이 공명空明하여 한 물건도 없어 육근이 텅 빈 이 너그러운 마음이 바로 보시요, 이 맑고 깨끗한 마음이 바로 지계요, 이 겸허하고 유연한 마음이 바로 인욕이요, 이 본래 밝음이 항상 드러나 어둡지 않은 것이

他求, 不借他力, 自然向應緣處活鱍鱍地.]"라고 한 것과 같은 맥락이다.

13   화살이 바위에 깊이 박히네 : 태고보우의 「참선명參禪銘」에서 "본래면목은 누구인가? 들었다 하면 화살이 바위에 깊이 박히네.[本來面目誰? 纔擧箭沒石.]"라고 하였다. 화살이 바위에 깊이 박힌다는 것은 한나라 때의 명장 이광李廣의 고사이다. 이광은 용력이 매우 뛰어나서 활을 잘 쏘아 호랑이를 잡았다. 한번은 사냥을 나갔다가 풀 속에 엎드려 있는 바위를 보고는 호랑이로 여겨 활을 쏘았더니, 화살이 돌에 꽂혀 파묻혀 버렸다는 고사가 있다. 『사기』 109권 「이장군열전李將軍列傳」. 여기서는 "본래면목이 무엇인가?"라고 했다 하면, 이미 본래면목의 당처를 맞혔다는 뜻으로 말하였다.

14   마치 모기가~것과 같다 : 이치로 헤아릴 수 없는 화두를 참구하는 것을 비유한 말로 청허휴정의 『선가귀감』에 보인다.

바로 정진이요, 이 밝고 고요함이 어지럽지 않은 것이 바로 선정이요, 이 밝고 고요함이 또렷하여 법을 간택하고 공을 관찰하며 본래 스스로 어리석지[愚癡] 않으며 모든 법상法相을 분별하여 동요하지 않으며 내지 세상 인연에 수순하여 장애가 없는 것이 바로 지혜이다.

그러므로 달마 대사가 "마음을 관찰하는 한 가지 법이 모든 수행을 통괄한다."라고 하였으니, 단지 뿌리를 배양하는 데 힘쓸 뿐 가지가 무성하지 않음을 걱정할 필요는 없으며, 단지 견성하여 부처가 되는 것만 알 뿐 부처에게 신통삼매가 없음을 걱정할 필요는 없다.

오늘날 사람들은 대개 참학하는 진정한 도인인 본색납자가 되지 못하여 불법에 있어 진리를 알지 못하고 도안道眼이 확실하지 못하여 모두 갈림길에서 양을 잃는[15] 격이라 술 취한 듯 꿈꾸는 듯 일생을 보내니, 슬프다! 동산洞山 스님이 "가사 아래에서 사람

---

15 갈림길에서 양을 잃는 : 성어로 다기망양多歧亡羊이라 하며 『열자』 「설부說符」에 그 고사가 나온다. 양자楊子의 이웃 사람이 양을 잃고 집안사람들을 다 동원하고 양자의 종까지 동원하여 찾으려 하였다. 양자가 묻기를, "한 마리 양을 잃고 찾으러 가는 사람이 어찌 이렇게 많은가?"라고 하니, 그 사람이 "갈림길이 많기 때문입니다."라고 하였다. 찾으러 갔다가 돌아오는 것을 보고 양자가 "양을 찾았는가?"라고 물으니, "잃었습니다."라고 하였다. 양자가 "어째서 잃었는가?"라고 하니, 그 사람이 "갈림길 속에 다시 갈림길이 있어 어디로 양이 갔는지 알 수 없기에 돌아오고 말았습니다."라고 하였다. 심도자心都子가 "대도는 갈림길이 많아 양을 잃고, 학자는 방도方道가 많아 생명을 잃는다."라고 하였다.

몸을 잃는 것이 고통이다."라고 말한 것이 바로 이것이다.

　대저 길을 가는 사람이 만약 첫걸음이 바르지 못하면 천 리나 멀리 가도 한갓 헛걸음만 할 뿐이니, 애초에 가지 않는 편이 낫다. 그러므로 규봉圭峯 선사는 "분명하게 이치를 깨닫고 응당 수행해야 함을 결단하고 간택한다."[16]라고 하였다. 대저 초가삼간을 짓고자 해도 대패, 먹줄, 도끼, 자귀, 자 등 연장이 없으면 짓지 못하거늘, 하물며 원각圓覺의 대가람을 짓는 사람이 만드는 이치를 따르지 않고 성공할 수 있겠는가? 작은 일을 하고자 할 때에도 잘못되어 성공하지 못할까 걱정하여 그 이치를 생각하고, 알지 못하면 다른 사람에게 묻고, 그래도 분명히 알지 못하면 다시 다른 지혜로운 사람에게 물어 기어코 잘못되지 않고 성공을 거두고자 한다. 그런데 현묘한 불도에 나아가고자 하는 사람들이 대개 소홀히 여기고 대수롭지 않게 여길 뿐 자세히 길을 결택決擇하여 공부하는 이는 보지 못하였다. 이와 같아서야 공부를 망치지 않을 사람이 드물 것이다. 아아, 조심하지 않아서야 되겠는가.

　대저 무상無常을 경계하고 대사大事를 깨달아 밝히고자 하는 이들이 급히 스승을 찾지 않는다면 어떻게 바른길을 얻을 수 있겠는가!

16　분명하게 이치를~결단하고 간택한다 : 규봉 선사가 저술한 『대방광원각경대소
　　大方廣圓覺經大疏』상권에 이 경을 설하게 된 열 가지 이유를 나열했는데, 그
　　중에 세 번째 이유로 "분명하게 이치를 깨닫고 응당 수행해야 함을 결단하고 간
　　택한다.[決擇悟理應修.]"가 나온다.

夫參禪者는 第一怕怖着無常迅速生死事大니라 故古人云 今日
雖存이나 明亦難保라하니 緊緊念着하여 少無放逸이요 次於一切世事
에 闊若無些少干意하여 寂然無爲라야 乃可耳니라 若乃心境相薑이
如薪火相交하여 紛紛汩汩하여 過了歲月이면 此非特有妨於擧話分
上이요 而黑業漸增矣리라 最要的無心於事하고 無事於心하면 則心
智自然淸瑩이니라 萬類皆隨心造作하니 作善生天堂하며 作惡現地
獄하며 狠惡成豺狼하며 愚蠢作蚯蚓하며 輕忙就蝴蝶이라 故古人云
只因一念差하여 現出萬般形이라하니라 夫虛其心하여 惺惺粹一하여 不
搖不昏하여 曠然虛豁이면 更向何處覓生死며 何處覓菩提며 何處
覓善惡이며 何處覓持犯이리오 秖這是活潑潑明歷歷底ㅣ 透頂透底
하여 不隨生生하며 不隨滅滅하며 不作佛하며 不作祖하여 大包沙界하며
小入微塵이요 又能佛能生이요 又非大小며 非方圓이며 非明暗이라 自
在融通하여 徹底恁麼로되 更非小分强做的道理니라 夫參此玄門者
는 常務返照究之하여 用心惺密無間斷하여 究之至切에 至於無用
心可究之地하여 驀然心路忽絶에 踏着本命元辰하면 秖這本地風
光이 本自具足하여 圓陀陀地하여 無欠無剩이라 到恁麼時하여는 應眼
時에는 如百千日月이 照耀十方이요 應耳時에는 如鹹海風浪이 聲振
須彌로되 不是强爲也니라 這箇道理ㅣ 只爲太近일새 所以人自不得
體解也라 凡欲參玄者는 着實理會하여 返照法式하여 分明形容得
하고 細審不齷齪하니 用意行之하여 行之功熟이면 實相之理自現이니
라 太古和尙云: "才擧箭沒石." 淸虛和尙云 如蚊子上鐵牛하여 向
下嘴不得處에 和身透入이라하니 擧話頭叅究者는 當以斯言爲指南

이니라 若論日用萬行인댄 旹次空明無物하여 六根虛豁地者 l 秖這
是寬曠的이 便是布施요 秖這是淨澄的이 便是持戒요 秖這是虛
柔的이 便是忍辱이요 秖這是本明常現不昧底 l 便是精進이요 秖
這是明寂不亂이 便是禪定이요 秖這是明寂了了 l 擇法觀空底며
本自無痴底며 分別諸法相而不動底요 乃至隨順世緣하여 無障無
碍底 l 便是智慧라 故達磨大士云 觀心一法이 摠攝諸行이라하니 但
務培養根株언정 莫愁其枝不茂며 但知見性作佛이언정 莫愁佛無神
通三昧니라 今人多分不得雜學眞正道人·本色衲子하여 於佛法
中에 法理不明하며 道眼不實이라 都是亡羊岐路에 如醉如夢하여 過
了一生하니 悲夫라 洞山和尙所謂袈裟下失人身是苦者 l 此也니
라 夫行道路者 l 若初步不得其正이면 千里之遠에 徒費功力이니 不
如不步之爲愈라 故圭峯禪師云 決擇分明이요 悟理應修라하니라 夫
欲起三間茅屋에 若不得準繩斲斫尺量之巧라도 且不成就어든 況
造得圓覺大伽藍者 l 不由其造之之理而成功乎哉아 欲造乎小
事인댄 則恐其差錯不成이라도 思得其理하여 未者問於人하고 未分明
이어든 更問於他有智人하여 期不差錯就功이어늘 而欲造詣乎玄妙
之道者 l 擧是率爾泛忽이요 未見其仔細決擇用功者也라 如此而
不顚功敗績者 l 幾希矣라 嗚呼라 可不戒哉아 夫欲誠無常悟明
大事者 l 不急尋師면 將何以得其正路哉아

시인

示人

등암 화상에게 주다 [與藤菴和尙]

—

부처님이 일대장교一代藏敎를 설하시어 오계와 십선법으로 인천에 태어나게 하였고, 고집멸도의 사제법으로 아라한과를 증득하게 하였으며, 무명과 행行 등 십이인연법으로 연각과 벽지불을 증득하게 하였고, 사홍서원과 육바라밀법으로 보살도를 행하게 하였습니다. 권교보살權敎菩薩[17]은 아승지겁을 거치면서 사홍서원과 육바라밀을 행하여 과위果位가 십신·십주·십행·십회향을 지났어도 아직 묘도妙道를 알지 못하여, 유위법有爲法을 보면 희유하다는 생각을 내고 무위법無爲法을 들으면 알지 못해 망연자실합니다. 그

---

17   권교보살權敎菩薩 : 임시로 대승의 가르침에 들어가기 위한 방편으로써 부처님이 설하신 임시 가르침을 행하는 보살을 말한다.

리하여 부처의 지견을 얻으려는 마음은 늘 끊어지지 않지만 번뇌의 습기는 그 뿌리를 다 제거하지 못하여 부처님의 계율과 가르침에 의지하여 늘 억눌러 조복받으니, 비유하자면 주술을 잘하는 사람이 주술의 힘으로 맹수와 독사를 막아서 독을 품거나 물어뜯지 못하게 하지만 사람을 해치는 독을 아주 제거하지는 못하는 것과 같습니다.

또 불법 중에는 의심이 끊어지지 않아 마치 한 물건이 가슴에 걸려 있는 것과 같은 경우가 있습니다. 이러할 때 만약 참 선지식을 찾아가서 묘도妙道를 깨달으면 곧바로 십지十地의 과위果位에 오르고, 참 선지식을 찾지 않아 묘도를 깨닫지 못하면 끝내 퇴타退墮하고 맙니다. 보조 국사가 "무릇 참학하는 사람은 처음 출발할 때 먼저 정인正因을 심어야 하니, 오계·십선·사제·십이인연·육바라밀 등의 법은 정인이 아님을 믿고 자기 마음이 부처임을 믿어서 한 생각이 일어나지 않으면 삼아승지겁이 공하게 된다. 이와 같이 믿는 것이 바로 정인이다."라고 한 것이 이를 두고 말한 것입니다.

후세로 내려와 성인의 시대와 멀어지면서 사우師友의 연원淵源이 이미 끊어져 무릇 수행하는 이들은 대개 권교權敎·반교半敎의 설에 갇혀 헤어나지 못하여, 익히는 것은 오계와 십선에 그칠 뿐 사제와 십이인연 등의 법조차 수행하지 못하는데, 하물며 발심 수행에 나아가는 정인에 있어서겠습니까.

반半이란 무엇인가? 도가 지극한 경지에 이르지 못하고 중도에 그친 경우를 말합니다. 권權이란 무엇인가? 이를테면 형수가 물에 빠지면 손을 잡아끌어서 건져 주는[18] 경우를 말합니다. 권교니 반교니 하는 것이 항상하고 실다우며 원만하고 궁극적인 가르침이 못 된다는 것은 굳이 지혜로운 사람이 아니라도 알 것입니다.

수 선사壽禪師는 "대도大道를 구하는 이를 위하여 일승一乘의 묘지妙旨를 설하고, 소행小行을 구하는 이를 위하여 육행六行의 권문權門을 설하였다."라고 하였으니, 육도六度 등의 법도 권교를 면치 못하는데 하물며 그 나머지 오계·십선·사제·십이인연 등이야 말할 나위가 있겠습니까.

부처님께서 방편의 힘으로 염불법을 설하여 중생을 인도하시니, 그 뜻이 매우 오묘하기에 사람들이 모두 알지 못하여 심력만 허비하고 효과는 없습니다. 예컨대 『아미타경』에서 크게 정토의 장엄을 설하고 심지어 왕생법을 설하면서, 하루 이틀 내지 이레 동안 일심으로 염불하여 일심불란하면 이 사람은 왕생한다고 하였습니다. 『십육관경十六觀經』에는 관상성취법觀像成就法이 있는데, 마음을 한곳에 묶어 두면 부처님의 형상을 관觀하는 것이 오랫동안 명료하여 삼매를 성취한다고 하였습니다. 『무량수경』에서는 세 부류[19]가 왕생함에 모두 먼저 보리심을 일으키라고 설하셨는데,

---

18   형수가 물에~건져 주는 : 맹자가 "남녀 사이에 서로 직접 물건을 주고받지 않는
      것은 예이고, 형수가 물에 빠졌으면 손으로 잡아 구원해 주는 것은 권도이다.[男
      女授受不親, 禮也; 嫂溺援之以手, 權也.]"라고 하였다. 『맹자孟子』「이루離婁 상」.

19   세 부류 : 극락정토에 왕생하는 사람의 업행이 얕은지 깊은지로 상·중·하 세
      부류를 나누는 것이다.

보리란 무엇인가? 바로 중생의 일상생활 중에 신령하게 아는 성품입니다. 만약 이 신령하게 아는 성품을 계발하여 관상삼매觀像三昧를 성취하거나 일심불란을 성취한다면 어찌 왕생하지 못할 리가 있겠습니까.

그러므로 규봉圭峯 선사는 "염불하여 정토에 나는 경우에도 십육관선十六觀禪[20]·염불삼매念佛三昧·반주삼매般舟三昧[21]를 닦아야 한다."라고 하였으니, 이는 줄곧 산란한 마음으로 부처님의 명호를 잡고만 있으면 곧 극락정토에 왕생할 수 있다는 것이 아닙니다.

신구역新舊譯 경론에 모두 "십지十地 이상의 보살도 보신불報身佛의 정토를 일부만 본다."라고 하였으니, 미타정토彌陀淨土가 어찌 보신불의 정토가 아니리오. 십지 보살도 오히려 완전한 정토를 보지 못하거늘, 어떻게 구박범부具縛凡夫[22]가 산란한 마음으로 한갓 부처님의 명호만 외워서 극락정토에 왕생할 수 있으리오. 만약 산란한 마음으로 부처님의 명호만 외워도 극락정토에 왕생할 수 있다면, 무엇 하러 굳이 고생스레 수행하여 일심불란과 십육삼매十六三昧를 얻을 필요가 있겠습니까. 이미 부처님 말씀에 어긋났는

---

20   십육관선十六觀禪 : 정선定禪 십삼관十三觀과 산선散禪 삼관三觀을 말한다. '정선'이란 산란한 생각을 쉬고 마음을 고요히 하여 극락세계의 국토와 부처님과 보살들을 점차로 관조함을 말하고, '산선'이란 산란한 마음이 끊어지지 않은 채 악을 범하지 않고 선을 닦는 것을 말한다.

21   반주삼매般舟三昧 : 반주는 범어로 한역하면 불립佛立이 된다. 이 삼매에 들면 부처님이 눈앞에 나타난다고 한다.

22   구박범부具縛凡夫 : 번뇌 망상을 갖고 있어 생사윤회의 속박을 받는 범부이다.

데 어떻게 성공할 수 있겠습니까.

옛날에 "자력은 나무를 심어 배를 만드는 것으로 비유하고, 타력은 배를 빌려 타고서 바다를 건너는 것으로 비유할 수 있으니, 한쪽은 더디고 한쪽은 빠르며, 한쪽은 어렵고 한쪽은 쉬워 공효가 다르다."라는 설이 있는데, 이는 권화勸化[23]의 방편입니다. 그러나 그 변설辨說이 잘못되어 부처님의 가르침에 어긋나 후생을 크게 그르치고 있으니, 여기서 시비를 가려 밝히지 않을 수 없습니다. 본래 뿌리 없는 나무가 있는데 굳이 심을 필요가 있으며, 본래 밑 없는 배가 있는데 굳이 만들 필요가 있겠습니까. 대천세계를 두루 덮고 인천을 널리 구제하여 그 도와 그 작용이 조금도 부족한 적이 없건만 어지럼증이 가라앉지 않고 흐릿한 꿈을 깨지 못했을 뿐입니다.

그리고 인명론因明論[24]에는 동유同喩와 이유異喩[25]가 있으니, 불성이 허공과 같다는 것은 동유이고, 군대나 숲과 같다는 것은 이유이지 동유가 아닙니다. 만약 동유에 배대配對한다면 자기의 재

---

23 권화勸化 : 타인에게 권하여 사도邪道에서 물러나 정도正道에 들게 하는 것으로 곧 불도에 들게 함을 말한다.

24 인명론因明論 : 인명을 밝힌 논으로 『인명정리문론因明正理門論』, 『인명입정리론因明入正理論』 등을 말한다.

25 동유同喩와 이유異喩 : '동유'는 인명에서 삼지三支 가운데 유喩가 종宗과 인因의 동류인 경우를 말하고, '이유'는 종과 인과 전혀 관계없는 것을 이끌어 인의 정正하고 부정不正함을 규정하고, 또 종의 뜻을 확실하게 하는 반대되는 예증例證을 말한다.

물을 써서 굶주림과 고생을 구제하는 것은 자력이고, 남의 집에 가서 자기를 구제해 주기를 바라는 것은 타력입니다. 이와 같은 비유는 법에 맞아 부처님의 가르침에 어긋나지 않습니다. 그러므로 경에 "자기 옷 속의 보배 구슬을 알지 못하고 떠돌아다니며 걸식한다."[26]라고 하였습니다.

만약 하루 동안 일심불란하면 이틀도 일심불란할 것이니, 굳이 이레까지 갈 필요가 있겠습니까. 만약 하나의 관觀이 또렷하여 오랫동안 명료하면 십육관十六觀도 모두 또렷하여 오랫동안 명료할 터이니, 보리심을 일으키는 것도 이를 벗어나지 않습니다. 만약 이와 같은 온전한 공부를 참선하는 조사의 문중에 적용하여 수행한다면 누군들 견성성불하지 않겠습니까. 간화 문중에서는 성적등지惺寂等持[27]하면 반드시 견성할 수 있다고 하며, 염불 문중에서는 일심불란하면 결정코 극락정토에 왕생한다고 하니, 일심불란이 어찌 성적등지가 아니겠습니까.

26　자기 옷~떠돌아다니며 걸식한다 : 『법화경』 「오백제자수기품五百弟子授記品」에 의주依珠의 비유가 나온다. 어떤 가난한 사람이 부자 친구 집에 가서 저녁 대접을 받고는 잠이 들었다. 친구는 가난한 친구를 위해 값비싼 보물을 주머니 속에 넣어 주고 볼일을 보러 나갔다. 잠이 깬 후 가난한 친구는 주머니 속에 보물이 들어 있는 줄도 모른 채 하염없이 떠돌다가 몇 년 후 우연히 둘이 만나게 된다. 예전처럼 가난한 행색을 보고선 깜짝 놀란 친구가 가난한 친구의 주머니를 살펴보니, 자기가 옷 속에 넣어 준 보물이 그대로 주머니 속에 들어 있던 것이다. 이 이야기는 주머니 속의 보물처럼 중생들에게 불성이 감추어져 있음을 비유한 것이다.

27　성적등지惺寂等持 : 참선할 때 마음에 성성惺惺하게 깨어 있는 상태와 적적寂寂하게 고요한 상태를 함께 유지하는 것이다.

만약 일심불란을 타력이라 한다면 성적등지가 어찌 타력이 아니겠습니까. 만약 성적등지를 자력이라 한다면 일심불란이 어찌 자력이 아니겠습니까. 그렇다면 일심불란과 성적등지는 과연 어느 것이 더디고 어느 것이 빠르며, 어느 것이 어렵고 어느 것이 쉽겠습니까. 십지 이상의 보살도 오히려 정토를 온전히 보지 못하는데, 구박범부로서 정토에 왕생할 수 있는 것은 그 공력이 오로지 일심불란에 달려 있습니다. 만약 일심불란하지 않다면 어떻게 정토에 왕생할 수 있겠습니까.

대저 형체가 곧으면 그림자도 곧고, 소리가 크면 메아리도 큰 법이니, 착한 마음은 인천에 태어나고, 악한 마음은 지옥에 들어갑니다. 따라서 청정하여 어지럽지 않은 마음으로 깨끗한 불국토에 왕생하는 것은 필연의 이치입니다. 만약 그렇지 않다고 한다면 형체는 굽은데 그림자는 곧고, 소리는 작은데 메아리는 큰 경우가 어찌 있겠습니까. 뿌리를 북돋우지 않고 가지가 무성하기를 바라며, 터전을 단단히 다지지 않고 누대가 기울지 않기를 바라는 이는 어리석지 않으면 미혹한 사람일 것입니다.

청허淸虛 화상도 자력·타력의 설로 정토왕생을 매우 권면했으나 청허 화상의 글에 산란한 마음으로 정토에 왕생한다는 대목은 보지 못했습니다.

경에 "부처님이 고해에 빠져 헤매는 중생을 보는 것은, 자애로운 어머니가 물과 불 속에 들어가는 어린아이를 보는 것과 같다."라고 하였으니, 그렇다면 부처님이 자기 명호를 부르는 이는 구제하고, 자기 명호를 부르지 않는 이는 구제하지 않는다는 것이 어찌 말이 되겠습니까. 자력은 나무를 심어 배를 만드는 것과 같은 경우이고, 타력은 남의 배를 빌려 타는 것과 같은 경우라는 사소한 비유로 얼마나 많은 수행인의 목숨을 그르쳤습니까. 애석한 일입니다.

근래에 보면 수행인들 중에 진정한 사우師友를 찾아서 도안道眼을 결택하지 못하고, 오로지 타력으로 왕생한다는 설만 믿고 줄곧 부처님 명호만 외워서 부처님이 구제해 주기를 바라다가 공부가 지극한 데 이르면 모두 마구니의 손아귀에 들어가게 됩니다. 나도 보고 들었는데 이러한 이들이 매우 많습니다. 대저 발심 수행해서 마구니에게 잘못 떨어지니, 슬픕니다.

조사가 "염念이란 생각하여 잊지 않는 것이다."라고 하였고, 또 "염불하면서 만약 부처님을 생각하지 않는다면 그 염불은 참된 염불이 아니다."라고 하였고, 또 "자기 마음을 반조返照하여 어둡지 않게 하는 것이 바른 수행이다."라고 하였고, 또 "참된 마음을 지키는 것이 시방세계의 모든 부처님을 생각하는 것보다 낫다. 내가 만약 너를 속인다면 장차 십팔지옥十八地獄에 떨어질 것이고, 네가 만약 나를 믿지 않는다면 세세생생 범과 이리에게 잡아먹힐 것이다."라고 하였으니, 이와 같은 말들이 어찌 거짓말이겠습니까.

달마 대사가 중국 땅에 들어가 최상승법을 폈는데, 경을 읽고 염불하고 주문을 외고 예배하는 것을 논하지 않았으며, 장좌불와나 일종식一種食을 논하지 않았으며, 선정과 해탈도 논하지 않았으며, 지계와 파계, 승속이나 남녀를 논하지 않았으며, 자기 성품을 보면 곧 성불한다고 하였습니다. 따라서 만약 경을 읽는 등 여타의 법을 망령되이 불법이라 한다면, 그런 사람은 죽여도 죄가 없을 것입니다.

또 "전다라栴多羅[28]가 견성성불함에 살생업을 지은 것을 따지지 않으니, 비록 업을 짓더라도 다른 사람과 달라서 업이 그를 구속하지 못하며, 속인이 견성성불함에 음욕이 있는 것을 따지지 않으니, 비록 남은 습기가 있더라도 문제 되지 않는다."라고 하였습니다. 홍주洪州[29]는 "선도 이 마음이니 마음을 가지고 도로 마음을 닦을 수 없고, 악도 이 마음이니 마음을 가지고 도로 마음을 끊을 수 없다."라고 하였으며, 우두牛頭 선사는 "마음에 다른 마음이 없으니 탐심과 음욕을 끊지 않는다."라고 하였습니다.

그러므로 선지식의 목우행牧牛行[30]에 81가지가 있으니, 불행佛行·범행梵行으로부터 심지어 살생·도둑질·음행·음주 등도 있으나 도안道眼이 명백하면 아무런 구애될 게 없습니다. 그러므로 위산潙山 선사는 "다만 안목이 바름만 귀하게 여기고 행리行履는 귀하게 여기지 않는다."라고 하였습니다. 그러므로 이러한 법문은 삼승三乘을 멀리 벗어났으니, 범범하게 배우는 사람은 실로 생

---

28   전다라栴多羅 : 살생하는 포악한 자란 말로 전다라栴荼羅라고도 한다. 악인이기 때문에 일반 사람들과 따로 산다고 한다. 『불국기佛國記』.

29   홍주洪州 : 중국 강서성江西省 홍주洪州 개원사開元寺에 오래 주석한 당나라 때 선사 마조도일馬祖道一을 지칭한다.

30   목우행牧牛行 : 마음을 수행하는 것을 소를 치는 데 비유한 것으로 견성한 뒤 보림保任하는 공부이다.

각으로 헤아려 알 수 없습니다. 옛날에 소승의 계율을 익힌 이들은 모두 선사를 비방했으나, 이는 버마재비가 수레바퀴를 막고[31] 메추리가 붕새를 비웃는[32] 격이니, 제쳐 두고 말하지 않겠습니다.

게다가 계에는 대승계·소승계가 있고, 이계理戒·사계事戒가 있고, 작계作戒·무작계無作戒[33]가 있으니, 처음 원심圓心[34]을 발하여 스승에게 듣고 받은 계를 작계라 하고, 법을 마음속에 받아들이고 과거와 미래가 끊어져 마음이 실상實相에 머무는 것을 무작계라 합니다. 그리고 십중바라이十重波羅夷와 사십팔경구四十八輕垢를 사계라 하니, 바로 『범망경』입니다. 탐욕이 곧 대도요 진에瞋恚

---

31 버마재비가 수레바퀴를 막고 : 『장자』 「인간세人間世」에 나오는 고사이다. 거백옥蘧伯玉이 "너는 저 버마재비를 알지 못하느냐. 제 팔뚝을 뽐내어 수레바퀴를 막으려 드니, 제힘으로 감당할 수 없는 줄 모르는 것이다.[汝不知夫螳蜋乎? 怒其臂以當車轍, 不知其不勝任也.]"라고 했다는 데서 온 말이다.

32 메추리가 붕새를 비웃는 : 『장자』 「소요유逍遙遊」에서, "붕이란 새는 등은 태산 같고 날개는 하늘에 드리운 구름 같아서 회오리바람을 타고 구만 리를 올라가 구름을 벗어나고 푸른 하늘을 등에 진 다음에야 남쪽으로 가고자 도모하여 남쪽으로 간다. 붕새가 남쪽 바다로 갈 때 메추리가 그를 쳐다보고 웃으면서 말하기를, '저 새는 장차 어디를 가려고 하는가? 나는 뛰어올라 봤자 고작 두어 길도 못 오르고 도로 내려와 쑥대밭 사이에서 빙빙 돌 뿐이지만, 이 또한 잘 날아간 것인데, 저 새는 장차 어디를 가려는 것일까?'라고 했다.[其名爲鵬, 背若泰山, 翼若垂天之雲, 搏扶搖羊角而上者九萬里, 絶雲氣, 負靑天, 然後圖南, 且適南冥也. 斥鷃笑之曰: 彼且奚適也? 我騰躍而上, 不過數仞而下, 翶翔蓬蒿之間, 此亦飛之至也, 而彼且奚適也.]"라는 고사에서 온 말이다.

33 작계作戒·무작계無作戒 : '작계'는 표색表色의 다른 이름, 또는 가르침이 없는 무교無教라고도 하는데, 계율을 받을 때 표면적으로 몸이나 입에 나타나는 움직임을 말하고, '무작계'는 언어·동작에 나타나지 않고 신체에 습관적으로 존속되어 가는 계를 말한다.

34 원심圓心 : 완전하고 원만한 열반을 구하는 마음이다.

도 마찬가지라, 이와 같은 삼독심 중에 일체의 불성이 갖춰져 있다 하여 제법에 계를 지킴과 범함이 둘이 아닌 것을 이계라고 널리 설하였으니, 곧 『제법무행경諸法無行經』입니다.

예컨대 보살계의 서문에서 "대승은 중생을 구제하고 남을 이롭게 하는 것을 생각하니, 사상事相에 국집하는 소승과는 같지 않습니다. 예컨대 말리 부인末利夫人은 오직 술을 계로 삼았고, 선예 대왕仙豫大王은 오직 이익과 자비로운 행실, 남을 이롭게 하는 것을 계로 삼았으니, 어찌 법계에 억지로 강역疆域을 나누리오."라고 하였습니다.

『담무참보살계본曇無讖菩薩戒本』에서 "대략 보살계를 잃는 두 가지 경우가 있으니, 첫째는 보살의 서원을 버리는 것이요, 둘째는 증상악심增上惡心입니다. 증상악심이란 사람과 법이 둘 다 공하다고 함부로 말하는 것과 깨달음을 얻지 못하고서 얻었다고 하는 것입니다. 이 두 가지 경우 외에는 이 몸을 버릴지라도 계는 끝내 잃지 않는다."라고 하였습니다. 이와 같은 것들이 대승계입니다. 예컨대 "비구가 나무나 돌에 눌렸을 경우, 만약 나무를 꺾거나 흙을 파고 벗어나서 몸이 죽는 것을 면하면, 이는 죄를 짓는 것이다."라고 하였는데, 이와 같은 것들은 모두 소승계입니다.

오늘날 사람들은 소승계의 조분條分이 어떠하고 대승계의 개차開遮가 어떠한지 알지 못하며, 설령 작계와 사계가 있는 줄 알더라도 무작계와 이계가 있는 줄은 알지 못하고서 한갓 부질없는 껍데기만 숭상하면서 "불계佛戒를 지킨다."라고 하니, 역시 제쳐 두고 말할 필요도 없습니다.

달마 대사는 "마음을 관觀하는 한 가지 법이 모든 수행을 총섭總攝한다."라고 하였고, 고덕古德은 "심지心地가 비고 툭 트여 막힘이 없는 것이 보시이며, 심지가 청정하여 비루함이 없는 것이 지계持戒이며, 심지가 담박하여 시비가 없는 것이 인욕이며, 오묘하고 고요한 이치를 끊어짐 없이 비추어 보는 것이 정진이며, 확연廓然하여 고요함도 시끄러움도 없는 것이 선정이며, 사무치게 밝아 똑똑함도 어리석음도 없는 것이 지혜이다."라고 하였습니다. 또 고인이 "한 법도 옳다고 정하지 않으며 한 법도 그르다고 정하지 않나니, 거짓을 배척하고 참됨을 도모하며 이것을 버리고 저것을 취하는 것은 모두 스스로 자기를 속박하는 것이다. 만약 대도大道를 깨달은 사람이라면 한 법이 옳음도 보지 않는데, 어찌 한 법이 그름이 있으리오."라고 하였습니다. 달마 대사는 "인의예지신仁義禮智信을 규역規域이라 하며, 대소승大小乘의 기본 내용을 규역이라 하며, 생사와 열반을 규역이라 하나니, 범부의 마음을 일으키지 않고, 성문聲聞의 마음을 일으키지 않고, 보살의 마음을 일으키지 않고 내지 부처님의 마음조차 일으키지 않아야 비로소 규역을 벗어났다고 한다."라고 하였고, 또 "어떤 사람이 죄를 범하여 지옥에 떨어졌더라도 자기의 법왕法王을 보면 곧 해탈한다."라고 하였고, 또 "깨달음은 한순간에 있으니, 어찌 백발이 되도록 공부할 필요가 있으랴."고 하였습니다. 육조 대사六祖大師는 "앞 생각이 미혹하면 중생이요, 뒤 생각이 깨달으면 부처이다."라고 하였습니다. 또 고인이 "용이 뼈를 바꿈에 그 비늘은 바꾸지 않는 것과 같으니, 범부가 마음을 돌이켜 부처가 됨에 그 얼굴은 바꾸지 않는다."라고 하였습니다. 그러므로 이 법문은 가장 존귀하여 백천 가지 삼매와 한량없는 묘의妙義가 그 사람의 한 생각을 벗어나지 않습니다.

고인이 "이 일승법一乘法은 듣고 믿지 않더라도 오히려 성불할 종자를 심는 인연을 맺으며, 배워서 이루지 못하더라도 오히려 인천人天의 복을 덮는다."라고 하였으니, 하물며 들어서 믿고 배워서 이루는 자야 말할 나위가 있으리오. 어찌 수행에 뜻을 둔 이가 이를 버리고 달리 찾으리오.

만약 참구하는 수행문修行門을 말한다면, 예컨대 "한 스님이 조주趙州에게 묻기를 '개도 불성이 있습니까?'라고 하자, 조주가 '없다.'라고 하였으니, 꿈틀거리는 생명들은 모두 불성이 있거늘 조주는 어찌하여 없다고 했는가?"라는 화두를 옷 입고 밥 먹고 대소변을 보고 어른을 시봉하고 아랫사람을 가르치고 책을 보고 손님을 접대할 때 내지 행주좌와行住坐臥의 모든 때에 회광반조廻光返照하여, 거각擧覺하고 거각하며 의심하고 의심하며 관찰하고 관찰하며 연마하고 연마하되 세간의 잡된 일들을 생각하는 마음을 돌이켜 없다는 무無 자 위에 두어야 합니다. 이와 같이 공부를 하여 날이 가고 달이 가면 자연히 계오契悟할 것입니다. 이는 배고픈 사람이 한 숟가락 밥을 먹고 단번에 배가 부를 수 없으며, 글씨를 배우는 사람이 한 두루마리의 종이에 썼다고 바로 좋은 글씨가 되지 못하는 것과 같으니, 견실한 마음을 갖추어 시종 변치 않으면 도를 쉽게 이룰 것입니다.

고인이 "고양이가 쥐를 잡듯이 한다."라고 한 것은 심안心眼이 움직이지 않음을 뜻하고, "닭이 알을 품듯이 한다."라고 한 것은 따뜻한 기운이 지속함을 뜻합니다.

화두를 들 때에는 마치 물길을 거슬러 돛단배를 젓는 것과 같아서, 때로는 냉담하여 아무 재미가 없기도 하고 때로는 마음속이 답답하기도 하지만 이 또한 다른 사람의 일이 아니니, 단지 화두만 드는 것이 묘한 일입니다. 무엇보다 중요한 것은 정신을 모아서 화두를 들되 너무 급하지도 않고 너무 느슨하지도 않으며 성성적적惺惺寂寂하고 매우 면밀綿密해야 합니다. 숨은 평상시와 같이 쉬고, 음식은 적당히 먹으며, 눈은 정채精彩를 띠고, 등뼈는 꼿꼿이 세워야 합니다.

사람의 한평생이 준마가 틈 사이를 달려 지나는 것처럼 빨리 지나가 풀잎에 맺힌 이슬처럼 덧없고 바람 앞에 등불처럼 위급하니, 온갖 계책을 다 써서 고생해도 결국에는 한 무더기 해골이 될 뿐입니다. 이 무상이 신속하고 생사의 일이 큼을 생각하여 마치 머리에 붙은 불을 끄듯이 급급히 서둘러야 합니다. 태어날 때에는 온 곳을 알지 못하고 죽을 때에는 갈 곳을 알지 못한 채 업식業識이 아득하고 심기心機가 어지러워 마치 땔나무에 불이 붙어 마구 타오르듯이 사생 육취四生六趣가 가슴속에서 잉태되니, 어찌 두렵지 않으리오. 만약 진정한 참학參學이 있지 않다면 어떻게 생사의 업력業力을 대적하겠습니까. 이와 같이 분명하게 생각하면 공부를 허

경허록 •

비하지 않을 것입니다.

　이상에서 열거해 말한 내용들은 모두 불조佛祖의 진실한 밝은 가르침이니 감히 한 마디 언구도 속임이 없습니다. 지난날 분부한 말씀을 감히 저버릴 수 없어 이제 어리석은 충심으로 이 글을 써서 드립니다. 그렇지만 나는 나태한 까닭에 단지 마음속 생각을 말했을 뿐 글을 다듬는 데 힘쓰지는 않았습니다. 할 말은 끝이 없지만 개략은 이상과 같습니다.

　등암 장로가 법어를 청하기에 이로써 도호塗糊[35]합니다.

佛說一代藏教할새 以五戒十善法으로 使之生人天하며 以苦集滅度
四諦法으로 使之證阿羅漢果하며 以無明行等十二因緣法으로 使之
證緣覺辟支果하며 以四弘願六波羅蜜法으로 使之行菩薩道로되 而
有權教菩薩者는 歷阿僧祇劫하여 行四弘願六波羅蜜하고 位過十
信十住十行十廻向하여도 尙未達妙道하여 見有爲則心生希有하며
聽無相則茫然自失이라 求佛知見之心은 常未間斷이나 然煩惱習
氣가 根蒂未除할새 依佛戒教하여 時常捺伏하나니 譬如善幻呪者가 以
呪術力으로 禁除猛獸毒蛇하여 使之不能發毒侵齧하되 而其害人之
毒은 未能除去라 且於佛法中에 疑根未斷함이 如有一物碍滯於胸

35　도호塗糊 : 호도糊塗와 같다. 『대혜서장大慧書狀』「답양교수答梁教授」에서 양교수梁教授란 사람이 법호를 지어 달라고 청하기에 쾌연 거사快然居士란 법호를 준다고 하면서 한 말을 인용한 것으로, 좋지 못한 말로 상대방을 오염시킨다는 뜻이다. 즉 법어를 해 주는 것이 상대방의 청정한 법신法身을 오염시키고 때를 묻히는 셈이 된다는 뜻이다.

膈이어든 當伊麼時하여 若能叅眞善知識하여 悟得妙道하면 則直登十
地位요 未叅未悟者는 終成退墮라 普照國師云 夫叅學者는 發足
에 先植正因이니 信五戒十善四諦十二因緣六度等法은 皆非正
因이요 信自心是佛하여 一念無生하여 三秖劫空이니 如此信得及이라
야 乃是正因者ㅣ此也니라 時降聖遠에 師友淵源已絶할새 凡叅修行
者ㅣ擧槩迷封滯殼於權牛之說하여 而所習者戒善이요 尙未能進
修於四諦十二因緣等法이어든 況乎發趣正因乎아 盖牛者는 何也
오 道未了極하여 止於中道之謂也며 權者는 何也오 如云嫂溺於水
執手引濟之謂也니 其權牛云者ㅣ未爲常實圓終은 不待智者而
後知也라 壽禪師云 爲求大道者하여 說一乘妙旨하며 爲求小行者
하여 說六行權門이라하니 六度等法도 亦未免爲權이어든 況餘戒善諦
緣等乎아 佛以方便力으로 說念佛法하여 引導衆生이 其趣甚妙어늘
人皆不達하여 枉用心力而未効라 如『阿彌陀經』大說淨土莊嚴하여
至於說往生法하여 一日二日乃至七日에 一心不亂하면 是人往生
이라하고『十六觀經』에 有觀像成就法하여 使之繫心一處하면 其觀歷
歷하여 長時明了하여 成就三昧라하고『無量壽經』三輩往生에 皆先說
發菩提心하니 菩提者는 何也오 卽衆生日用靈覺之性也라 若能開
發靈覺之性하여 或能成就觀像三昧어나 或能成就一心不亂하면 其
於往生에 有何未了ㅣ리오 故圭峯禪師云 至於念佛生淨土하여도 亦
修十六觀禪·念佛三昧·般舟三昧라하니 此不是一向以散亂心으
로 執持名號하면 便能超生淨土也라 新舊譯經論에 皆云十地已上
菩薩分見報佛淨土라하니 彌陀淨土ㅣ豈非報佛淨土耶아 十地菩

薩도 尙未許其全見이어늘 如何具縛凡夫ㅣ 以散亂心으로 徒稱名號하면 便能超生이리오 若以散心稱號라도 亦能超生이면 何用苦苦做得一心不亂與十六三昧리오 旣違佛說이어니 焉能成功이리오 古有以自力으로 譬種樹作船하며 他力으로 譬借船越海하니 遲速難易ㅣ 功劾有異之說하니 此亦勸化方便이라 然未免辨說淆訛하여 違於佛教하여 大誤後生하니 此不得不辨이리라 本有無根樹子어늘 何待於種이리오 本有無底船子어늘 何待於作이리오 徧覆大千하고 普濟人天하여 其道其用이 未嘗欠少언마는 秖是眩暈未定하며 昏夢未醒而已라 且如 『因明論』에 有同喩異喩하니 佛性如虛空은 是同喩요 如軍林等은 是異喩며 不是同喩라 若配同喩하면 用自家錢財하여 以濟飢困은 此自力也요 投望他家門墻하여 以求周給은 此他力也니 如此喩合하여 不違佛理라 故經云 不識衣內明珠하고 流離丐乞이라함이 此也니 難易遲速은 不待辨說而自明이라 若能一日一心不亂하면 二日亦能一心不亂이니 何待七日이리오 若一觀歷歷하여 長時明了하면 乃至十六箇觀亦歷歷하여 長時明了니 發菩提心도 亦不外乎斯矣라 若以如此全功으로 施於祖庭叅究門中이면 孰不見性成佛이리오 看話門中에 說惺寂等持면 必能見性이라하고 念佛門中에 說一心不亂이면 決定往生이라하니 一心不亂이 豈非惺寂等持耶아 若以一心不亂으로 爲他力인댄 惺寂等持ㅣ 豈非他力이리오 若以惺寂等持로 爲自力인댄 一心不亂이 豈非自力이리오 夫然則一心不亂與惺寂等持ㅣ 果孰遲孰速이며 孰難孰易乎아 夫地上菩薩도 尙未全見이어늘 以具縛凡夫로 而能超生者는 其功力全恃一心不亂이니 若非一心不亂이면 何

能頓超리오 夫形直影端하고 聲大響雄하나니 善心生人天하며 惡心入
鬼獄이라 以淸淨不亂之心으로 超生淨佛國土는 此是必然之理也
니라 若謂不然인댄 豈有形曲影直聲小響大者乎아 不栽培根株하고
而欲望枝葉鬱茂하며 不堅築基地하고 而欲望臺樹不傾者는 非愚
則惑也라 淸虛和尙亦引自力他力說하여 深勸往生이요 而未見以
散心超生之文也라 經云 佛見衆生沈淪苦海함이 如慈母見赤子
之投入於水火라하니 若然則救其稱其名號者요 不救其不稱名號
者는 是豈成說乎아 以種樹借船些少譬喩로 誤却幾個修行人性
命하니 可惜이라 近見修行人이 未能叅其眞正師友하여 決擇道眼하
고 全恃他力之說하여 一向誦持佛號하여 望佛接濟者는 若到功極하
면 皆被魔攝이라 余亦見聞證過하니 其數甚多라 夫欲發心修行하여
而誤落邪魔하니 悲夫라 祖師云 念者는 憶持不忘也라하고 又云 念佛
에 若不念이면 念非眞念이라하고 又云 返照不昧爲正이라하고 又云 守
本眞心이 勝念十方諸佛이니 我若誑汝면 當來墮十八地獄이요 汝
不信我면 世世被虎狼所食이라하니 如此等說이 豈是說謊者耶아 達
磨大師入唐土하여 敷演最上乘法할새 不論誦經念佛持呪禮拜하
며 不論長坐不臥一食卯齋하며 不論禪定解脫하며 不論持戒破戒
僧俗男女하고 見性卽成佛하니 若以誦經等餘外法으로 妄爲佛法이
면 殺却無罪過라 又云 栴多羅見性成佛에 不論作殺生業이니 縱作
業이라도 不同他人하여 業拘不能이요 白衣見性成佛에 不論淫欲이니
縱有餘習이라도 亦不相妨이라하고 洪州云 善亦是心이니 不可將心還
修於心이요 惡亦是心이니 不可將心還斷於心이라하고 牛頭禪師云

心無異心하니 不斷貪淫이라하니라 故善知識牧牛ㅣ 有八十一行하여 自佛行梵行으로 乃至有殺盜婬酒等行이로되 而道眼明白하면 亦無所碍라 故潙山禪師云 只貴眼正이요 不貴行李處라하니라 故此法門이 逈出三乘하니 汎學者ㅣ 實不可思議라 古有習小乘戒律者ㅣ 皆誹謗禪師로되 而如蟷螂捍轍이요 斥鷃笑鵬이니 置之莫論이라 且戒有大小하고 有理與事하며 有作與無作하니 盖初發圓心하여 從師聽受를 名爲作戒요 納法居懷하고 休謝往訖未來하여 心住實相을 名爲無作戒요 十重波羅夷와 四十八輕垢를 名爲事戒니 卽『梵網經』也라 貪欲卽大道요 嗔恚亦復然하니 如是三法中에 具一切佛法일새 廣說諸法持犯無二를 名爲理戒니 卽『諸法無行經』也라 如菩薩戒序에 云 大乘以濟物利人爲懷하니 不同小乘局執事相하니 如末利夫人은 惟酒爲戒하고 仙豫大王은 惟利與慈行利物爲戒하니 曷於法界强分疆域이리오하고 曇無讖菩薩戒本에 云 畧有二事失菩薩戒하니 一捨菩薩願이요 二增上惡心이라 增上惡心者는 妄說人法二空하고 未得謂得也라 除是二事요 若捨此身이라도 戒終不失이라하니 如此等이 是大乘戒也라 如云 比丘爲木石所壓이어든 若折木鑿土而出하여 免其身死면 此是得罪라하니 如此等은 皆小乘戒也라 如今人은 不知小戒條分如何하며 大戒開遮又如何이요 設知有作與事戒라도 又不知有無作與理戒하여 徒尙浮秕云 持佛戒라하니 亦置之莫論이라 達磨大師云 觀心一法이 總攝諸行이라하고 古德云 心地虛曠無滯局이 便是布施요 心地淸淨無鄙屑이 便是持戒요 心地恬淡無是非ㅣ 便是忍辱이요 妙寂之理ㅣ 照無間斷이 便是精進이요 廓然無靜

鬧ㅣ便是禪定이요 明徹無智愚ㅣ便是智慧라하고 又古人云 不定一
法是요 不定一法非니 斥妄謀眞하고 捨此取彼는 幷是執縛自纏이라
若悟大道之人은 不見一法是어니 何有一法非리오 達磨大師云 仁
義禮智信을 名爲規域이요 大小乘基情을 名爲規域이요 生死涅槃을
名爲規域이니 不發凡夫心하며 不發聲聞心하며 不發菩薩心하고 乃
至不發佛心을 始名出規域外라하고 又云 若人犯罪墮地獄하여도 自
見己之法王이면 卽得解脫이라하고 又云 悟在須臾니 何煩皓首리오하
고 六祖大師云 前念迷衆生이요 後念悟卽佛이라하고 又古人云 如龍
換骨에 不改其鱗이요 凡夫回心作佛에 不改其面이라하니라 故此法門
이 最尊最貴하여 百千三昧와 無量妙義ㅣ 不離當人一念心塵이니라
古人云 此一乘法은 聞而不信이라도 尙結佛種之因이요 學而未成이
라도 猶盖人天之福이라하니 況聞而信學而成者乎아 豈有志乎修行
者ㅣ 捨此他求리오 若論叅究行門인댄 如僧問趙州호되 狗子도 還有
佛性也無잇가 趙州云 無라하니 蠢動含靈이 皆有佛性이어늘 趙州因甚
道無오 着衣喫飯하며 屙屎放尿하며 侍奉敎導하며 看讀迎送하고 乃至
行住坐臥와 一切時處에 廻光返照하여 擧來擧去하며 疑來疑去하고
察而復觀하며 磨而復硏하여 將思量世間塵勞之心하여 回來祗在無
字上이니 如是用功하여 日久月深하면 自然契悟라 如療飢者ㅣ一匙
食에 未能頓飽요 學書者ㅣ一卷紙에 未能成文이니 辦堅實心하여 始
終莫異면 其道易成이니라 古人云 如猫捕鼠者는 謂心眼不動也요
如鷄抱卵者는 謂煖氣相續也라 擧話頭時에 如逆水張帆이라 或冷
淡無滋味하고 或心頭熱悶하되 亦不是他家事니 但提撕話頭爲妙

니라 最是蘊素精神하여 不麄急하며 不惰緩하여 惺惺寂寂하며 密密綿綿하고 氣息如常하며 飢飽準平이요 眼目自好精彩하며 脊樑不妨竪起이니라 人生一世ㅣ 如驥駒過隙하여 倏如草露하며 危如風燈이라 用盡百計艱辛하여도 到頭에 一堆枯骨이니 念此無常迅速하며 生死事大하여 急急如救頭燃이니라 生不知來處하며 死不知去處하고 而業識茫茫하며 機關紛綸하여 薪火蕩搖에 四生六趣ㅣ 胎孕于其中하니 豈不可畏哉아 若未有眞正叅學이면 如何抵敵生死業力이리오 如此分明想得하면 工夫不浪失이니라 如上連絡提率ㅣ 皆是佛祖誠實明誨니 不敢以一言一句相欺로다 前日之敎를 不敢辜負일새 玆以愚衷이라 然以懶惰所致로 祇是提說意相이요 不務工硏文字로라 說亦無盡이나 槪畧如右로라 藤庵長老請法語할새 以此塗糊하노라

승화 상인에게 주다[贈承華上人]

—

대저 사람이 한세상을 살면서 젊던 얼굴이 쉬지 않고 변천해 가니, 달리는 말과 같다느니, 풀잎에 맺힌 이슬과 같다느니, 서쪽으로 지는 햇빛과 같다느니 하는 말들은 무상이 신속함을 말한 것이며, 똥무더기 같다느니, 꿈속 같다느니, 원수와 같다느니, 독사와 같다느니 하는 말들은 허망하여 좋은 일이 없음을 말한 것이다. 공자는 "나는 말이 없고 싶다."[36]라고 하였고, 또 "오로지 주장함도 없고 오로지 부정함도 없다."[37]라고 하였으며, 장자는 "현주玄珠를 잃었는데 망상罔象[38]이 찾았다."라고 하였고, 또 "천지는 하나의 손가락이고 만물은 하나의 말이다."[39]라고 하였는데, 하물며 우리 불법을 배

---

[36] 나는 말이 없고 싶다 : 공자가 "나는 말이 없고 싶다.[予欲無言.]"라고 하니, 자공子貢이 "스승님께서 말씀하지 않으시면 저희들이 어떻게 도를 전해 받겠습니까?[子如不言, 則小子何述焉.]"라고 하였다. 이에 공자가 "하늘이 무슨 말을 하던가! 사시가 운행하고 만물이 생장하나니, 하늘이 무슨 말을 하던가![天何言哉! 四時行焉, 百物生焉. 天何言哉!]"라고 하였다. 『논어』 「양화陽貨」.

[37] 오로지 주장함도~부정함도 없다 : 공자가 "군자는 천하의 모든 일에 있어서 오로지 주장함도 없고 오로지 부정함도 없어서 의義를 따를 뿐이다.[君子之於天下也, 無適也, 無莫也, 義之與比.]"라고 하였다. 『논어』 「이인里仁」.

[38] 망상罔象 : 『장자莊子』에는 상망象罔으로 되어 있다. 고대 중국의 군주인 황제黃帝가 적수赤水 북쪽에 갔다가 돌아오면서 현주玄珠를 잃어버렸는데, 아무도 찾지 못했고 상망象罔이 찾아냈다고 한다. 상망은 말 그대로 형상이 없다는 뜻이다. 이는 우언寓言으로 무심無心을 표현한 것이다. 즉 도道를 아는 데는 아무리 머리가 좋고 깊이 궁리하여도 무심함만 못하다는 것이다.

[39] 천지는~말이다 : 『장자』 「제물론齊物論」에서 "손가락을 가지고 손가락이 손가락 아님을 비유하는 것은 손가락이 아닌 것을 가지고 손가락이 손가락 아님을 비유하는 것만 못하고, 말을 가지고 말이 말 아님을 비유하는 것은 말이 아닌

우는 사문沙門이야 말할 나위 있겠는가. 응당 본래 마음을 궁구해서 정밀히 연마하여 명묘明妙해져야 한다. 그렇게 하면 백천 가지 삼매三昧와 한량없는 묘의妙義가 구하지 않아도 절로 얻어질 것이니, 모든 불조佛祖가 어찌 특이한 사람이겠는가.

그런데 지금은 성인의 시대와 멀어져 출가한 사람들이 자기의 본분은 알지 못하고 그럭저럭 한가로이 지내다 일생을 보내고 만다. 그리하여 우리 부처님의 정법안장正法眼藏이 매몰되어 밝혀지지 못하고 오로지 허위와 사악邪惡의 습성이 들었으며, 심한 자는 도리어 불법을 비방하니, 슬프다! 말을 할 수조차 없구나.

육조 대사는 "앞 생각이 미혹하면 중생이요, 뒤 생각이 깨달으면 부처다."라고 하였고, 위산潙山 선사는 "생각하되 생각함이 없는 묘妙로 신령한 광염光焰의 무궁함을 돌이켜 생각하여, 생각이 다하여 근원으로 돌아가면 성性·상相이 항상 머물고 사事·이理가 둘이 아니라 참 부처가 여여如如하리라."고 하였으니, 그 빛을 얻으

것을 가지고 말이 말 아님을 비유하는 것만 못하다. 천지는 하나의 손가락이요, 만물은 하나의 말이다.[以指喩指之非指, 不若以非指喩指之非指; 以馬喩馬之非馬, 不若以非馬喩馬之非馬也. 天地一指也, 萬物一馬也.]"라고 하였다. 이는 피아彼我의 구별이 없음을 비유한 것이다. 사람들은 모두 자기가 옳다고 생각한다. 그래서 자기 손가락으로 남의 손가락을 비유할 경우, 어디까지나 자기 손가락이 중심이 되어 자기 손가락만이 손가락인 셈이 된다. 즉 나의 손가락을 기준으로 삼아서 남의 손가락을 손가락이라 하게 되는 것이다. 나의 말과 남의 말의 관계도 마찬가지이다. 나의 것이니 남의 것이니 하는 구별이 없으면 모든 손가락은 다 같고 모든 말은 다 같다. 나아가 천지와 하나의 손가락, 만물과 하나의 말도 둘이 아니게 되는 것이다.

면 하루아침에 제불諸佛과 같아지고, 그 빛을 잃으면 만겁萬劫토록 생사를 따르고 말 것이다.

용이 뼈를 바꿀 때 비늘은 바꾸지 않듯이 범부가 마음을 돌이켜 부처가 됨에 그 얼굴은 바꾸지 않는 법이니, 무명無明의 참 성품이 곧 불성佛性이요, 허깨비처럼 덧없는 이 육신이 곧 법신法身이다. 이 도리는 너무 가까이 있으니 눈을 뜨면 곧 보고 눈을 감은 곳에서도 그대로 드러난다. "어떤 것이 부처입니까.", "바로 너이다." 이러한 명백한 가르침들은 이루 다 인용할 수도 없거니와 모두 범부를 고쳐 성인을 만드는 직절直截한 도리이다.

고인들이 이와 같이 노파심으로 고구정녕苦口丁寧히 간절히 말했으니, 이러한 가르침들을 외워서 학습하고 돌이켜 궁구하며 선각先覺들을 두루 찾아가 물어서 분명히 결택決擇하여 도를 깨닫겠다고 생각하여 자세히 탁마琢磨한다면, 그 누군들 도를 이룰 수 없으리오. 현우賢愚, 귀천, 노소, 남녀를 막론하고 모두 도를 이룰 수 있을 것이다. 슬프다! 머리를 깎고 먹물옷을 입었으니, 응당 무슨 일을 해야 하겠는가.

눈이 색色에 끌려가면 아귀가 되고, 귀가 소리를 따르면 아비지옥에 들어간다. 그런데 색과 소리라는 짐주鴆酒에 취하고 수受와 상想이라는 함정에 빠져서 정신이 흐려져서 깨닫지 못하고, 오늘도 이와 같이 보내고 내일도 이와 같이 보내다가 납월 30일(죽음)에 이르면 머리가 찢어질 듯 아프고, 오장이 칼로 저미는 듯 아프고, 손발을 잡아 뽑는 것과 같아 마치 끓는 물 속에 떨어진 게처럼 발버둥도 칠 수 없고 산 채로 껍질이 벗겨지는 거북처럼 고통스러울 것이다. 그래서 정신이 혼미하여 천당에 올라가는지 지옥에 들어가는지 도무지 알 수 없다. 슬프다! 안타까운 일이다.

돌이켜 생각해 보면 도를 깨달은 옛날의 현인들은 임종할 때 앉아서 죽거나 서서 죽는 것이 마치 사람이 방문을 열고 밖으로 나가는 것처럼 쉬웠다. 계 선사戒禪師는 지팡이에 기댄 채 입적했고, 불인佛印 장로는 한 번 웃고 입적했으며, 어떤 이는 밥을 먹다가 수저를 멈추고는 입적했고, 어떤 이는 한쪽 발을 드리운 채 입적했고, 어떤 이는 거꾸로 선 채 입적했고, 어떤 이는 몇 자 높이로 허공에 뜬 채 입적했으니, 이는 모두 자기 본성을 돌이켜 궁구하여 정定과 혜慧를 온전히 갖춘 결과이다. 슬프다! 고인인들 어찌 지금 사람들과 다르리오.

동산洞山 화상이 "가사 아래에서 사람 몸을 잃는 것이 고통이다."라고 하였으니 잠계箴戒로 삼아야 할 것이다. 이상에서 네 번 "슬프다."라고 한 데에서 감회와 한이 바다처럼 크고 많건만 누가 알리오.

이 글을 써서 승화 상인에게 주노라.

夫人生一世也에 壯色不停이 如奔馬하며 如草露하며 如西光은 無常迅速之謂也요 似糞聚하며 似夢聚하며 如怨賊하며 如毒蛇는 謂其幻妄無好事也라 孔子曰予欲無言이라하고 又云無適也하며 無莫也라하고 莊子曰遺其玄珠러니 罔象得之라하고 又云天地一指요 萬物一馬

라하니 況我學佛沙門乎아 當究其本心하여 硏精明妙하면 則百千三
昧와 無量妙義ㅣ 不求而自得이니 諸佛祖ㅣ 豈異人哉아 而今去聖
時遠에 出家人이 不識自家體裁하여 悠悠泛泛하여 過了一生할새 吾
佛正法眼藏이 埋沒不明하고 而全以虛僞邪惡로 習與成性하고 而
甚者는 返以誹謗하니 嗚呼라 不可以言之矣로라 六祖大師云 前念
迷卽衆生이요 後念悟卽佛이라하고 潙山禪師曰 以思無思之妙로 返
思靈燄之無窮하여 思盡還源에 性相常住하고 事理不二에 眞佛如
如라하니 得其光也에 等諸佛於一朝요 失其光也에 順生死於萬劫이
라 如龍換骨에 不改其鱗이며 凡夫廻心作佛에 不改其面이요 無明實
性卽佛性이며 幻化空身卽法身이라 這個道理ㅣ 秖爲太近하여 開眼
便刺着하며 合眼處亦自現成이니라 如何是佛고 汝卽是니라 如是等
明白指導ㅣ 不可煩引이어니와 而皆是革凡成聖之直截道理니라 古
人之恁麼叮嚀苦口하여 用心緊切如老婆하니 誦習而返究하고 博問
先覺하여 以決擇分明悟理爲懷하여 仔細琢磨하면 其成道也ㅣ 誰人
無分이리오 賢愚貴賤老少男女ㅣ 皆有分也라 嗚呼라 薙髮染衣ㅣ 當
爲何事오 眼被色牽歸餓鬼요 耳隨聲去入阿鼻어늘 沈醉聲色鴆酒
하고 墮沒受想坑穽하여 昏昏不覺하여 今日也如是하고 明日也又如
是라가 乃到臘月三十日하여 頭痛額裂하고 肝腸痛切하고 手脚抽牽하
여 懍懍如落湯螃蟹하며 痛忍如生脫龜皮라 神識昏迷하여 上天入
獄에 摠不曉得하나니 嗚呼라 惜哉라 回憶古賢於臨終也에 坐脫立亡
을 容易如門開人出相似라 戒禪師倚杖而化하고 佛印長老嗎然一
笑而去하고 或停筋而逝하고 垂足而寂하고 倒立而滅하고 去數尺而

亡하니 皆以返究自性하여 學全定慧之致也라 嗚呼라 古人이 豈異於

人哉아 洞山和尙云 袈裟下에 失人身이 是苦也라하니 可以箴戒니라

如上四箇嗚呼也에 感恨如海하니 誰知之리오 書此以贈承華上人

하노라

법계당에게 보이다[示法界堂]

―

동산洞山 화상이「자계自誠」에서 일렀다.

不求名利不求榮　　명리를 구하지도 영화를 구하지도 않고
祇麽隨緣度此生　　그럭저럭 인연 따라서 평생을 살아가노라
三寸氣消誰是主　　세 치 혀 기운 사라지면 누가 주인인고
百年身後漫虛名　　몸이 죽은 뒤에 부질없는 허명만 남는 것을
衣裳破處重重補　　옷이 해진 곳은 겹겹이 기워 입고
糧食無時旋旋營　　양식이 없으면 그때그때 마련할 뿐
一箇幻躬能幾日　　이 덧없는 몸뚱이가 얼마나 오래간다고
爲他閒事長無明　　쓸데없는 일 때문에 무명을 기르리오

　이 몇 마디 말은 또한 출가한 사람들이 날마다 경각警覺하고 때때로 경책하는 도리여서 응당 익숙히 읽고 음미해 왔을 터이다. 무상無常이 신속하고 생사의 일이 큼을 늘 생각하여 눈을 떴을 때도 매우 절실히 공부하고, 눈을 감았을 때도 매우 절실히 공부하며, 행주좌와 모든 때 모든 곳에서 매우 절실히 공부해야 하니, 이와 같이 공부한다면 어느 겨를에 허다한 잡념이 침범해 마음을 어지럽힐 수 있겠는가.
　그러므로 고덕이 "설령 열반보다 나은 어떤 법이 있더라도 나에게는 꿈과 허깨비 같다."라고 하였거늘, 하물며 세간의 허망하고

진실하지 못한 법 따위에 다시 무슨 마음으로 간여하리오.

쌍림 부대사雙林傅大士가 말하였다.

夜夜抱佛眠	밤마다 부처를 안고서 자고
朝朝還共起	아침마다 부처와 함께 일어난다
起坐鎭相隨	일어나고 앉을 때 늘 따라다니며
語默同居止	말하고 침묵할 때 늘 함께 있어
纖毫不相離	터럭만큼도 서로 떨어지지 않으니
如身影相似	마치 몸뚱이에 딸린 그림자 같아라
欲識佛去處	만약 부처가 간 곳을 알고자 한다면
秖這語聲是	바로 지금 말하는 이 소리라 하리라

이 몇 구절 또한 출가한 사람들이 날마다 조고照顧하고 때때로 참구하는 면목面目이니 자세히 생각하고 환히 알아야 한다. '내 몸뚱이에 감춰져 있는 한량없는 값어치의 보배를 알지 못하여 이 때문에 오랜 겁을 지나도록 부질없이 신고를 겪어 왔는데, 금생도 그냥 지나쳐 버린다면 어느 생에 다시 견문이 맑아질 수 있으리오.'라고 생각하여 불법을 만난 것이 다행스럽다는 마음과 용맹스럽게 정진하겠다는 뜻을 일으켜서 고인의 가르침을 따라 노력하며 수행해야 한다. 참선을 하거나 염불을 하거나 주문을 외거나 내지 육바라밀 법문에 대해서도 절대로 여러 가지 도리로 나누지 말고 응당 회광반조廻光返照하여 마음의 근원을 비추어 보는 데 힘써

야 한다. 무엇보다 중요한 것은 '고요함[靜]'과 '맑음[淨]' 두 가지를 잊지 말아야 하니, 맑음이 보리이고 고요함이 열반이다. 그러나 투철히 요득한 뒤에는 어찌 이 두 가지 명칭으로 나누고 열반을 절목節目으로 삼으리오.

그러므로 "마음을 사무치게 비추어 보면 본체가 의지할 데가 없어 온몸이 그대로 대도大道와 합한다."라고 하였다. 그렇다면 만행萬行은 비록 불자가 평상시 수행할 바이지만 지혜로 자기 본성을 비추어 보는 공부가 없어서는 안 되니, 이른바 "만행을 다 수행하되 오직 무념無念을 으뜸으로 삼는다."라고 하는 것이 이를 두고 말한 것이다.

앞의 다섯 바라밀[40] 수행은 지혜의 공력이 없으면, 비유컨대 눈을 잃은 사람이 험한 길을 가는 것과 같으니, 어찌 그 근본은 이와 같은데 그 지말은 저와 같은 경우가 있으리오. 게다가 선과 악, 보리와 생사도 결코 둘이 아니며, 과거·미래·현재도 결코 둘이 아니며, 시방세계와 하나의 털끝도 결코 둘이 아니다. 그러나 제법諸法은 그렇다고 하여 하나도 아니니, 하나다 둘이다를 누가 이름 붙일 수 있으며, 이름 붙이는 자는 과연 누구인가? 여기는 도리어 천비산天庇山 중암中庵 아래다.【천비산 중암은 충청남도 대전군大田郡 산내면山內面 묘각사妙覺寺에 있다.】

40　다섯 바라밀 : 육바라밀六波羅密을 육도六度라고도 하는데, 보시布施·지계
持戒·인욕忍辱·정진精進·선정禪定·지혜智慧이다. 여기서 다섯 바라밀은
지혜를 뺀 나머지 다섯 가지를 말한다.

대저 불법은 이상한 것이 아니다. 무겁고 큰 돌과 나무를 운반하거나 글과 무술을 배우는 것처럼 실로 마음을 일으키고 힘을 써서 수행하는 것이 아니며, 또한 경천동지할 특별한 작용이 있는 것도 아니다. 단지 망상이 본래 없음을 비추어 요달了達하여 성품의 본체가 밝고 맑으며 안락하여 아무런 작위作爲가 없어 가볍고 무거움도 없고, 모자라고 남음도 없으며, 가고 옴도 없고, 살고 죽음도 없다. 대개 으레 이와 같을 뿐이니, 깨달은 이는 이와 같고 미혹한 이는 이와 같지 않은 것이 아니다. 응당 이렇게 공부하고 이렇게 보림해야 한다. 그러나 '이렇게'란 것인들 어찌 있으리오.

　　대저 공부함에 있어 어찌 허다한 명상名相을 펼쳐 놓은 뒤에 착수한다 하리오. 단지 이것이다.

　　"감히 묻습니다. '단지 이것'이란 무슨 뜻입니까?"

　　"산하대지요, 명암明暗·색공色空이다."

　　"이미 명상입니다."

　　"네가 무엇을 가지고 명상이라 하느냐?"

　　"지금 생각이 일어나고 생각이 사라져 삶과 죽음이 서로 이어지고 있는데, 이를 어떻게 제거하겠습니까?"

　　"네가 무엇을 가지고 생각이 일어나고 사라진다고 하느냐?"

　　"그렇다면 없습니다."

　　"나에게 말을 돌려 다오."

　　대저 출가한 사람은 또한 먼저 그 안목을 바로잡아야 하니, 안목이 바르면 누가 감히 불법과 세제世諦의 부질없는 말을 가지고 도리라 하리오. 그렇다고 해서 그저 깎아지른 벼랑처럼 높기만 한 것은 아니니, 푸른 대나무와 노란 국화, 꾀꼬리 노래와 제비 지저귀는 소리이다. "감히 묻습니다. 현재 불성은 어디에 있습니까?"라고 묻는다면, 나는 크게 웃으며 일어나리라.

이 편지는 내용이 얼마 안 되지만 대수롭지 않게 보아 넘겨서는 안 되니, 응당 세밀히 참구하여 기어코 분명히 요달了達해야 한다. 이미 부탁을 받은 터라 잠자코 있을 수만은 없기에 이제 몇 마디 말을 써 주노니, 비록 수만 권의 글을 쓰더라도 기실 강령綱領은 이것에 지나지 않는다. 부디 사소한 글을 보냈다 꾸지람을 하지 말기 바란다. 사족蛇足을 달아 달라고 부탁했기에 사족을 달았노라.

洞山和尙自誠에 云 不求名利不求榮하고 秖麼隨緣度此生호라 三寸氣消誰是主오 百年身後漫虛名이로다 衣裳破處重重補요 糧食無時旋旋營이라 一箇幻躬能幾日고 爲他閑事長無明이라하니 此幾句語ㅣ 也是出家人之日日警覺時時鞭策的道理니 當熟讀而翫味之니라 常念無常迅速하고 生死事大하여 開眼也如是急切着하며 合眼也如是急切着하고 乃至行住坐臥와 一切時一切處에 如是急切着이니라 夫如是면 則何暇에 有許多閑雜商量이 侵染紛泪乎方寸哉아 故古德云 設有一法이 過於涅槃이라도 於我如夢幻이라하니 況世間虛幻不實之法이 更有甚麼心情하여 與之打交涉이리오 雙林傅大士云 夜夜抱佛眠하고 朝朝還共起로다 起坐鎭相隨하며 語默同居止로다 纖毫不相離함이 如身影相似로다 欲識佛去處인댄 秖這語

聲是라하니 此幾句語ㅣ也是出家人之日日照顧時時叅究之面目
이니 當審思而曉了之니라 當念不識無盡寶藏在我赤肉團上일새緣
此歷劫에枉受辛苦하니 今世若差過면 未知何生에更得見聞澄澈
乎아하여 發慶幸之心과勇猛之志하여 卽於古人建化門頭에努力行
之니 或叅禪也어나 或念佛也어나 或持呪也로 乃至六波羅蜜法門
也에 切不得分作多般道理요 當務以廻光返照하여照了心源이니라
大要不忘靜淨二字니 淨是菩提요靜是涅槃也라 然及得徹了也하
여는 又何嘗以支二名之하고 以涅槃而爲節目之哉아 故云照盡體
無依하여 通身合大道라하니라 然則夫萬行이雖是釋子日用所行이
나 而不可無智慧之照了自性이니 所謂萬行備修로되 唯以無念爲
宗者ㅣ此也니라 前五度之行에若無智慧功力이면 譬如失目之人이
行於險道하니 豈以其本若此其末若彼哉아 且也善與惡也와菩提
與生死也ㅣ未嘗有二하며 過去也와未來也와現在也ㅣ未嘗有二하
며 十方也와一毫端也ㅣ未嘗有二라 然其諸法也ㅣ亦未嘗是一이
니 一二也를 其孰能名之리오 其名之者ㅣ果誰乎아 此却是天庇山
中庵下也니라天庇山中庵은在忠南大田郡山內面妙覺寺라 夫佛法은不是異
常也니 實非起心用力行得을 如運載重大木石學習文武요 又不
是大段驚天動地特地作用也라 祇是照了妄想本無하며 性體明
淨하고 安樂無爲하여 無輕重無欠剩하며 無去來無生死라 盖法爾如
是하니 不是悟者得如是하고 迷者却不如是也라 當恁地做하며 恁地
保任이니라 然亦何嘗有恁地哉아 夫用功也ㅣ豈曰以名相多多排
布以後入手哉아 只這是니라 敢問只這是意如何잇고 答曰山河大

地요 明暗色空이니라 曰早是名相了也로다 答 爾喚甚麼作名相고 問
現今念起念滅하여 生死相續이어늘 當何以除却고 答 爾喚甚麼作
起滅念고 曰恁麼則無去也니이다 答 還我話頭來하라 夫出家人이 也
先正其眼目이니 若得正也면 誰敢以佛法世諦之乎之說來去作
道理哉아 然又不是恁麼壁立懸絶이니 翠竹黃花요 鶯吟燕語也니
라 敢問現今佛性在何處耶[41]오 惺牛大笑而起로라 這書未幾般文
字나 不可草草閱過니 當細細尋究하여 期於了得分明이니라 旣蒙信
託에 不可以黙일새 玆以數語하노니 雖書着數萬卷이라도 其實綱領은
不過於此라 幸勿以些小見誅어다 囑懸蛇足일새 故懸之하노라

---

41 耶 : 저본에는 '也' 자로 되어 있는데, 오자로 판단하여 고쳤다.

무이당에게 부쳐 주다[寄贈無二堂]

【장곡사 보광암의 비구니이다.】

【長谷寺普光庵比丘尼】

—

차별하는 생각이 다하지 못한 것이나 차별하는 생각이 이미 다한 것이나 무이無二가 아니니, 어째서인가?

四五百條花柳巷	사오백 길 꽃과 버들이 우거진 거리요
二三千處管絃樓	이삼천 곳 풍악을 울리는 누각이로다

    일러 보라. 이것이 무이無二인가, 이二인가? 알면 매우 멍청한 놈이요, 알지 못하면 도리어 옳다고 인정하리라. 비록 그렇지만 이 경지에 이르러서는 다시 삼생 60겁을 참구해야 한다.

或差別商量未盡이어나 或差別商量已盡이 未是無二니 何也오 四五百條花柳巷이요 二三千處管絃樓로다 且道하라 是無二耶아 是 二耶아 會得이면 甚痴頑이요 不會면 却相許리라 縱然이나 到得恁麽田 地하여는 更須叅三生六十劫이라야 始得이니라

13세 동자 경석에게 보이다[示慶㷀十三歲童子]

—

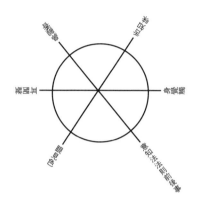

이 원상圓相은 성인과 범부가 똑같아서 둘이 없다. 그러나 육처六處[42]에 치달리고 헤매느라 그 맑은 빛과 원만한 이치를 모르는 이가 범부이며, 정신을 모아 오직 정밀하고 전일하여 치달리고 헤매지 않는 이는 성인이다. 이 원만한 이치가 모든 조화의 중심이니, 반조하여 공부가 지극한 경지에 이르면 성현의 영역에 문을 밀치고 들어갈 수 있다. 마음을 맑게 하고 마음을 고요하게 하는 것이 가장 오묘한 방법이다. 일체의 때와 장소에서 이를 찾아서 시종여일하게 공부할 수 있다면 절로 공부를 성취할 수 있다.

---

42 육처六處 : 안·이·비·설·신·의 육근과 색·성·향·미·촉·법 육경을 말한다. 구역舊譯에서는 육입六入이라 하고, 신역에서는 육처라고 한다.

참선은 모름지기 조사관을 뚫어야 하고, 묘오妙悟는 마음의 길이 끊어져야 한다. 총명으로 업력을 대적할 수 없나니, 간혜乾慧[43]로 어찌 생사를 벗어날 수 있으랴. 그러므로 윤회를 벗어나려면 오로지 선정의 힘을 익혀야 하니, 평소에 재물과 여색에 끌려가는 것도 모두 선정의 힘을 얻지 못했기 때문이며, 임종할 때 정신을 잃고 마는 것도 모두 선정의 힘을 얻지 못했기 때문이다.

心月孤圓　　마음달이 외로이 둥그니
光呑萬像　　그 빛이 만상을 삼키도다
光境俱亡　　빛과 경계가 다 없어지면
復是何物　　다시 이 무슨 물건인가

這個圓相은 聖與凡夫ㅣ 一體無異언마는 而馳驟汩亂於六處하여 迷
昧其淨光圓理者는 凡夫也요 能聚會精神하여 唯精一不馳亂者는
聖人也라 此圓理是萬化之機關也니 返照照之하여 至於功極하면
聖賢閫奧를 排闥而入이라 淨其心하고 靜其心이 第一妙方이니 一切
時處求之하여 能始終如一하면 自然成功이니라

參禪은 須透祖師關이요 妙悟는 要窮心路絶이라 聰明이 不能敵業力
이니 乾慧ㅣ 豈能免生死리오 故欲免輪廻인댄 專習定力이니 平居에 牽
隨財色은 皆緣未得定力이요 臨終에 昏迷心性은 皆因未得定力이니라

心月孤圓하니
光呑萬像이로다
光境俱忘하면
復是何物고

작별하면서 어떤 사람에게 보이다[臨別示人]

—

爲君賦遠遊	그대를 위해 원유를 읊노라니[44]
使我涕先流	내 눈물이 먼저 흘러내리는구려
百歲如逆旅	한평생이 나그네 신세 같으니
何方竟首邱	마침내 어느 곳에 묻히게 될지
片雲生遠岫	조각구름은 먼 산에서 일고
落日下長洲	지는 해는 긴 물가에 내려앉네
屈指人間事	인간 세상일을 손꼽아 보니
悠悠摠是愁	하염없는 일들 모두 시름일세

이는 극히 시름겹고 극히 쾌활한 곳이다. 만약 투철히 알지 못했으
면 30년 동안 더 의심해야 된다. 쯧쯧.

是極愁惱極快活處니 **若未決徹**이어든 **疑着三十年**이라야 **始得**이니라

咄

44　원유遠遊를 읊노라니 : 원유遠遊는 원래 전국 시대 초나라 굴원屈原이 지은
『초사楚辭』「원유遠遊」에서 선인仙人들과 함께 놀면서 천지 사방을 두루 유
람하고 싶다는 뜻을 노래한 데서 온 말인데, 사방을 유람하거나 먼 길을 여행
한다는 뜻으로 쓰인다. 여기서는 먼 길 떠나는 상대방을 위해 증별贈別의 시를
짓는 것을 뜻한다.

대기

對機

해인사 조실로 주석할 때의 법어 5칙
[海印寺祖室時法語 五則]

—

[1]

『선요禪要』에 "어떠한 것이 진실로 참구하고 진실로 깨달은 소식입니까?'라고 하니, '남쪽 산에 구름이 일고 북쪽 산에 비가 온다.'"라고 하였으니, 묻노라. 이것이 무슨 도리인고? 비유하면 자벌레가 한 자를 갈 때 한 번 구르는 것과 같도다.

舉『禪要』에 云 如何是實叅實悟之消息잇고하고 云 南山起雲하고 北
山下雨로다하니 問 是甚麽道理오 答 譬如尺蠖蟲이 一尺之行에 一轉
이로다

[2]

"고인이 '어떻게 견성합니까?'라고 하자 '허공이 말할 때를 기다려라.'고 하였으니, 이것이 무슨 이치입니까?"

"내가 귀먹었을까 걱정하느냐? 도리어 알겠느냐?"

"모르겠습니다."

"다시 목소리를 낮추어라."

"모르겠습니다."

이에 당부하기를, "이제부터는 날마다 사람이 없는 곳을 향하여 다시 소리를 높여서 한 번 묻고 소리를 낮추어 한 번 물은 다음에 가만히 서서 들어 보면 절로 한 곳에서 말해 주는 자가 있을 것이다."라고 하였다.

問 古人云 如何得見性去_{잇고} 待虛空能言時_{니라하니} 此理如何_오 答
患我重聽麼_아 還會麼_아 曰 不會_{니이다} 答 更低聲着_{하라} 又道 不會_니
_{이다} 囑云 自今以後_로 日日向無人處_{하여} 更高聲問一着_{하며} 低聲問
一着_{하고} 佇立聽之_면 自有一處說破者_{리라}

[3]

"자기의 안신입명安身立命하는 곳과 불조佛祖의 안신입명하는 곳이 같습니까? 다릅니까?"

"세 번 말해 보라."

세 번 말하고 나자 답하였다.

"이미 답했다. 알겠는가?"

"모르겠습니다."

"이 질문을 하기 이전은 어떠했는가?"

"모르겠습니다."

"세 번 말을 마친 뒤에 도리어 하나도 없고, 묻기 이전에 안신 입명하는 곳을 갖추고 있다. 비록 이러하나 다시 30년 뒤를 기다려야 한다."

問 自己安身立命處_와 佛祖安身立命處同異_{한대} 答 三說着_{하라} 三說了_{한대} 答 已答了_{로다} 也會麽_아 云 不會_{니이다} 答 未問此已前是甚麽_오 又道 不會_{니이다} 答 三說了後_에 却無一件_{하고} 未問已前_에 具有安身立命處_{로다} 雖然如是_나 更待三十年後_{니라}

[4]

"고인이 '어떤 것이 부처님의 경계인가?'라고 하자, '허공이 잠을 깨어 유정有情·무정無情을 다 씹어 삼켜 더 이상 씹어 먹을 게 없어 배가 고파서 사방으로 달려간다.'라고 하였으니, 이것이 무슨 이치입니까?'라고 하자, "급히 항마진언을 한 번 외라." 하고, "조금이라도 지체했으면 앙화殃禍가 생겼다."라고 하고, 무어라 말하려 하자 등 긁개로 때리며 이르기를, "무슨 소견을 일으키느냐."라고 하였다.

擧古人問 如何是佛境界_{잇고} 云 虛空醒眠了_{하여} 喫呑了有情無

情하여 更無可喫物하여 飢走四處라하니 此理如何잇고 答 急誦降魔眞
言一遍하라하고 云 若少有遲滯런들 禍事出이로다 擬議어늘 以養化柄打
之云 起着甚麼所見고

[5]
한 선승이 물었다.

"감히 묻겠습니다. 정법안장은 무엇입니까?"

"단지 이것이다."

"이것이란 무엇입니까?"

"가야산 빛이 푸른 하늘에 꽂혔구나."

양구良久하고 말하였다.

"곧바로 알아차렸다 하더라도 곳곳마다 미친 견해일 뿐이며, 비록
말을 듣자마자 분명히 알았다 하더라도 역시 화살은 이미 서천西
天을 지나갔다. 이렇다 하면 머리 위에 머리를 얹는 격이요, 이렇지
않다 하면 머리를 끊고 살고자 하는 격이니, 일러 보라. 여기에 이
르러 선禪은 도리어 어떻게 참구하겠는가? 억!"

有禪和子曰 敢問하노니 正法眼藏是箇甚麼오 曰 秖這是니라 又問
曰 云是者가 是箇甚麼오 曰 伽倻山色揷天碧이니라 良久云 直下言
前薦得이라도 未免觸途狂見이며 縱饒句下精通이라도 也是箭過西
天이니라 恁麼也 頭上安頭요 不恁麼也 斬頭覓活이니 且道하라 到這
裡하는 禪却如何參이리오 喝一喝하다

중원[45] 수좌와의 문답

[與重遠禪和問答]

—

중원이 묻기를, "고인이 '모든 거동을 옛길에서 드날려 초연悄然한 기틀에 떨어지지 않는다.'[46]라고 하였으니, 어떠한 것이 옛길입니까?"라고 하였다. 스님이 답하기를, "옛길에 두 가지가 있으니, 하나는 평탄한 길이고 하나는 험준한 길이다. 어떤 것이 험준한 길인가? 가야산 아래 천 갈래 길에 거마車馬가 때때로 마음대로 오고 간다. 어떤 것이 평탄한 길인가? 천 길 깎아지른 벼랑에 오르는 사람 없는데 오직 잔나비만이 거꾸로 나무에 오른다."라고 하였다.

重遠問하되 古云 動容揚古路하여 不墮悄然機라하니 如何是古路잇고

答曰 古路有二하니 一坦路요 一險路로다 如何是險路오 伽倻山下

千岐路에 車馬時時任往來로다 如何是坦路오 千尋絶壁無人到한대

唯有猻猻倒上樹로다

---

45   중원重遠 : 근세의 고승인 한암漢巖(1876~1951)의 법명이다.

46   모든 거동을~떨어지지 않는다 : 향엄지한香嚴智閑 선사가 기와 조각을 던져 대나무에 맞아 나는 소리를 듣고 홀연히 깨달은 뒤에 읊은 게송에 보이는 구절이다. 초연悄然은 적연寂然이니, 눈과 귀로 보고 들음이 끊어진 무심의 경지이다. 고로古路는 진여자성인 본심本心을 뜻한다. 즉 깨닫고 보니 나의 모든 거동이 그대로 본심의 자리에서 자유자재한 것이라, 굳이 보고 듣고 생각하는 작용을 끊고 무심에 머물 필요가 없다는 뜻이다.

경허록   •

중원이 묻기를, "일체 만물은 모두 시종과 본말이 있는데, 나의 이 본래 마음은 툭 틔어서 시종과 본말이 없으니 그 이치가 어떠합니까?"라고 하니 화상이 답하시기를, "이는 원각圓覺 경계이다. 경經에 이르기를, '생각하는 마음으로 여래의 원각 경계를 헤아리는 것은 반딧불을 가지고 수미산을 태우려는 것과 같아 끝내 태울 수 없다.'고 했다."라고 하셨다. 또 묻기를, "그렇다면 어떻게 깨달아 들어갈 수 있습니까?"라고 하니 답하시기를, "화두를 들어 참구하면 필경 깨달아 들어갈 수 있다."라고 하셨다. "화두도 허망함을 안다면 어떠합니까?"라고 물으니 "만약 화두도 허망함을 알아 문득 다리를 헛디디면 그곳이 바로 깨달아 들어가는 곳이다."라고 하셨다. 스님은 이어 무자화두를 들면서 해인사 선원에서 동안거를 났다.

重遠問하되 一切萬物이 皆有始終本末이로되 而我此本心은 廓然無始終本末하니 其理畢竟如何잇고 答云 此是圓覺境界니 經云 以思惟心으로 測度如來圓覺境界면 如取螢火燒須彌하여 終不能着이라하니라 又問 然則如何得入잇고 答 擧話頭究之면 畢竟得入이니라 若知是話頭亦妄이면 如何잇고 答 若知話頭亦妄이면 忽地失脚하리니 其處卽是니라 仍看無字話하여 過寒際於海印寺禪社하다

서장

書狀

자암 거사에게 보낸 편지
[與慈庵居士]
—

천장암이 좋으니 한쪽은 산이요, 한쪽은 바다입니다. 비록 이러하
지만 구경하는 유람객이 오지 않는 곳일 뿐 아니라 식견이 트인 선
비들도 찾아오지 않습니다. 식견이 있는 선비들만 찾아오지 않을
뿐 아니라 부처와 조사도 하찮은 존재일 뿐이니, 괴롭고 괴롭습니
다. 이 어찌 말할 수 있는 대목이겠습니까.

　들은 바로는 병을 앓으신다고 하니, 이것이 바로 수행인이 마
군을 항복시키는 곳이며, 정신을 바짝 차릴 곳이며, 몽환夢幻 경계
에 유희하는 곳이니, 근심하고 기뻐할 게 어디 있겠습니까! 하물
며 병은 마음으로부터 생기고 마음은 아지랑이 같은 것임에 있어
서이겠습니까!

경허는 배고프면 배고프다 말하고 추우면 춥다 말할 뿐이요, 그밖에는 잠이나 잘 뿐 전혀 수행하는 상相이 없습니다. 그래도 다행히 두세 선객이 있어 산야의 노래를 함께 부르니, 이 다행함을 어찌 다 말할 수 있겠습니까.

또 듣건대 이곳을 찾아오실 의사가 있다고 하니, 내년까지 기다릴 게 있겠습니까? 겨울 날씨가 몹시 추워 왕래하기 어려우니, 날씨가 화창할 때가 되거든 좋은 인연을 잊지 말고 찾아와 주시기 바랍니다.

天藏庵好하니 一面山이요 一面海라 然雖如是나 非但翫景者不到處요 通人達士亦不交涉하며 非但通人達士不交涉이요 佛也祖也猶較些子라 苦哉苦哉로다 是豈可言處이리오 所聞道候以病하니 此洒修行人降伏魔軍處也요 驚覺精神處也요 遊戲幻境處也니 何足以憂之喜之哉아 況病從心生하니 心如陽燄者乎아 鏡虛는 飢則言飢하며 寒則言寒하니 餘外睡而已요 了無修行相狀이러니 而幸有二三禪侶ㅣ 共唱和山歌野曲하니 幸何可盡達가 又聞有垂訪之意思하니 何待明年이리오 冬候寒嚴하여 往來難通이면 則幸當風日熙和時하여 不忘好因緣乎인저

장 상사와 김석두에게 보낸 편지[47]

[與張上舍金石頭]

—

상사의 이름은 효영孝永이고 호는 정련 거사淨蓮居士이
며 석두의 이름은 병선炳先이고 석두 거사는 그의 호이
다. 모두 예천군 생천동生川洞에 산다.

上舍는 名孝永이요 號淨蓮居士이며 石頭는 名炳先이요 石頭居士는 其號也라 俱

居醴泉郡之生川洞이라

한가로이 지내시는 근황이 좋으시리라 생각됩니다. 소승은 줄곧
병으로 신음하는 두타로 지낼 뿐입니다. 어찌하겠습니까! 지난달
모일에 실상사實相寺 약수암藥水庵의 승려 편에 서찰 한 통을 부쳤
는데, 받아 보셨는지요? 지금 용문龍門으로 가는 인편이 있기에 몇
자 적어서 부칩니다.

유가儒家에서는 "군자는 자기를 미루어 갈 뿐이니, 자기에 만

---

47 장 상사와~보낸 편지 : 상사上舍는 진사나 생원의 이칭이다. 『사마방목司馬榜
目』에 경상도 예천醴泉 사람 장효영張孝永이란 이름이 있다. 그는 고종 22년
(1885) 을유 식년시式年試에 진사 3등 107위로 합격한 사람으로, 자는 원선源
善이고 본관은 단양丹陽이며 생년은 1864년이다. 경허보다 나이가 18세 적다.
이 편지를 실상사 약수암藥水庵의 승려 편에 부쳤다고 한 것을 보면, 경허가
1900년경 남원 실상사에 있을 때 쓴 것임을 알 수 있다. 용문龍門은 경상북도
예천군 용문면이다.

족하여 밖에서 바라고 기다림이 없는 것을 덕德이라 한다."라고 하였으니, 이것은 선비들이 늘 하는 얘기입니다. 그러나 이 말을 불교 공부에 적용해 보면 그 이치가 매우 많고 큽니다. 대개 생사生死와 열반, 범성凡聖과 선악善惡 등은 말할 것도 없고 참선, 송경誦經, 기도, 염불 등 수행까지도 모두 밖의 것이 아님이 없으니, 자기 밖의 것이라면 이미 옳지 않습니다. 동정운위動靜云爲의 모든 행위에 자기도 모르게 외물外物에 얽매이고 이끌리는 것이 마치 교외의 우산牛山[48]과 같습니다. 하물며 생사와 화복禍福이 갈리는 즈음에야 말할 나위 있겠습니까. 틀림없이 자유롭지 못할 것입니다.

　　조공조公[49]이 이르기를, "지인至人은 자기가 없다."라고 하였는데, 이는 교가教家에서 너무나 많이 써서 싫증이 나는 말이기도 하지만 도리어 맛이 있습니다. 그래서 옛 스님이 이르기를, "지극히 반조返照하여 자신이 의지할 데가 없으면 온몸이 그대로 대도大道에 합한다."라고 하였고, 또 이르기를, "거울을 깨고 오면 그대와

48　교외의 우산牛山 : 『맹자』 「고자告子 상」에 "우산牛山의 나무가 예전에는 아름다웠는데, 대국大國의 교외에 있기 때문에 도끼와 자귀로 매일 나무를 베어 가니, 아름다울 수 있겠는가. 밤낮으로 나고 자라고 비와 이슬이 적셔 주니 싹이 나오는 것이 없지 않건마는 소와 양이 또 이어서 뜯어 먹으니, 이 때문에 민둥산이 되고 말았다. 사람들은 저처럼 민둥산인 것만을 보고는 예전부터 훌륭한 재목이 있은 적이 없다고 여기니, 이것이 어찌 산의 본성이겠는가.[牛山之木, 嘗美矣. 以其郊於大國也, 斧斤伐之, 可以爲美乎? 是其日夜之所息, 雨露之所潤, 非無萌蘗之生焉, 牛羊又從而牧之, 是以若彼濯濯也. 人見其濯濯也, 以爲未嘗有材焉, 此豈山之性也?]"라고 하였다. 이는 사람의 성품이 본래 선善하지만 물욕에 침해되어 본래의 상태를 잃어버림을 비유한 것이다.

49　조공조公 : 동진東晉 때의 승려인 승조僧肇(384~414)를 가리킨다.

서로 대면해 보리라."고 하였던 것입니다.

대저 한 점 신령한 마음은 그 자체가 걸림 없이 툭 트이고 아주 말쑥하여 본래 갖추어진 바탕에 터럭만 한 아무 흔적도 없습니다. 따라서 도달할 본래 자리에 도달하면 자기의 밖이니 자기니 하며 지리支離하고 모호하게 구별할 필요가 없으니, 이 경지에 이르면 자유롭다는 것조차도 쓸데없는 말일 뿐입니다.

연전에 남쪽으로 오셨을 때 공께서 불법을 힘써 공부하는 것을 보았기에 안부 편지를 보내는 차제에 붓 가는 대로 쓰다 보니, 나도 모르게 말이 너무 길어졌습니다. 정으로 받아 주고 허물하지 마시기 바랍니다.

사는 곳이 서로 아득히 멀어 만날 수 없는 터라 편지를 앞에 놓고 마음 서글픕니다.

靜居道候ㅣ伏想玄裕리라 鰔禿는 一味作吟病頭陀而已니 奈何오
前月日附呈一札於實相藥水庵僧이러니 未知抵覽가 今有去龍門
信便일새附以數字로라 儒云 君子推己니 足乎己不待於外之謂德
이라하니 此是斯文常談이라 然而參證於學佛者ㅣ 其理甚繁浩하니 蓋
生死涅槃凡聖善惡等事로 以至禪誦祈念等行이 無非是外니 外
己早不是라 動靜云爲에 自不覺籃沮牽惹於物이 如四郊之牛羊
하니 況生死禍福之際乎아 其不自由者必矣라 肇公云 至人無己라
하니 此亦敎場芻狗로되 却有味旨라 故古德云 照盡體無倚하여 通身
合大道라하고 又云 打破鏡來면 與爾相見이라하니 夫一點靈臺ㅣ 廓然

淨盡하여 絶廉纖하여 勿痕縫於本有田地하여 到其所到에 不用支離
塗糊於己之外與己矣니 其自由二字도 亦閒言語니라 年前南來之
日에 見公學佛精苦할새 因寒喧하여 信筆及此에 不覺打煩蔓호니 領
情勿咎申企耳라 相去杳隔에 臨紙惘然호라

김 석사와 장 상사에게 보낸 편지
[與金碩士張上舍]

—

반야삼매의 힘으로 금강의 바른 정定에 편안히 머물고 계신다니, 도체道體가 평안하고 만복하심을 축하합니다. 이 중은 도에는 진전이 없고 사람은 제도하지 못하고 있으니, 비록 평안하나 무슨 말을 하겠습니까.

드릴 말씀은, 지난번에 「염기가拈己歌」와 두 연구聯句를 써서 보내 주셨는데, 이 글씨와 이 노래는 평범한 세상 사람이 어찌할 수 있는 것이겠습니까! 너무 좋아서 완상玩賞하느라 글씨의 먹이 변하고 종이가 해질 지경입니다. 진 상서陳尙書[50]와 방거사龐居士[51]가 이 세상에 다시 있을 줄은 생각지도 못했습니다.

고인이 이르기를, "지극한 이치를 궁구하는 것은 깨달음을 법칙으로 삼는다."라고 하였습니다. 대저 불법을 배우는 이들이 실지實地를 밟지 못하고 문자나 알음알이로만 불법을 알다가 죄다 업풍業風의 힘에 휘둘려 마침내 실패하고 마니, 자신을 스스로 잘 점검하여 공부를 거칠게 대강하지 않도록 해야 합니다.

서로 사는 곳이 다소 멀어 만나서 회포를 풀지는 못하지만 심

---

50 진 상서陳尙書 : 당나라 때 목주睦州 진존숙陳尊宿의 법손으로, 목주 자사睦州刺史를 역임하고 벼슬이 상서尙書에 이른 진조陳操를 가리킨다.

51 방거사龐居士 : 당나라 때 마조도일馬祖道一의 법을 이은 방온龐蘊을 가리킨다.

월心月은 거리에 구애되지 않으니, 그저 이 심월의 삼매로 서로 만납시다.

마침 인편이 있기에 몇 자로 안부를 묻습니다. 이만 줄입니다. 대필하게 하는 터라 서신의 예를 갖추지 못합니다.

합장하고 올립니다.

以般若三昧力으로 安住金剛正定하니 爲賀道體寧福호라 鰍禿은 於道未進하고 於人未度하니 雖安何道리오 就控은 向惠拈己歌與二聯寫는 此筆此咏이 豈常世人所能哉아 淸賞愛翫에 不覺墨渝紙弊로라 陳尙書·龐居士ㅣ 不意復有於斯世也로라 古人云 硏窮至理ㅣ 以悟爲則이라하니 大抵學佛者脚不踏實地하고 文字知解는 盡是風力所轉에 終成敗壞나니 自家點檢理會하여 不得鹵莽나라 相去稍遠에 未能面穩이나 心月無間하니 只得以此三昧相團이라 適有信便일새 以數字相候요 餘는 客腕代草에 不備호라 和南하노라

가송

歌頌

오도가悟道歌와 오도송悟道頌

一

四顧無人	사방을 돌아봐도 사람이 없으니
衣鉢誰傳	의발을 누가 전해 줄거나
衣鉢誰傳	의발을 누가 전해 줄거나
四顧無人	사방을 돌아봐도 사람이 없구나
春山花笑鳥歌	봄 산에 꽃은 웃고 새는 노래하며
秋夜月白風淸	가을밤에 달은 밝고 바람은 시원해라
正恁麽時	바로 이러한 때에
幾唱無生一曲歌	몇 번이나 무생의 한 곡조 노래를 불렀던가
一曲歌無人識	한 곡조 노래를 아는 사람 없으니
時耶命耶且奈何	시절인가 운명인가 어이하리오
山色文殊眼	산빛은 문수의 눈이요

경허록 •

水聲觀音耳	물소리는 관음의 귀이며
呼牛喚馬是普賢	소를 몰고 말을 모는 이가 보현이요
張三李四本毘盧	장삼이사가 본래 비로자나불일세
名佛祖說	부처와 조사의 말씀이라 하지만
禪敎何殊	참선과 교학이 어찌 다르리오
特地生分別	단지 분별을 일으켰을 뿐이지
石人唱笛	돌사람은 젓대를 불고
木馬打睡	나무말은 졸고 있구나
凡人不識自性	사람들은 자성을 알지 못하고서
謂言聖境非我分	성인의 경계이지 나의 분수 아니라 하니
可憐此人地獄滓	가련하구나, 이런 사람들은 지옥의 잔재로다
回憶我前生事	이내 전생의 일을 돌이켜 생각하니
四生六趣諸險路	사생과 육취 온갖 험한 곳에서
長劫輪廻受苦辛	오랜 겁 동안 윤회하며 신고를 겪었네
今對目前分明	오늘 눈앞에서 자성을 분명히 보니
使人叵耐兮	이내 마음 견딜 수 없구나
幸有宿緣	다행히 숙세의 인연이 있어
人而丈夫	사람이요 장부로 태어나
出家得道	출가하여 도를 얻었으니
四難之中無一闕	사난四難[52] 중에 하나도 부족함이 없어라

---

52   사난四難 : 부처님을 만나 정법正法 듣기 어려운 것을 네 가지로 나눈 것으로

有人爲戲言作牛無鼻孔	어떤 사람이 소가 되면 콧구멍 없다
	장난으로 말하는데
因於言下	그 말을 듣자마자
悟我本心	나의 본래 마음을 깨달으니
名亦空相亦空	명상名相이 모두 공하여
空虛寂處常光明	공하여 텅 비고 고요한 곳에
	늘 광명이 나오는구나
從此一聞卽千悟	이 말을 한 번 듣고부터
	모든 것을 깨달으니
眼前孤明寂光土	눈앞에는 홀로 밝은 적광토요
頂後神相金剛界	정수리 뒤에는 신령한 금강계로다
四大五陰淸淨身	사대와 오음이 청정한 법신이라
極樂國鑊湯兼寒氷	극락세계는 화탕지옥과 한빙지옥이요
華藏刹劍樹及刀山	화장찰해는 검수지옥과
	도산지옥이로다
法性土朽壤糞堆	법성토는 썩은 흙이요 똥 무더기이며
大千界蟺穴蚊睫	대천사계大千沙界는 개미굴이요
	모기 눈썹일세

『법화경』「방편품」에 나온다. 첫째, 치불난值佛難은 부처님이 계실 때를 만나기 어려움이고, 둘째, 설법난說法難은 기연機緣이 익숙하지 못할 때는 설법하기 어려움이고, 셋째, 문법난聞法難은 교법을 능히 듣기 어려움이고, 넷째, 신수난信受難은 교법을 믿어 받아 지니기 어려움이다.

三身四智	삼신과 사지는
虛空及萬像	허공과 만상이라
觸目本天眞	눈길이 닿는 곳마다 본래 천진하니
也大奇也大奇	매우 기이하고 기이하구나
松風寒	솔바람이 서늘하니
四面靑山	사방은 푸른 산이요
秋月明	가을 달이 밝으니
一天如水	하늘은 물처럼 맑아라
黃花翠竹	노란 국화와 푸른 대나무
鶯音燕語	꾀꼬리 소리와 제비 소리에
常然大用	늘 진여眞如의 큰 작용이
無處不現	드러나지 않는 곳이 없으니
市門天子何須取	천자 자리를 준들 어찌 받으랴
平地上波濤	평지에 파도를 일으키는 격이요
九天玉印眞惟在	대궐의 옥새는 참으로 괴이하니
髑髏裏眼睛	해골 속의 눈동자로다
無量佛祖常現前	한량없는 부처가 늘 눈앞에 나타나니
草木瓦石是	초목과 깨진 기왓장이 그것이요
華嚴法華我常說	『화엄경』과 『법화경』을 내가 늘 설하니
行住坐臥是	가고 서고 앉고 눕는 동작이 그것이라
無佛無衆生	부처도 없고 중생도 없으니
是我非妄言	이는 내가 거짓말을 하는 게 아니다

變地獄作天堂	지옥을 바꾸어 천당을 만드는 것이
摠在我作用	모두 나의 손에 달려 있고
百千法門無量義	백천 가지 법문, 한량없는 이치가
恰似夢覺蓮華開	흡사 꿈을 깨고 연꽃이 핀 것 같아라
二邊三際何處覓	이변과 삼제를 어디서 찾으랴
十方無外大光明	가없는 시방세계가 큰 광명인 것을
一言而蔽之乎	한마디로 말하면
我爲大法王	내가 대법왕이라
於法摠自在	모든 법을 마음대로 할 수 있으니
是非好惡	시비와 호오에
焉有罣碍	어찌 걸림이 있으랴
無智人聞此言	어리석은 사람이 이 말을 들으면
以我造虛語	내가 거짓말을 한다고 여겨서
不信又不遵	믿지도 않고 따르지도 않겠지만
若有穿耳客	귀가 뚫린 사람이 있다면
諦信卽無疑	바로 믿고 의심하지 않아서
便得安身立命處	곧 안신입명하는 곳을 얻으리라
寄語塵世人	속세의 사람들에게 이르노니
一失人身	한 번 사람의 몸을 잃으면
萬劫難逢	만겁에 다시 얻기 어려운데
況且浮命	하물며 이 덧없는 목숨은
朝不謀夕	아침에 저녁을 보장하기 어려우니

盲驢信脚行　　　눈먼 나귀가 발길 닿는 대로 가서

安危摠不知　　　편안한지 위태한지 전혀 모르는 꼴이라

彼如是此如是　　저 사람도 이러하고 이 사람도 이러하구나

何不來我學無生　어이하여 나에게 와 무생을 배워서

作得人天大丈夫　인간과 천상의 대장부가 되지 않는가

吾所以如是勞口再三囑　내가 이처럼 입이 아프게

　　　　　　　　재삼 당부하는 것은

曾爲浪子偏憐客　예전에 나그네가 되어 봤기에

　　　　　　　　나그네를 몹시 불쌍히 여기는 것일세

嗚呼已矣夫　　　아아! 그만이로다

衣鉢誰傳　　　　대저 의발을 누가 전해 줄거나

四顧無人　　　　사방을 돌아봐도 사람이 없는 것을

四顧無人　　　　사방을 돌아봐도 사람이 없으니

衣鉢誰傳　　　　의발을 누가 전해 줄거나

頌曰　　　　　　게송을 붙이노라

忽聞人語無鼻孔　홀연 콧구멍 없다는 말을 듣자

頓覺三千是我家　문득 삼천세계가 나임을 깨달았노라

六月鷰巖山下路　유월이라 연암산 아랫길에

野人無事太平歌　농부들이 한가로이 태평가를 부르네

심우송尋牛頌 1

—

첫째, 소를 찾다[一, 尋牛]

本自不失	본래 잃지 않았거늘
何用更尋	무엇 하러 다시 찾는고
秖這尋底	바로 이 찾는 놈이
毘盧之師	비로자나불의 스승일세
山靑水綠	청산은 우뚝하고 녹수는 흐르며
鶯吟燕語	꾀꼬리는 울고 제비는 지저귀니
頭頭漏洩	두두물물이 이 소식을 드러내도다
咄	쯧쯧

둘째, 발자국을 보다[二, 見跡]

韶光之妙	봄빛의 오묘함은
不在百花爛熳	흐드러지게 핀 온갖 꽃에 있지 않나니
最是橙黃橘綠	무엇보다 유자는 노랗고 귤은 푸르네
好好哥哥	좋구나 좋아라
跡在牛還在	발자국이 있는 데에 소가 있나니
無心道易親	무심하면 도에 가까워지기 쉬운 법
好好哥哥	좋구나 좋아라
古廟裏香爐	낡은 사당의 향로요
澄秋野水	맑은 가을 들판의 물이로다

好好哥哥　　　　　　좋구나 좋아라

셋째, 소를 보다[三, 見牛]

喝云	억!
得如靈光獨耀	신령한 빛이 홀로 빛나
盖天盖地	하늘을 덮고 땅을 덮더라도
猶是階下漢	오히려 섬돌 아래 서 있는 하인이요
弄精魂脚手	정혼精魂을 희롱하는 수단이니
莫魑魅魍魎好	도깨비 두억시니 짓을 하지 말라
且道 見箇甚麽	일러 보라, 이 무엇인고
喝一喝	억!

넷째, 소를 찾다[四, 得牛]

見得則不無	소를 본 것은 없지 않으나
爭奈爲第二頭	둘째 자리에 떨어짐을 어이하리오
未見得者令得見	보지 못한 이는 보게 하고
已見得者却令迷失	이미 본 이는 도로 헤매어 잃게 하며
又却令悟得者永悟得	또 깨달은 이는 길이 깨닫게 하고
迷失者永迷失	헤매어 잃은 이는 길이 헤매어 잃게 하노니
還正當得也未	도리어 소를 찾았는가
以柱杖打卓一下云	주장자를 한 번 내려치고 이르노라

| 一把柳條收不得 | 한 줌 버들가지를 거두어 잡지 못하여 |
| 和風搭在玉欄干 | 바람 부는 대로 옥난간에 걸쳐 두노라 |

다섯째, 소를 치다[五, 牧牛]

善惡俱是心	선과 악이 모두 마음이라
不可以修斷	수행하여 끊을 수 없나니
是如過蠱毒之鄕	이는 고독蠱毒의 마을을 지날 때
水也不得霑着一滴	물 한 방울도 몸에 묻어서는
	안 되는 것과 같다
是心無異心	이 마음은 다른 마음이 없어
不斷貪淫	탐진치 삼독을 끊지 않으니
是及盡今時	금시[53]가 다할 때에 미치면
如死人眼	죽은 사람의 눈과 같다
是俱是險路	이는 모두 험한 길이니
不可以行	가서는 안 된다

| 且道 | 일러 보라 |
| 如何則是 | 어떻게 하는 것이 옳은가 |

53　금시今時 : 세간의 법인 속제俗諦로 범부와 성인, 인과와 공행功行을 뜻한다.
신훈新薰과 같은 말이다. 천동정각天童正覺의 소참小參에 "우리 불법 중에 진
실하게 도달하는 곳은 그야말로 금시가 다하고 공겁空劫을 뛰어넘어야 한다.[吾
佛法中, 眞實到處, 直須及盡今時, 全超空劫.]"라고 하였다.

경허록　●

九九八十一	9×9는 81이요
又椀達邱	또 완달구로다
湧泉四十年 尚有走作	용천은 40년을 수행해도 망상이 일어났고
香林四十年 打成一片	향림은 40년 동안 수행하여
	타성일편이 되었네
吁 得易守難	아! 얻기는 쉽고 지키기는 어려우니
且莫得少爲足	작은 것을 얻고 만족하지 말고
須叅知識	모름지기 선지식을 참방하여
鑪鞴多方 始得	갖가지 수단으로 단련을 받아야만 된다

여섯째, 소를 타고 집으로 돌아가다[六, 騎牛歸家]

六途四生	육도와 사생에
歷劫辛酸	오랜 겁 동안 신고를 겪었건만
何曾一步	어찌 한 걸음인들
移着家鄉	고향을 떠난 적이 있었으랴

| 呵呵 | 하하! |
| 笛聲遏雲曲名 | 젓대 소리 알운곡[54]을 연주하니 |

---

54 알운곡遏雲曲 : 알운가遏雲歌와 같으니, 맑고 아름다운 노랫소리를 가리킨다.
당나라 나은羅隱의 「춘사春思」에서 "촉나라에 따스한 날씨 돌아와 산골에 물
결이니, 위나라 낭자 맑은 소리로 알운가를 부르네.[蜀國暖回溪峽浪, 衛娘清轉遏雲
歌.]"라고 하였다.

洞庭湖心靑山脚	동정호 호심湖心이요 청산 발치로다
雖然如是	비록 이와 같지만
敢保老兄猶未歸	노형은 아직 고향에 돌아가지 못했다고 감히 보장하노라
會麽	알겠는가
桂琛道底	계침桂琛이 말한 것이로다

일곱째, 소는 잊고 사람만 있다[七, 忘牛存人]

撞眠去	잠이나 자거라
何得恁地狼藉	어찌하여 이렇게 수선을 떠는가
兀然無事坐	홀로 일없이 앉아 있노라니
春來草自靑	봄이 옴에 풀은 스스로 푸르구나
這箇是癰瘡上添艾灸相似	이것은 종기 위에 쑥뜸을 뜨는 것과 같다
不見道	보지 못했는가
直須靑天	푸른 하늘이라 할지라도
也須喫棒	방망이를 맞아야 한다[55]고 한 것을

---

55   푸른 하늘이라~맞아야 한다 : 어떤 스님이 묻기를, "만 리에 한 조각 구름도 없을
      때가 어떠합니까?"라고 하니, 분주汾州 선사가 "푸른 하늘도 방망이를 맞아야 한
      다."라고 하였다. 다시 "허물이 어디에 있습니까?"라고 물으니, 선사가 "비가 와야

爲甚如此	왜 이러한고
好作雨時不作雨	비가 와야 할 때에 비가 오지 않고
堪晴天時不晴天	개야 할 때에 개지 않는구나
雖然如是	비록 이와 같지만
是甚麽心行	이것이 무슨 심행心行인가?
噫嘻	허허!
長年不出戶	오랜 세월 문밖을 나오지 못했도다
是何境界	이 무슨 경계인가
莫向這裏屙出去	여기에 똥을 싸지 말아야 할 것이니라
是何境界	이 무슨 경계인가
浮生穿鑿不相關	덧없는 인생에 천착한들 이와 관계없느니라
是何境界	이 무슨 경계인가
不惜兩莖眉毛	두 눈썹을 아끼지 않고[56]
爲爾提出	그대를 위해 보여 주겠노라
低頭仰面無藏處	머리를 숙여 보고 얼굴을 치켜들어도
	숨을 곳이 없으니

할 때엔 비가 오지 않고, 개어야 할 때엔 개지 않기 때문이니라.[汾州因僧問: "萬里
無片雲時如何?" 師云: "靑天也須喫棒." 僧云: "未審過在什麽處?" 師云: "堪作雨時不作雨, 好
晴天處不晴天."]고 하였다.

56 두 눈썹을 아끼지 않고 : 중국에 거짓말을 하면 눈썹이 빠진다는 속어가 있다.
    아무리 설법을 잘하더라도 말을 하면 근본 진리와 멀어지지 않을 수 없다. 그러
    므로 남을 위하여 설법을 하는 것을 이렇게 표현하는 것이다.

雲在靑天水在瓶　　구름은 푸른 하늘에 있고

물은 병에 있도다

여덟째, 사람과 소가 모두 없다[八, 人牛俱亡]

悉利蘇魯 沒多野　　시리소로 못다야

地多野 娑婆訶　　지다야 사바하

又摘楊花摘楊花　　버들꽃을 잡고 버들꽃을 잡도다

長年修行　　오랜 세월 수행해도

到此却是迷茫顚倒　　여기에 이르러 도리어 미망하고 전도되면

不直一分錢　　한 푼 가치도 없다

會麼　　알겠는가?

塞外將軍令　　변방에서는 장군의 명령이요

寰中天子勅　　천하에는 천자의 칙령이로다

喝一喝　　억!

아홉째, 근원에 돌아오다[九, 返本還源]

鶴脛雖長　　학의 다리가 비록 길지만

斷之則憂　　자르면 근심하게 되고

鳧脛雖短　　오리의 다리가 비록 짧지만

續之則愁　　이으면 시름하게 된다

鉢盂不得着柄	발우는 자루를 붙여서는 안 되고
笊籬且宜有漏	조리는 의당 물이 새어야 하는 법
綿州附子幷州鐵	면주는 부자요 병주는 쇠라[57]
萬物無非本處	만물이 모두 근본 자리 아님이 없으니
好米賤柴	좋은 쌀과 값싼 땔나무가
多足四隣	사방 이웃에 풍족하여라

是箇湖南城下	이는 호남성 아래에서
吹火尖嘴	불어서 불을 피우느라 입술이 뾰족하고
讀書彈舌也	책을 읽느라 혀를 놀리는 것이니
是大愚家風	이는 대우 스님의 가풍이다

| 更有一句 | 다시 한 구절이 있으니 |
| 付在來日 | 훗날에 부쳐 두노라 |

열째, 저잣거리에 들어가 교화를 펴다[十, 垂手入鄽]

| 木女之夢 石人之歌 | 나무 여자의 꿈과 돌사람의 노래도 |

---

57 면주는 부자附子요 병주는 쇠라 : 죽암사규竹庵士珪의 게송에서 "추울 땐 춥고 더울 땐 더움이여, 추위와 더위 없는 곳에서 저절로 다르구나. 면주의 부자와 한주의 생강이요, 칼을 만들려면 모름지기 병주의 쇠라야 하네.[寒時寒熱時熱, 無寒署處天然別. 綿州附子漢州薑, 打刀須是幷州鐵.]"라고 하였다. 면주는 좋은 부자의 산지產地이고, 병주는 좋은 쇠의 산지이다.

也是前塵影事　　　　또한 전생의 그림자일 뿐이라

無相之佛難容　　　　형상이 없는 부처도 용납되지 않거늘

毘盧之頂何貴　　　　비로자나불의 정수린들 어찌 귀하리오

遊芳草岸　　　　　　방초 우거진 언덕에 노닐고

宿蘆花洲　　　　　　갈대꽃 핀 물가에 묵으며

荷俗遊市　　　　　　포대를 메고 저잣거리에 노닐고

振鈴入村　　　　　　요령을 흔들며 마을에 들어간다

寔爲了事漢境界　　　이는 일대사를 마친 사람의 경계인데

與前日撥草尋牛的時節　지난날 풀숲을 헤치며 소를 찾던 시절과

同耶 不同耶　　　　　같은가 다른가

皮下有血底　　　　　피부 아래 피가 있는 자라면

幸須着眼 始得　　　착안해 보아야 할 것이다

심우송尋牛頌 2

—

첫째, 소를 찾다[一, 尋牛]

可笑尋牛者	가소롭구나 소를 탄 이여
騎牛更覓牛	소를 타고서 다시 소를 찾는구나
斜陽芳草路	석양이 비낀 방초 우거진 길에
那事實悠悠	소 찾는 일 실로 아득하기만 하구나

둘째, 소 발자국을 보다[二, 見跡]

猿鳥春心慣	원숭이와 새는 봄이 와 즐거워하는데
太登古路愁	옛길을 오르지 못하여 시름겨워라
箇中消息在	이 가운데 소의 소식이 있으니
跡向藪雲幽	발자국이 깊은 숲속을 향하였네

셋째, 소의 온몸이 드러나다[三, 露現全體]

曠劫相將地	광겁토록 늘 함께 있었는데
驀然透一區	갑자기 한 곳이 뚫렸구나
曾聞雪山裏	일찍이 듣건대 설산에는
乳香萬年留	소젖의 향기가 만년토록 남았다지[58]

---

58   설산에는 소젖의~만년토록 남았다지 : 설산은 히말라야 산이다. 이 산에는 비
      니肥膩란 좋은 풀이 있는데, 흰 소[白牛]가 있어 이 풀만 먹고 최상급의 젖을 생
      산한다고 한다. 흰 소는 진여자성眞如自性을 비유한 말이다. 영가현각永嘉玄

넷째, 조복하고 보림하다[四, 調伏保任]

幾廻成落草	몇 번이나 풀밭에 들어갔던가
鼻索實難投	코뚜레를 꿰어도 길들이기 어려웠네
賴有今日事	다행히 오늘 이 일이 있으니
江山盡我收	강산을 모두 내가 거두었어라

다섯째, 한가롭게 집에 돌아오다[五, 任運歸家]

東西非內外	동쪽 서쪽도 안과 밖도 아니니
任運向家邱	한가롭게 고향 집으로 가노라
無孔一枝笛	구멍 없는 젓대를 부노니
聲聲難自由	곡조 속에 자유롭기 어렵도다[59]

여섯째, 소는 잊고 사람만 있다[六, 忘牛存人]

風燈泡沫了	바람 앞에 등불과 물거품[60]이 다하였으니
何法更堪求	무슨 법을 다시 찾을 게 있으리오

覺의 『증도가證道歌』에서 "설산의 비니초는 잡된 풀이 없으니 순수한 제호를 내어 내가 항상 받도다.[雪山肥膩更無雜, 純出醍醐我常納.]"라고 하였다.

59　곡조 속에 자유롭기 어렵도다 : 젓대 소리는 울려 퍼지는데 아직 소가 완전히 길들어 자유롭지는 못하다는 뜻이다. 지해철智海喆의 게송에 "발굽과 뿔 분명하여 곳곳마다 다니니 관리할 필요도 통제할 필요도 없네. 곡식을 먹지 않을 줄만 안다면 물과 풀 먹으며 언제나 자유로우리.[蹄角分明觸處周, 不勞管帶不勞收. 但知不犯他苗稼, 水草隨時得自由.]"라고 하였다.

60　바람 앞에 등불과 물거품 : 무상한 세상사를 비유한 것이다.

寄語長安道　　장안의 길에 이르노니

聲前不得休　　소리 앞에 쉬지는 못했다[61] 하리라

일곱째, 사람과 소를 모두 잊다[七, 人牛俱忘]

寂光猶未至　　적광토에는 아직 이르지 못했으니

添得一毛毯　　털공 하나를 더 보태었구나[62]

此道無多在　　이 도는 별다른 게 없으니

山高水自流　　산은 높고 물은 스스로 흐른다

여덟째, 이류異類 중의 일[63][八, 異類中事]

被毛兼戴角　　털을 쓰고 머리엔 뿔을 인 채

61　소리 앞에 쉬지는 못했다 : 소리 앞이란 아직 말이 나오기 전의 근본 당처當處
　　를 말한다. 즉 아직 근본 당처에 머물러 쉬지는 못했다는 것이다. 백수본인白水
　　本仁의 상당법어에 "노승은 항상 소리 앞이나 이야기의 뒤에 남의 집 남녀들을
　　들뜨게 하고 싶지는 않았다. 무슨 까닭인가 하면 소리는 소리가 아니요, 색은
　　색이 아니기 때문이니라.[老僧尋常, 不欲向聲前句後, 鼓弄人家男女, 何故? 且聲不是聲,
　　色不是色.]"고 하였다.

62　털공 하나를 더 보태었구나 : 털공[毛毯]은 버들솜을 비유한 말이다. 즉 아직 비
　　로자나불의 적광토寂光土에 이르지는 못하여 버들솜이 나는 지상에 있다는
　　뜻이다. 대혜종고大慧宗杲의 게송에 "연잎은 둥글둥글하여 둥글기가 거울과
　　같고, 마름 열매는 뾰족뾰족하여 뾰족하기가 송곳과 같네. 바람 부니 버들솜은
　　털공처럼 굴러가고, 비 뿌리자 배꽃은 나비처럼 흩날리네.[荷葉團團團似鏡, 菱角
　　尖尖尖似錐, 風吹柳絮毛毯走, 雨打梨花蛺蝶飛.]"라고 하였다.

63　이류異類 중의 일 : 이류異類는 인간 이외의 생류生類를 말하는데, 수행자를
　　포함한 중생 일반이라고 해석하기도 한다. 이류 속의 일은 선사가 수행자나 일
　　반인들과 함께 생활하면서 지도 교화에 힘쓰는 것을 말한다.

燈榻語啾啾   등잔불 비치는 침상에서 지껄이누나

祖師今身外   조사의 지금 육신 밖에서

長年走市頭   오랜 세월 저잣거리를 쏘다니네

심우도에 쓰다[題尋牛圖]

―

첫째, 소를 찾다[第一, 尋牛]

從來不失	본래부터 잃지 않았으니
何用追尋	어찌 찾을 필요가 있으리오
由背覺以成疎	깨달음을 등짐으로 말미암아 멀어져
在向塵而遂失	속진 속에서 마침내 잃고 말았네
家山漸遠	고향은 점점 멀어지고
峭路嵯峨	산길은 가파르고 험하니
得失熾然	득실이 불길처럼 일어나고
是非蜂起	시비가 벌떼처럼 일어난다

茫茫撥艸去追尋	아득히 풀숲을 헤치며 찾아다니니
水闊山遙路更深	물은 드넓고 산은 멀고 길은 더욱 깊어라
力盡神疲無處覓	힘은 다하고 정신은 피로해도 찾을 곳 없고
但聞風樹晚蟬吟	바람 부는 나무에 저물녘 매미 소리만 들릴 뿐

三十年來	30년 동안
賺殺幾人	몇 사람이나 속였던가

둘째, 소 발자국을 보다[第二, 見跡]

依經解義	경전에 의거해 뜻을 알고

閱敎知宗	교학을 보고서 종지를 아니
明衆器爲一金	금으로 만든 그릇이 하나의 금인 줄 알고
體萬物爲自己	만물이 나와 한몸이라는 것을 알도다
邪正不辨	삿됨과 바름을 가리지 못하거늘
眞僞奚分	참됨과 거짓을 어찌 분간하랴
未入斯門	아직 이 문에 들어오지 못했기에
權爲見跡	방편으로 소 발자국을 보았다 하네

水邊林下路偏多	물가와 숲속에 길이 매우 많으니
芳草離披見也麽	방초 우거진 곳에서 발자국 보았는가
縱是深山更深處	비록 깊은 산속 더욱 깊은 곳일지라도
撩天鼻孔怎藏他	하늘에 닿는 콧구멍[64]을 어떻게 감추리오

南山風月	남산의 풍월을
輪了謫仙	적선에게 다 보내노라

셋째, 소를 보다[第三, 見牛]

從聲得入	소리를 통해 들어가면

---

64 하늘에 닿는 콧구멍 : 여기서는 소의 콧구멍을 말한 것인데, 천지가 온통 본래
면목임을 비유한 것이다. 『오조법연어록五祖法演語錄』에서 "조계의 한 방울
물이 인간 세상에 가득하여라. 납승이 한 번에 들이마시니 콧구멍이 하늘에 닿
누나.[曹源一滴, 彌滿人間. 衲僧一吸, 鼻孔撩天.]"라고 하였다.

見處逢源	보는 곳마다 근원을 만나리
六根門着着無差	육근의 문에 곳곳마다 틀림없고
動用中頭頭現露	움직이는 중에 모든 것이 드러나니
水中醎味	물속의 짠맛이요
色裡膠精	채색 칠 속의 아교라
眨上眉毛	눈썹을 깜박이는 것이지
但非他物	다른 것이 아니라네

黃鶯枝上一聲聲	꾀꼬리가 가지 위에서 지저귀니
日暖風和岸柳靑	날씨는 따스하고
	바람은 화창하고 버들은 푸르네
至此更無廻避處	여기에 이르러서는 다시 회피할 곳이 없으니
森森頭角畵難成	높이 솟은 뿔은 그림으로도 그리기 어려워라

| 南山北水 | 남쪽 산 북쪽 물에 |
| 一返不再 | 한 번 돌아와 다시 가지 않는다 |

넷째, 소를 찾다[第四, 得牛]

久埋郊外	오래 들판에 숨었었는데
今日逢渠	오늘에야 너를 만났구나
由境勝以難追	경치가 빼어나 찾기 어려웠으니
巒芳叢而不已	산에는 방초가 끝없이 우거졌었지

頑心尙湧	어리석은 마음은 아직도 일어나고
野性猶存	거친 성질은 여전히 남았으니
欲得純和	순하게 길들이고자 하면
必加鞭楚	반드시 채찍으로 때려야 하리

竭盡精神獲得渠	온갖 정신을 다하여 너를 찾았으나
心强力壯卒難除	거친 성질과 힘은 갑자기 없애기 어려워라
有時才到高原上	때로는 높은 언덕에 올라갔다가는
又入烟雲深處居	다시 안개 자욱한 깊은 곳으로 가누나

這般面目	이러한 면목은
分疎不下	분명히 설명할 수 없다

다섯째, 소를 치다[第五, 牧牛]

前思纔起	앞 생각이 일어나자마자
後念相隨	뒤 생각이 따라서 일어난다
由覺路以成眞	깨달음의 길 따르면 진여를 이루고
在迷境而成妄	미혹한 경계에 있으면 미망을 이루네
不由境有	경계를 따라서 있는 게 아니고
唯自心生	오직 마음으로부터 생겨나니
鼻索牢牽	고삐를 단단히 당겨야지
不容議擬	이럴까 저럴까 주저해선 안 되네

鞭索時時不離身　　채찍과 고삐는 언제나 쥐고 있을지니
恐伊縱步惹埃塵　　소가 함부로 걸어 먼지 일으킬까 걱정일세
相將牧得純和也　　몰고 다니며 순하게 잘 길들이면
羈鎖無拘自逐人　　멍에로 구속하지 않아도 절로 사람을 따르네

幻城幻樓　　　　　허깨비 성이요 허깨비 누각이니
夢中南柯　　　　　한바탕 덧없는 꿈속의 일이로다

여섯째, 소를 타고 집에 돌아가다[第六, 騎牛歸家]

干戈已罷　　　　　한바탕 전쟁이 끝나고 나면
得失還空　　　　　얻음도 잃음도 공허한 일인 것을
唱樵子之村歌　　　나무꾼의 노래를 부르고
吹兒童之野笛　　　아이들의 피리를 부노라
身橫牛上　　　　　몸은 소 등에 빗겨 앉아서
目視雲霄　　　　　눈은 저 하늘을 바라보노니
呼喚不回　　　　　불러도 돌아오지 않고
撈籠不住　　　　　굴레를 씌워도 머물지 않네

騎牛迤邐欲還家　　소를 타고 느긋하게 고향으로 돌아가노니
羌笛聲聲送晚霞　　피리 소리 소리마다 저물녘 노을을 보낸다
一拍一歌無限意　　박자 맞추어 부르는 노래 의미가 무한하니
知音何必鼓唇牙　　굳이 입술을 놀려 말해야 지음知音이리오

樂事未遂   즐거운 일을 아직 못다 하여

又飄他鄕   다시 타향으로 떠돌아다니네

금봉당의 팔첩 병풍에 쓰다

[書錦峰堂八帖屏]

—

萬事無非夢中	만사가 꿈이 아님이 없는데
忽然覺悟	홀연 깨달아
拈柱杖携瓶鉢	주장자를 잡고 발우를 들고
深入雲林邃處	구름과 숲 우거진 깊은 산속에 들어가니
百鳥有聲	온갖 새들은 울고
泉石淙琤	맑은 시냇물은 졸졸 흐르는데
千尋老松	천 길 높은 노송에
百縈藤蘿	등라가 우거진 곳에
築數間茅屋	몇 칸 초가집을 지어 놓고
同知己友	뜻이 맞는 벗과 함께
有時咏烟霞趣	때로는 연하의 흥취를 노래하고
有時焚香靜坐	때로는 향을 사르고 고요히 앉았노라니
更無塵事相侵	속진의 일이 침노하지 않아
一心虛靈	마음이 텅 비고 신령하여
萬理昭彰	모든 이치가 밝게 드러난다

便是世間第一等人	이것이 곧 세간의 으뜸가는 사람이라

酌中山仙人酒	중산中山 선인[65]이 담근 술을 마시고
滿醉了	흠뻑 취하여
乾坤森羅	건곤과 삼라만상을
一印印之	한 무문인無文印으로 찍은 다음에
然後灰頭土面	머리엔 재를 묻히고 얼굴엔 흙을 묻힌 채
遊戲芳草岸頭	방초 우거진 언덕에 노닐면서
一聲笛囉囉哩	날라리 날라리 젓대를 부노라

갑진년(1094) 3월 하순[靑龍三月下澣]에
호서 승려 경허는 쓰노라[湖西歸衲鏡虛書]

---

65   중산中山 선인 : 전설에 나오는 중산中山에 사는 적희狄希라는 사람을 가리키
      는데, 그가 천일주를 잘 만들었다고 한다. 하루는 유현석劉玄石이라는 사람이
      중산의 술집에서 천일주를 사서 마시고 취하였는데, 집안사람들이 그가 죽은
      줄로 알고 장사 지냈다가 천 일이 지난 뒤에 술집 주인의 말을 듣고 다시 관을
      열어 보니 그제야 술에서 깨어났다고 한다.『박물지博物志』「잡설雜說 하」.

시게

詩偈

물외잡영物外雜咏

—

[1]

今日淸明	오늘은 청명일이라
不妨出遊	나가 노닐어 보아도 좋으리
出遊何所	어느 곳에 나가 노닐거나
松間林邱	솔숲이 우거진 언덕이로세
觀望何景	무슨 경치를 바라보는가
雨霽雲收	비 개고 구름 걷혔으니
無限風光	무한히 펼쳐진 풍광이
滿目淸幽	눈에 가득 맑고 그윽해라
忽焉其思	이에 문득 상념이
轉兮悠悠	더욱 하염없이 일어난다

三界綿綿	삼계는 끝없이 이어지니
何處出頭	어느 곳에서 벗어날꼬
靑山日暮	청산에 해가 저무니
碧海長洲	푸른 바다 긴 물가로다

[2]

德崇山頭定慧幽	덕숭산 위 그윽한 정혜사 경내
婆娑歲月萬年秋	사바세계 세월은 만년이 흘렀어라
禪林情慣前身到	이 절은 친숙하니 전생에 왔던 곳이요
栢樹心空曠劫悠	잣나무에 마음 공하니 오랜 세월 흘렀구나
富貴門前流水去	부귀하던 집 문 앞에 물이 흘러가고
帝王都上白雲浮	제왕의 도읍 위에는 백운이 떠 있어라[66]
諸君莊蝶眞如事	제군들이여 장자 호접이 진여의 일이니[67]
我亦從今曳尾遊	나도 이제부터 진흙탕에 꼬리 끌며 노니리라[68]

---

66 부귀하던 집~떠 있어라 : 부귀한 사람, 제왕들이 모두 죽어서 그들이 살던 곳이 적막하다는 뜻이다.

67 장자 호접이 진여의 일이니 : 장주莊周의 호접몽蝴蝶夢처럼 몽환 같은 세상이 그대로 진여의 세계라는 말이다. 장자의 이름은 주周이다.『장자』「제물론齊物論」에서 "옛날 장주가 꿈에 나비가 되었는데 너울너울 나는 나비라 스스로 즐거워서 자신이 장주인 줄 모르다가 갑자기 꿈을 깨고 보니, 자신은 장주였다. 장주가 꿈속에서 나비가 된 것인지 나비가 꿈속에 장주가 된 것인지 알지 못하였다.[昔者, 莊周夢爲蝴蝶, 栩栩然蝴蝶也, 自喩適志與, 不知周也; 俄然覺, 則蘧蘧然周也. 不知周之夢爲胡蝶與胡蝶之夢爲周與.]"라고 하였다.

68 진흙탕에 꼬리 끌며 노니리라 : 속세에 들어가 화광동진和光同塵하겠다는 뜻이다. 초나라에서 죽은 지 3천 년 되는 신령스러운 거북을 묘당廟堂에 모셔 놓

---

[3]

誰是孰非　　누가 옳고 누가 그른가

夢中之事　　모두 꿈속의 일이로다

北邙山下　　북망산 아래에서

誰爾誰我　　누가 너이고 누가 나인가

[4]

張三李四遷化　　장삼이사 모두 세상 떠나니

我亦當見其事　　나도 그 일을 당하게 되리

風止火滅夢中　　사대가 소멸함은 꿈속의 일

平生貪嗔人我　　평생의 탐진치는 인아의 상相

[5]

鐺前九節草　　솥 앞의 구절초는⁶⁹

있는데, 장자가 이를 두고 말하기를, "죽어서 뼈다귀로 남아 귀하게 되겠는가?
차라리 살아서 흙탕물 속에 꼬리를 끌겠는가?[寧其死爲留骨而貴乎? 寧其生而曳尾
於塗中乎?]"라고 한 것을 인용하였다. 『장자莊子』 「추수秋水」.

69　　구절초 : 구절창포九節菖蒲를 가리킨다. 이 창포는 한 치마다 아홉 개 이상의
마디가 있는 것으로 창포 중에서 가장 상품上品으로 친다. 『포박자抱朴子』
「선약仙藥」에서 "창포는 반드시 돌 위에서 난 것이라야 하고, 한 치마다 아홉
마디 이상이고 자줏빛 꽃이 피는 것이 좋다.[菖蒲生須得石上, 一寸九節已上, 紫花者
尤善也.]"라고 하였으며, 사방득謝枋得의 「창포가昌蒲歌」에서 "사람들이 말하
길 창포는 종류가 많지만 상품인 구절창포는 선약이라고 하네.[人言昌蒲非一種,
上品九節通仙靈.]"라고 하였다.

病者之所須　병자에게 필요한 것이거늘

不知諸小兒　알지 못하는 저 아이들은

無病欲相求　병이 없으면서 먹으려 하네

居然還自思　가만히 다시금 생각해 보니

不病其有誰　병들지 않은 자 그 누구인가

可惜百年事　애석해라 사람의 한평생

爾我同一丘　너나 나나 결국 땅속에 묻히네

[6]

大施門開無擁塞　큰 보시의 문 열림에 옹색함이 없으니

拈柴擇茶齋後眠　땔나무하고 나물 다듬고 재 지낸 뒤 조누나

尋劒堂下信步立　심검당 아래 발길 닿는 대로 걷다가 서니

令穗嘉禾上國傳　영수가화[70]는 상국에서 전해 온 것이라네

[7]

稱佛稱祖早謾語　부처니 조사니 이미 부질없는 말일 뿐

70　영수가화令穗嘉禾 : 양두산羊頭山에 하나의 줄기에서 여덟 싹이 난 벼가 있었
　　는데, 염제炎帝가 기이하게 여겨 이를 본떠서 만든 서체인 가화서嘉禾書를 표
　　현한 말인 듯하다. 가화서는 수서穗書라고도 한다. 여기서는 이 절에 중국에서
　　온 고체古體의 글씨가 있었기 때문에 이렇게 말한 듯하다.

蓍龜未兆鬼猶眠　시귀[71]는 조짐이 없고 귀신도 잠자누나
松雲湛寂蘿月晚　소나무 구름 담담하고 송라에 달 저무는 풍경
泰華山下古今傳　태화산 아래서 고금에 늘 전해지네

[8]

火裏蛆蟉卽不問　불 속의 지네는 묻지 않거니와
秋江烟澄鷗鷺眠　안개 낀 맑은 가을 강에 백구가 잠자네
遮般展振無人會　이렇게 펼쳐진 소식을 아는 이 없으니
槐國風光夢裡傳　괴국[72]의 풍광을 꿈속에 전하는 격이로다

[9]

薪火相交也難息　섶에 불이 붙으면 꺼지기 어렵나니
鶻臭衫裡歲華深　골취삼[73] 속에서 세월만 깊어 가누나

71　시귀蓍龜 : 시초蓍草와 거북이다. 옛날에 점을 칠 때 시초蓍草 또는 거북의 껍질을 사용하였다. 여기서는 점을 뜻한다.

72　괴국槐國 : 괴안국槐安國의 준말이다. 당나라 때 순우분淳于棼이란 사람이 자기 집 남쪽에 있는 괴槐나무 아래서 술에 취해 자면서 꿈속에 대괴안국大槐安國 남가군南柯郡을 다스리며 20년 동안 부귀를 누리다가 깨었다는 고사에서 온 말이다. 성어로 남가일몽南柯一夢이라고도 한다.

73　골취삼鶻臭衫 : 골취포삼鶻臭布衫의 준말로, 중국 북방에 사는 야만족인 회골回鶻 사람의 체취가 배어 있는 베옷을 이르는 말이다. 대혜종고大慧宗杲의 시 중시중示衆에서 "골취삼을 벗어 버리고, 때에 찌든 모자를 벗어 든다.[脫却鶻臭衫, 拈了炙脂帽.]"라고 하였다. 여기서는 냄새나는 더러운 장삼을 말한다.

花鬚葉蔕擬天柱　　꽃술과 꼭지는 천주天柱[74]인 듯하고
山精木怪證佛心　　산의 정령 나무 요괴가 불심을 증명한다
十虛冥諦雲展張　　시방 허공의 본원에 구름은 펼쳐지고
一殼堪忍雨沈霪　　한 껍질 안 사바세계에 비가 내린다
微塵未破經未現　　미진을 못 깨뜨리면 경의 뜻 안 드러나
量等三千實難尋　　양등삼천[75]은 실로 찾기 어려우리

[10]
可惜香山仙　　애석해라 향산의 선인들은
恨未聞獅吼　　아쉽게도 사자 울음 듣지 못했네
但能了一物　　단지 이 한 물건을 알기만 한다면
何論佛前後　　부처님 시대 전후는 말해 무엇 하랴[76]

74　천주天柱 : 하늘이 내려앉지 않도록 떠받치는 기둥이다. 옛날 전설에 공공씨共公氏가 축융祝融과 싸워서 지자 크게 노하여 머리로 부주산不周山을 들이받으니 부주산이 무너져 하늘을 떠받치고 있던 천주天柱가 부러지고 땅을 붙들어매고 있던 지유地維가 끊어졌다고 한다. 『사기보史記補』「삼황본기三皇本紀」.

75　양등삼천量等三千 : 여래의 몸은 일체 유위有爲·무위無爲 등 제법의 양量과 같다는 뜻에서 양등신量等身이라 한다. 여래의 몸이 삼천 대천세계와 같다는 뜻에서 양등삼천이라 하였다.

76　애석해라 향산의~말해 무엇 하랴 : 향산香山은 곤륜산의 이칭이다. 즉 곤륜산에 사는 선인들은 선도仙道는 알지만 부처님을 만나 사자후를 듣지 못했다. 그러나 진여자성인 한 물건만 알면 부처님 시대 앞에 태어나거나 뒤에 태어나거나 부처님을 만나지 못해도 상관없다는 뜻이다.

[11]

山中樵客遇	산중에서 나무꾼을 만났으니
暫語亦因緣	잠시 애기 나눈 것도 인연일세
近間居士洞	가까운 동네에 사는 사람이라
下去夕陽天	석양이 지는데 산을 내려가네
柳魂飛欲盡	버들의 넋[77]은 날아서 다 지려 하고
蝶夢杳難圓	나비 꿈은 아득하여 깨기 어려워라[78]
回頭人不見	고개 돌려 보니 그 사람 보이지 않고
鴉噪遠村邊	먼 마을에 갈까마귀만 짖어 대네

[12]

平生無固必	평생에 기필하고 고집함이 없어[79]
萬事付因緣	만사를 그저 인연에 맡겨 두노라
燕頷留道士	연암산에선 도사로 머물렀고
浮石送炎天	부석사[80]에선 더운 여름을 보낸다
漁歌何處晚	어부 노래는 어드메서 저무는가

---

77 버들의 넋 : 유서柳絮, 즉 버들솜을 비유한 말이다.

78 나비 꿈은~깨기 어려워라 : 장자의 호접몽胡蝶夢을 인용한 것이다. 여기서는 나비가 날아가는 광경을 형용하였다.

79 기필하고 고집함이 없어 : 『논어』「자한子罕」에서 "공자는 네 가지가 아주 없었으니, 사사로운 뜻이 없었고, 기필하는 마음이 없었고, 고집하는 마음이 없었고, 나라는 마음이 없었다.[子絶四, 毋意毋必毋固毋我.]"라고 한 데서 온 말이다.

80 부석사 : 충청남도 서산의 도비산 부석사이다.

山月向人圓	산 위의 달은 사람 향해 둥글구나
來坐高樓上	높은 누각 위에 와 앉았노라니
醯雞亂一邊	저편에 초파리들만 어지럽게 나네[81]

[13]

一擧兩得	하나를 들어서 둘을 얻으니
大是無端	어찌 된 까닭인지 알 수 없네
掀飜窠臼	과구窠臼를 벗어 던진다 해도
屈着一般	굽히기는 마찬가지일세[82]
塵裏風中	속진의 업풍業風 속에서
化作神丹	신령한 단약을 만드니
賴遇恁麽	이 같은 법을 만난 덕분에
命立身安	안신입명할 수 있다네
豈無幞頭	어찌 추운 날씨를 막을
禦天之寒	머리에 쓸 모자가 없으랴

---

81 초파리들만 어지럽게 나네 : 대도大道를 모르는 인간들을 비유한 것이다. 공자
 가 노담老聃을 만나 보고 나서서 안회顔回에게 말하기를, "나는 도에 대해서
 마치 항아리 속에 갇힌 초파리 같았다. 선생님께서 그 항아리의 덮개를 열어 주
 지 않았다면 나는 천지의 큰 전모를 알지 못했을 것이다.[丘之於道也, 其猶醯雞與.
 微夫子之發吾覆也, 吾不知天地之大全也.]"라고 했다는 데서 온 말이다. 『장자』「전자
 방田子方」.
82 과구窠臼를 벗어~굽히기는 마찬가지일세 : 과구窠臼는 기존 형식이나 틀을
 말한다. 즉 불법佛法의 형식과 틀을 벗어나더라도 그물을 벗어난 물고기가 물
 속에 있듯이 여전히 잘못됨을 면치 못한다는 뜻이다.

履霜氷至	서리를 밟으면 얼음이 이르니[83]
和情遂搏	온화한 기운이 단단히 뭉치네
惡水何潑	더러운 물을 어찌 뿌리는가
難潤其乾	그래도 하늘은 적시기 어렵지
用此二科	이 두 가지를 쓰니
流水靑山	흐르는 물과 푸른 산이로다
恰好其言	매우 적절한 말일지라도
死鷄聲咟	죽은 닭이 우는 소리일 뿐
古朴綻破	순박한 본성이 깨어졌다지만
從頭不刬	애초부터 훼손되지 않았어라
剔耳雛看	귀 없는 새 새끼가 보면
鳧疑神鸞	오리를 봉황인가 의심하지
大家提唱	다 함께 법을 제창하지만
具眼難瞞	안목 갖춘 이는 속이기 어렵네

---

83   서리를 밟으면 얼음이 이르니 : 『주역』「곤괘坤卦」에서 "초육은 서리를 밟으면
       굳은 얼음이 이른다.[初六, 履霜堅氷至.]"라고 하였다.

[14]

鑪鞴多方作精鍊	풀무로 온갖 방법 써서 정련하건만[84]
□□□□豈外乎	도가 어찌 밖에 있으리오
倒卓看山印不解	하늘에 꽂힌 산을 보고도 무문인無文印을 알지 못하지만
沿流付水慣無餘	흐르는 물을 내맡겨 두니 무여無餘[85]에는 익숙하여라
不坐誰稱無炎位	지위에 안 앉은들 누가 권세 지위가 없다 하랴
喪身早非絶人居	몸 잃었어도 애초에 사람 사는 곳 떠난 게 아니지
撒手歸來只這是	손을 놓고 돌아오니[86] 바로 이것이니[87]

---

84 풀무로 온갖 방법 써서 정련하건만 : 선사가 선객을 단련하는 것을 비유한 것이다. 『벽암록』 39칙 수시垂示에서 "백련정금을 단련하고자 하여 작가의 풀무질을 보이노라.[欲煆百鍊精金, 垂示作家鑪鞴.]"고 하였다.

85 무여無餘 : 번뇌가 남김없이 사라진 무여열반無餘涅槃을 뜻한다.

86 손을 놓고 돌아오니 : 모든 것을 놓고 본래의 고향에 돌아오는 것이다. 황룡혜남黃龍慧南의 상당법어에 "손을 뿌리치고 집에 돌아가도 아는 이 없으니, 잣나무 사이에서 참새 짖고 까마귀 우짖누나.[撒手到家人不識, 雀噪鳴栢樹間.]" 하였고, 『전등록』 20권 영광진장永光眞章의 상당법어에서 "말의 기봉이 어긋나면 고향은 만 리나 멀어지니, 곧바로 높은 벼랑에서 손을 놓아야 스스로 알아차릴 것이며, 숨이 끊어지고 다시 살아나야 그대를 속일 수 없을 것이다.[言鋒若差, 鄕關萬里, 直須懸崖撒手, 自肯承當, 絶後再蘇, 欺君不得.]"라고 하였다.

87 바로 이것이니 : 동산양개洞山良价가 스승인 운암雲巖이 입적할 때 "스님이 돌아가신 뒤에 누가 '스님의 참모습을 그릴 수 있습니까?'라고 물으면, 어떻게 대답해야 합니까?"라고 물으니, 운암이 가만히 있다가 "다만 이것이니라.[只這

敢保行人莫躊躇　감히 보장하노니 행인들이여
　　　　　　　　주저하지 말라

[15]

鳥飛去空天　　새가 날아 텅 빈 하늘로 가지만
望之不盡乎　　바라보매 허공 끝까지 가진 못하나니
欲將有相物　　형상 있는 물건을 가지고서
難窮去無餘　　무여의 궁극에 이르긴 어려운 법
半途絶樹林　　가는 중도에 숲이 없으니
困疲沒休居　　피곤해도 쉴 곳이 없어라
不識經營誤　　길을 잘못 들어선 줄 모르고
憮然且躊躇　　멍하니 서서 주저하고 있구나

[16]

病者問乎爾　　병자여 그대에게 묻노니
胡病不起乎　　어이하여 병이 낫지 않는가
方丈有神藥　　방장산에 신선의 약이 있으니
服者壽有餘　　먹는 이는 장수하게 된다네
人生如草露　　인생은 풀잎에 맺힌 이슬이요

　　　是.」고 하였다. 동산이 그 뜻을 알지 못하다가 훗날 시내를 건너다가 자기 그림
　　자를 보고는 크게 깨달았다.

又未得安居　　게다가 편안히 살지도 못하는 것을
病者歔唏道　　병자가 한숨을 쉬고 말하기를
難得故躊躇　　그 약을 얻기 어렵기 때문에 주저한다오

[17]

天地如是廣　　천지는 이처럼 넓거늘
此生可笑乎　　우리네 인생이란 우습구나
半生已過了　　반평생이 이미 지나갔으니
餘年復幾餘　　여생이 다시 얼마나 남았으랴
憂愁長侵汩　　근심과 시름이 늘 침노하니
幾時得安居　　편안히 살 때는 얼마나 되랴
如醉不覺悟　　술 취해 깨지 못한 것처럼
空然得躊躇　　공연히 주저하고 있구나

[18]

人生不足恃　　인생은 믿을 게 못 되나니
張趙爲化乎　　사람은 누구나 죽게 마련이지
屈指念知者　　손가락 꼽아 생각하니 아는 이들
存者得幾餘　　살아 있는 이 몇 사람이나 될꼬
無論少與老　　젊은이 늙은이를 막론하고
黃泉是歸居　　황천이 돌아가야 하는 곳이지
身施早覺悟　　불문에 들어와 어서 깨달아야지

　　　　　　　　　　　　　　　　　경허록　　●

大急莫躊躇　　　크게 서두르고 주저하지 말라

[19]

換水添香願福田　　물 긷고 향 피워서 복을 빌면서
鬼魔窟裡送驢年　　마귀 굴속에서 나귀 해 보낸다
弱喪幾劫水中泡　　몇 겁 동안 약상[88] 신세 물속의 거품
忽覺當身火裏蓮　　이 몸이 불 속에 핀 연꽃임을 문득 알겠네
驅牛誰識五臺聖　　소를 모는 것이 오대산 성인[89]임을
　　　　　　　　　누가 알리오
擊鼓難逢呂巖仙　　북을 치는 여암 선인[90]을 만나기 어려워라
忘機一念還滯殼　　망념을 잊은 한 생각이 도리어 구속받는 것

88　약상弱喪 : 약상은 고향을 잃은 사람이란 의미로, 여기서는 본래의 불성佛性을 망각한 사람이란 뜻으로 쓰였다. 『장자』「제물론齊物論」에서 "내 어찌 삶을 좋아하는 것이 미혹된 것이 아님을 알 수 있으며, 내 어찌 죽음을 싫어하는 것이 마치 어려서 고향을 잃은 사람이 고향으로 돌아갈 줄 모르는 것이 아님을 알겠는가.[予惡乎知說生之非惑邪? 予惡乎知惡死之非弱喪而不知歸者邪?]"라고 한 데서 온 말이다.

89　소를 모는 것이 오대산 성인 : 오대산 성인은 문수보살이다. 당나라 때 무착無著 선사가 남방의 항주杭州로부터 문수보살을 알현하기 위해 북방에 있는 오대산에 당도하여 소를 몰고 가는 한 노인을 만났는데, 그 노인이 문수보살이었다고 한다. 그 노인이 무착에게 "어디서 왔는가?"라고 하자, 무착이 "남방에서 왔습니다." 하고 이어서 묻기를, "북방의 불법은 어떻게 주지住持합니까?"라고 하니, 그 노인이 "용사龍蛇가 혼잡하고 범성凡聖이 동거한다."라고 하므로 무착이 "그것이 얼마나 됩니까?"라고 하자, 노인이 "전삼삼前三三 후삼삼後三三이다."라고 했다 한다.

90　북을 치는 여암 선인 : 여암呂巖은 당나라 때 경조京兆 사람으로 전설에 나오는 팔선八仙 중 한 사람이다. 자는 동빈洞賓이고 호는 순양자純陽子이다.

春禽啼盡惱客眠　　봄 새가 울어 나그네 잠을 깨우누나

[20]

平生志槪樂山幽　　평소의 뜻이 그윽한 산을 좋아하여
曾訪是庵過一秋　　일찍이 이 암자 찾아와 가을을 보냈었지
永日賞心歸鳥晚　　긴긴날 경치 구경할 제 저물녘 새는 돌아오고
萬塵如夢片雲悠　　속진의 만사 꿈 같은데 조각구름은 흘러간다
華嶽那邊天北遠　　화악산 저편으로 북쪽 하늘은 멀고
洪陽前對海西浮　　홍양洪陽⁹¹ 저 앞에 서쪽 바다 떠 있어라
風光依舊重來我　　풍광은 예와 같은데 내가 다시 와서
數句淸吟話昔遊　　몇 구절 시로 옛날 놀던 곳을 읊노라

[21]

避雨隱身藪石幽　　그윽한 숲속에 비 피해 몸 숨기니
蕭蕭寒氣夏亦秋　　서늘한 한기가 일어 여름이 가을 같네
野老憐僧窮縮縮　　시골 늙은이는 딱한 물골 중을 불쌍히 여기고
書童笑我漫悠悠　　학동들은 부질없이 느긋한 나를 비웃는구나
伽倻山色雲中濕　　가야산⁹² 빛은 구름 속에서 젖고

91　　홍양洪陽 : 충청남도 홍주洪州의 이칭이다.
92　　가야산 : 충청남도 서산시 운산면, 해미면과 예산군 덕산면 경계에 있는 산이다.

羅朴川聲陌上浮　　나박천羅朴川[93] 소리는 들길 위에 들리네

此行已暮衣巾浼　　이번 길 이미 저물고 옷차림도 후줄근하니

歸宿禪庵翌日遊　　암자에 들어가서 자고 내일 노닐어야겠다

[22]

已過榮枯等是辛　　영화와 고생 겪어 보니 똑같이 신고라

伽倻山裡討幽眞　　가야산 속에서 그윽한 경치를 찾노라

鳥歌花笑心無限　　새는 노래하고 꽃은 웃으니 마음은 무한하고

月白風淸道未貧　　달은 밝고 바람은 맑으니 도는 가난하지 않네

況有維城莊室界　　하물며 유성維城[94]의 장엄한 세계가 있어

應將皇極度迷淪　　응당 황극皇極[95]을 가지고 중생을 구제하리니

從今一衲重重補　　이제부터 누더기 한 벌 겹겹이 기워 입고

不下雲岑老此身　　산을 내려오지 않고 이 몸 늙어 가리라

[23]

十載空門裡　　10년 동안 불문에 사노라니

自然忘世緣　　자연히 세상 인연을 잊었노라

93　나박천羅朴川 : 충청남도 덕산군德山郡 나박소면羅朴所面에 있는 시내이다.

94　유성維城 : 『시경』 「대아大雅」 〈판판〉에서 "종자는 나라의 성이다.[宗子維城.]"
　　라고 한 데서 온 말로 왕자 또는 왕족을 가리킨다.

95　황극皇極 : 『서경』 「하서夏書」 〈홍범洪範〉에서 "다섯째는 황극이니, 황제는 그
　　표준을 세움이 있어야 한다.[五皇極, 皇建其有極.]"라고 한 데서 온 말로 제왕이 나
　　라를 다스리는 법도이다.

好花開滿地	좋은 꽃들은 땅에 가득 피었고
明月上靑天	밝은 달은 푸른 하늘에 떠오른다
衆流歸海一	모든 물은 바다로 돌아가 하나 되고
萬像至空圓	온갖 형상은 공에 이르러 둥글어라
興至今行日	흥이 일어서 오늘 여기 왔노니
鏡心照遠邊	마음 거울이 먼 곳을 비추누나[96]

[24]

幾番蟲語與禽歌	몇 번이나 벌레 울고 새 노래했던가
可惜年光若流波	안타까워라 세월은 물처럼 흘러가네
知我屠龍惟是己	내가 용을 베는[97] 줄 아는 것 나뿐인데
問君畵猫又如何	묻노니 그대 고양이 그리는[98] 건 어떠한가
虛空已殞塵塵寂	허공이 이미 무너져 모든 세계 고요하니
山水重看佛佛多	산수에서 거듭 많은 부처님을 보노라
善友幸逢勸請益	착한 벗이 지성스레 가르침을 청하니

---

96 마음 거울이 먼 곳을 비추누나 : 부석사의 누각에 올라앉아 있으니 먼 곳의 풍
    광이 한눈에 들어오는 것을 표현하였다.

97 용을 베는 : 공연히 크고 쓸모없는 재주를 뜻하는 말로『장자』「열어구列禦寇」
    에서 "주평만朱泙漫이 용 잡는 기술을 지리익支離益에게 배우는데 천금의 재
    산을 다 없애고 3년 만에 기술은 배웠으나 그 기술을 쓸 곳이 없었다.[朱泙漫學屠
    龍於支離益, 單千金之家, 三年技成, 而無所用其巧.]"라고 한 데서 온 말이다.

98 고양이 그리는 : 법문을 그대로 따라서 참구함을 비유하는 말이다.『경허록』상,
    각주 3) '이 말에 따라 고양이를 그려서' 참조.

免敎一念落邪魔　부디 일념이 사마에 떨어지지 않도록 하오

[25]

蟲聲來唧唧　풀벌레 와서 찍찍 울어 대고

枕榻月明秋　베갯머리에 가을 달이 밝아라

葉下深院裏　나뭇잎은 그윽한 절간에 지고

風驚古澗頭　바람은 시냇가에서 부누나

有思空自感　그리움에 괜스레 감회에 젖고

無聊轉添愁　무료한 중에 시름만 많아진다

顧此蜉蝣寄　돌아보건대 하루살이 같은 삶들

亦當一氣收　응당 한 기운 속에 거두어지리⁹⁹

[26]

奇哉是何處　기이해라 여기가 어디인가

來坐更炎空　와서 앉아 더운 여름 보낸다

床白靑天月　베갯머리 환하니 하늘의 달빛이요

襟淸大海風　가슴이 시원하니 바다의 바람일세

始成先佛手　창건한 건 앞 부처¹⁰⁰의 솜씨요

99　돌아보건대 하루살이~속에 거두어지리 : 만물은 모두 천지의 원기元氣가 운행
　　하여서 빚어진 것이니, 덧없는 삶들이 결국은 모두 죽어서 천지의 원기 속에 들
　　어가고 말 것이라는 뜻이다.

100　앞 부처 : 도비산 부석사를 창건한 신라 의상 대사를 가리킨다.

重建後師功　　중건한 건 뒤 스님[101]의 공로로세
荷擔賢人力　　이런 선현들의 힘 덕분에
此棲與子同　　이곳에서 그대와 함께 지낸다

[27]

風吹庭畔葉　　바람이 뜰에 진 나뭇잎에 부니
動蠢三分鼠　　삼분三分의 쥐[102]가 움직이는 듯하여라
癡猫不能辨　　멍청한 고양이는 식별하지 못하고
往取欲吞咀　　가서 덥석 잡아 삼키려 하네
今日虛用心　　오늘도 헛되이 마음을 쓰고
明朝又如許　　내일도 또 마찬가지일세
將世比於猫　　세상 사람을 이 고양이에 비기노니
虛枉相躊躇　　헛되이 세월만 보내며 주저하는구나

[28]

有一淨界好堪居　　거처하기 좋은 맑은 세계 하나 있으니
窮劫已前早成墟　　아득한 공겁 이전에 이미 이뤄져 있었네
木女石人心本實　　목녀와 석인은 마음이 본래 진실하고

101　뒤 스님 : 도비산 부석사를 중건한 여말선초麗末鮮初의 무학대사를 가리킨다.

102　삼분三分의 쥐 : 바람에 불려 구르는 나뭇잎이 쥐를 조금 닮았음을 뜻하는 듯
　　　하다. 『금병매사화金甁梅詞話』에 "삼분은 사람 같고 칠분은 귀신 같다.[三分似
　　　人, 七分似鬼.]"라는 말이 있다.

星翳燈幻事非虛　별과 등잔 가물대도 허망한 것 아니지

哭來春光塵沙外　봄빛 물든 사바세계로 곡하며 오고

笑入蒼空古今餘　푸른 허공 고금 밖으로 웃으며 들어간다

聖凡渾淪還成差　범부와 성인 한 덩어리였다 도로 나뉘니

求伴同留興不疎　벗을 찾아 함께 머묾에 흥이 적지 않아라

[29]

書童來我告　학동이 와서 내게 말하기를

今日願登山　오늘은 등산하고 싶다 하네

藥草堪搜取　약초도 찾아서 캘 만하고

鵲巢可引攀　나무에 올라 까치 둥지도 뒤진다

松琴風瑟瑟　솔바람 솔솔 거문고 울리는 듯

林語鳥喧喧　숲속의 새는 재잘재잘 지저귀누나

風景眞如許　풍경이 참으로 이처럼 아름다우니

奇哉一賞還　좋은 구경 한번 하고 돌아왔노라

[30]

風埃蟬蛻雖已成　풍진 세상 벗어난 것은 비록 이뤘지만

箇中神蚌有誰擎　그중의 신령한 조개[103]는 누가 잡아서 들리오

103　신령한 조개 : 지문智門 선사에게 어떤 스님이 "어떤 것이 반야의 본체입니까?"라고 물으니, 선사가 대답하기를, "조개가 달을 머금었느니라.[蚌含明月.]"고 하였다.

浮生如夢塵緣了　　꿈같이 덧없는 인생에 속세 인연 마쳤으니
祖佛江山一髮明　　불조와 강산이 한 터럭에 환히 드러났네

[31]
千峯一水勢中分　　천 봉우리와 한 줄기 시냇물이 여기서
　　　　　　　　　나뉘는데
隱仙洞下晚歸雲　　은선동 아래 저물녘에 구름이 산으로
　　　　　　　　　돌아간다
若使烟霞分一半　　만약 연하를 반쪽 나누어 준다면[104]
從今消息斷相聞　　이제부터 소식을 끊고 여기 은거하리라

[32]
龍汀江上野叟之　　용정강 가에 시골 늙은이 가기에
回首唶問路分岐　　고개 돌려 한숨 쉬고 갈림길을 물으니
野叟無語山又晚　　시골 늙은이 말이 없고 산은 저무는데

104　연하를 반쪽 나누어 준다면 : 경치 좋은 한 구역을 마음 맞는 사람에게 나누어
　　　주어 함께 은거하는 것을 뜻한다. 송나라 장영張詠이 벼슬하지 않고 있던 시절,
　　　화산華山에 은거하고 있는 희이선생希夷先生 진단陳搏을 만나서 "원컨대 화
　　　산 반쪽을 나누어 살고 싶은데 되겠습니까?"라고 하니, 진단이 "공에게는 당연
　　　히 그렇게 해 줄 수 있지."라고 한 데서 유래하였다. 성어로는 분산分山 또는 분
　　　화分華라 한다.

何處滄浪韻凄遲　　어디선가「창랑가滄浪歌」[105] 소리

　　　　　　　　　처량히 들리네

[33]

熙熙太平春　　온화한 기운 태평한 봄이니

看看百草新　　도처에 온갖 풀이 새로 돋았어라

鷄龍山上雨　　계룡산 위에 내린 비가

昨夜浥輕塵　　간밤에 가벼운 먼지를 적셨구나[106]

[34]

何處靑山好　　어느 곳 청산이 좋은가 찾아서

携笻與汗帉　　지팡이 짚고 수건 차고 다니노라

十年忘世界　　10년 동안 세상을 잊고 살다가

今日訪仙君　　오늘은 신선을 찾아가노라

105　「창랑가滄浪歌」: 창랑滄浪은 강물 이름으로 한수漢水 동쪽 부분을 가리킨다. 「창랑가」는 춘추 시대에 어떤 아이가 지어 불렀다는 노래인데, 그 노래에서 "창 랑 물이 맑으면 내 갓끈을 씻을 만, 창랑 물이 흐리면 내 발을 씻을 만.[滄浪之淸 兮, 可以濯我纓; 滄浪之濁兮, 可以濯我足.]"이라고 하였다. 『맹자』「이루離婁 상」. 용 정강 가에서 지은 작품이기 때문에 강에서 들려오는 노래를 창랑가라 한 것이 다.

106　가벼운 먼지를 적셨구나 : 당나라 왕유王維의 「송원이사안서送元二使安西」 에서 "위성의 아침 비가 가벼운 먼지를 적시니, 객사에 푸릇푸릇 버들 빛이 싱 그럽네.[渭城朝雨浥輕塵, 客舍靑靑柳色新.]"라고 한 데서 온 말이다.

[35]

燕領雪衣下	눈 덮인 연암산 아래
白花日已曛	하얀 눈꽃에 해는 이미 저문다
書童來我告	동자가 와서 내게 말하기를
飯鼓已鳴云	저녁 공양 북이 이미 울렸다 하네

[36]

蕭條一榻滿山秋	쓸쓸한 침상 가을빛이 물든 산들
大涅槃光不盡流	대열반의 빛은 흐름이 다하지 않누나
賴有性師終未會	다행히 성性 스님은 끝내 알지 못하니
熊津元不異公州	웅진은 원래 공주와 다르지 않다네¹⁰⁷

[37]

山自青水自綠	산은 절로 푸르고 물은 절로 푸르니
清風拂白雲歸	맑은 바람 불고 흰 구름 흘러간다
盡日遊盤石上	진종일 반석 위에서 노닐고 있노니
我捨世更何希	나는 세상을 버렸거니 무엇을 더 구하랴

---

107 다행히 성性 스님은~다르지 않다네 : 대열반의 경계는 식정識情으로 알 수 없
는 것이다. 따라서 분별하여 알지 못하는 것이 참으로 도를 아는 것이니, 웅진
이 원래 공주라고밖에 표현할 길이 없다는 것이다.

[38]

緣知生死大　생사의 일이 큰 줄 알기에

萬事一風飛　만사는 바람결에 날아갔어라

今日隨雲坐　오늘 구름을 따라 앉았노라니

四峰鶴舞歸　사방 봉우리에 학이 춤추며 돌아가네

[39]

打算年前事　생각해 보면 연전의 일은

儘儘野馬飛　덧없기가 아지랑이 같아라

不離飛野馬　아지랑이를 여의지 않고

天外一鵬歸　하늘 저편에 붕새가 돌아오네[108]

[40]

白雲因底事　흰 구름은 무슨 일로

日日向山飛　날마다 산으로 날아오느냐

似嫌塵世惡　흡사 더러운 속세가 싫어서

---

108 아지랑이를 여의지~붕새가 돌아오네 : 『장자』「소요유逍遙遊」에 "붕새가 남쪽
바다로 옮겨갈 때 날개 물결을 치는 것이 삼천 리요, 회오리바람을 타고 구만
리를 올라가 여섯 달을 가서야 쉰다. 아지랑이와 먼지는 생물이 숨을 부는 것이
다.[鵬之徙於南冥也, 水擊三千里, 搏扶搖而上者九萬里, 去以六月息者也, 野馬也, 塵埃也,
生物之以息相吹也.]"라고 하여 구만 리 하늘을 날아오르는 붕새와 그 아래 세상에
서 숨을 쉬고 사는 생물을 대비하였다.

隨我箇中歸　　나를 따라 개중箇中[109]에 돌아오려는 것 같구나

[41]
孰非無二法　　어느 것인들 불이법不二法이 아니랴
秋日雁南飛　　가을에 기러기는 남쪽으로 나는구나
這箇眞消息　　이 중의 참된 소식은
春應向北歸　　봄에는 북쪽으로 돌아가는 것일세

[42]
是非名利路　　시비와 명리의 길에서
心識狂紛飛　　마음이 광분하여 헤매었으니
所稱英雄漢　　영웅이라 일컬어지는 이들은
彷徨未定歸　　방황하며 제 길을 찾지 못했네

[43]
人心如猛虎　　사람 마음은 사나운 범 같아
毒惡徹天飛　　악독함이 하늘에 사무치누나
伴鶴隨雲外　　학을 탄 신선은 구름 저편으로 가니
此身孰與歸　　이 몸은 누구와 더불어 돌아갈꼬

109　　개중箇中 : '여기'란 말인데 진여자성의 당처當處를 가리킨다.

[44]

風飄霜葉落　　바람에 흩날려 서리 맞은 잎 지더니
落地便成飛　　땅에 떨어지자 곧바로 날아가누나
因此心難定　　이 마음 안정하기 어렵기에
遊人久未歸　　노니는 사람 오래도록 돌아가지 못하노라

[45]

鐵樹花開一　　쇠나무에 꽃이 한 번 피었건만
根株無處尋　　뿌리와 줄기는 찾을 곳이 없어라
草堂春睡稳　　초당에 봄잠이 혼곤한데
百鳥費淸音　　온갖 새들은 맑은 소리로 지저귀네

[46]

當處殞空虛　　당처에 허공이 무너지면서
空花方結實　　공화가 바야흐로 봉오리를 맺누나
知此亦春光　　이 또한 봄빛임을 아노니
幽香吹我室　　그윽한 향기가 내 방에 불어온다

[47]

斜陽空寺裡　　석양이 기우는 빈 절에서
抱膝打閑眠　　무릎을 껴안고 한가로이 조노라
蕭蕭驚覺了　　소슬한 바람 소리에 깨어 보니

霜葉滿階前　서리 맞은 잎들이 뜰 앞에 가득해라

[48]

秋風凄復凄　가을바람 처량하고 또 처량하니
深夜不能眠　깊은 밤잠을 이루지 못하거늘
胡以虫悲語　어이하여 풀벌레는 슬피 울어
使吾淚枕前　내 눈물로 베개를 적시게 하는고

[49]

喧喧寧似默　떠들어 대는 게 어찌 침묵만 하랴
攘攘不如眠　소란을 피우느니 자는 편이 낫지
永夜空山月　긴긴밤 한적한 산에 뜬 달은
光明一枕前　베갯머리를 환히 비추어 주네

[50]

無事猶成事　일 없는 게 도리어 일이 되기에
掩關白日眠　방 안에 들어앉아 대낮에 조노라
幽禽知我獨　산새들이 나 홀로 있는 줄 알고서
影影過窓前　그림자를 비추면서 창 앞을 지나가네

[51]

那山幽寂處　어느 산 그윽한 곳에

　　　　경허록　●

寄我枕雲眠　　이 몸 의탁해 구름 베고 졸거나

如得其中趣　　이 중의 깊은 뜻을 안다면

放狂十路前　　십자로 한길에서 거침없이 노니리¹¹⁰

[52]

有事心難測　　이 일은 마음으로 헤아리기 어려우니

困來卽打眠　　곤하면 곧 잠이나 잘 뿐일세

古今傳底句　　고금에 전해 오는 진리는

秖在此門前　　단지 이 문 앞에 있어라¹¹¹

[53]

是佛是魔總未休　　부처니 마구니니 모두 쉬지 못하니

靈機收盡手中鉤　　신령한 기봉은 모두 수중의 낚싯바늘¹¹²에

　　　　　　　　 있어라

踐紅枯骨春深笑　　붉은 꽃 밟는 해골은 깊은 봄날에 웃고

110　어느 산~거침없이 노니리 : 고요한 산을 찾아 한가로이 지내고 싶어도 뜻대로
　　　되지 않는데, 불법의 깊은 뜻을 알면 사람들이 많은 십자로十字路를 거침없이
　　　다녀도 마음은 한가롭다는 뜻이다.

111　고금에 전해 오는~문 앞에 있어라 : 고금의 모든 진리라 하는 것들은 참된 진여
　　　眞如의 문 안에 들어오지 못했다는 뜻이다.

112　수중의 낚싯바늘 : 본분종사本分宗師의 수단을 뜻한다.『벽암록』2칙 평창評
　　　唱에서 "낚싯바늘의 뜻을 잘 살피고 저울의 눈금을 잘못 알지 마라.[識取鉤頭意,
　　　莫認定盤星.]"고 하였다.

戴白嬰兒劫石尤　흰 머리털 어린 아기는 겁석劫石[113]보다
　　　　　　　　　오래 살았네
昨夢旣虛來亦爾　어젯밤 꿈 허망하고 내일도 그러하니
此心未達外何求　이 마음 깨닫지 못하고 밖으로 무엇을 찾는고
所嗟凡事終難測　안타까워라 모든 일 끝내 예측할 수 없으니
臨別冲冲更引愁　이별 앞에 감정이 복받치고 시름겹구려

[54]

喝水和聲絶　흐느끼는 물은 소리와 함께 없고
聳山並影非　높은 산은 그림자까지도 아니로세
聲影通身活　소리와 그림자 전체가 살아나니
金烏夜半飛　금오金烏[114]가 한밤중에 날아가누나

[55]

眼裡江聲急　눈 안에 강물 소리 급하고
耳畔電光閃　귓가에 번갯불이 번뜩인다
古今無限事　고금의 무한한 일들을

113　겁석劫石 : 반석겁盤石劫의 준말이다. 불경에 나오는 비유로 사방, 상하의 길이
　　가 사십 리나 되는 큰 바위에 장수천인長壽天人이 백 년마다 한 번씩 지나가면
　　서 가벼운 옷자락으로 그 바위를 스쳐서 바위가 다 닳는 기간을 일 겁이라 한다.
114　금오金烏 : 해의 이칭이다.

石人心自點　　　석인石人[115]의 마음이 스스로 안다

[56]

山光水色裡　　　산빛과 시냇물빛 중에

面目自端的　　　본래면목이 절로 뚜렷하구나

欲識箇中意　　　이 가운데의 뜻을 알고자 할진댄

八兩是半斤　　　여덟 냥은 반 근이라 하리라

[57]

佛與衆生吾不識　　　부처와 중생을 나는 알지 못해

年來宜作醉狂僧　　　근년 들어선 술 취한 중노릇이 제격일세

有時無事閑眺望　　　때로는 일 없어 한가로이 조망하니

遠山雲外碧層層　　　먼 산은 구름 저편에 층층이 푸르구나

[58]

世間萬法惟炎涼　　　세상 만법은 오직 염량세태일 뿐이니

任時圓兮任時方　　　둥글면 둥근 대로 모나면 모난 대로 두노라

普天匝地諸情類　　　하늘과 땅 사이에 사는 모든 유정물들이

箇箇靈空愼勿通　　　낱낱이 신령하게 공하니 애써 통하려 말라

115　　석인石人 : 돌로 된 사람이란 말로 무심無心한 경지를 뜻한다. 즉 정식情識이
　　　일어나되 일어남이 없는 경지를 석인으로 표현하였다.

산중 생활 12시 [山居十二時]

一

低頭常睡眠	머리를 숙이고 늘 조노니
睡外更無事	조는 일 밖에 다시 일이 없어라
睡外更無事	조는 일 밖에 다시 일이 없어
低頭常睡眠	머리를 숙이고 늘 조노라

青松白石上	푸른 솔 흰 바위 위에
何事獨沈吟	무슨 일로 홀로 시를 읊조리나
一杖還歸處	지팡이 짚고 돌아오는 곳에
飛鳥亦無心	나는 새도 무심한 것을

打睡粥飯事	잠자고 죽과 밥 먹는 일
此外夢幻吟	이밖에는 몽환세상을 읊노라
山庵何寥寂	산속 암자는 적막하기만 한데
霜葉滿庭心	서리 맞은 잎이 뜰에 가득하구나

古路非動容	옛길은 거동을 떨치는 곳 아니요
悄然事已違	초연한 기틀도 이미 어긋났어라
少林門下事	소림 문하의 일

경허록 •

不意生是非	시비를 일으킬 줄은 몰랐구나[116]

一句無前	일구[117]는 앞이 없으니
其來何極	오는 것이 어찌 끝이 있으랴
聾人自笑	귀먹은 사람 스스로 웃을 뿐
欲聞不得	듣고 싶어도 듣지 못하네

天藏庵中	이 천장암에서
何物不是	무엇인들 이것이 아니리오
不乖而異	어긋나서 다르지 않으니
盖天盖地	하늘을 덮고 땅을 덮누나

---

116 옛길은 거동을~줄은 몰랐구나 : 향엄지한香嚴智閑의 「오도송」에서 "모든 거동을 옛길에서 드날려 초연悄然한 기틀에 떨어지지 않는다.[動容揚古路, 不墮悄然機.]"라고 하였는데, 초연은 적연寂然이니, 눈과 귀로 보고 들음이 끊어진 무심의 경지이다. 고로古路는 진여자성인 본심本心을 뜻한다. 즉 깨닫고 보니, 나의 모든 거동이 그대로 본심의 자리에서 자유자재하여 굳이 보고 듣고 생각하는 작용을 끊고 무심에 머물 필요가 없다는 뜻이다. 여기서는 선사들이 깨달은 경지를 말한 것들이 모두 잘못된 말이니, 이러한 선사들이 공연히 세상에 시비만 일으켰다고 한 것이다.

117 일구一句 : 선가禪家에서 상대적인 언어 문자로 표현할 수 없는 진여의 당처를 의미하는 말로 쓴다.

四聖六凡	사성四聖과 육범六凡[118]이
惟光明智	오직 광명한 지혜뿐이라
理無異體	진리는 다른 게 없으니
山河大地	산하와 대지로다

有智無用	지혜 있어도 쓸 데 없으니
其智何用	그 지혜를 어디에 쓰리오
山山水水	산은 산이요 물은 물이니
無處相訟	서로 다투는 곳이 없어라

棒也喝也	방과 할이여
徹天其怨	그 원한이 하늘에 사무치도다
今日靈山	오늘 이 영산회상에
有聖有賢	성인도 있고 범부도 있구나

書到紙面空	글씨를 쓰매 지면이 공하니
盡得一線通	모두 한 가닥 선으로 통하누나
一線還不盡	한 가닥 선이 도리어 다하지 않으니
紅日禪窓東	붉은 해가 창문 동쪽에 떠오른다

---

118 사성四聖과 육범六凡 : 십계十界를 여섯 종류의 범부계凡夫界와 네 종류의
성자계聖者界로 나눈 것이다. 지옥·아귀·축생·아수라·인간·천상의 육계를
육범六凡, 성문·연각·보살·불의 사계를 사성四聖이라 한다.

驥兒見此頌	기아驥兒는 이 송구를 보거늘[119]
我指碧山層	나는 겹겹 푸른 산을 가리킨다
諦信卽無疑	이 소식을 알면 의심이 없어지나니
何處非燃燈	어느 곳인들 연등불 세상 아니랴

오언절구五言絶句

—

[1]

은선동에 노닐며[遊隱仙洞]

山與人無語	산과 사람은 말이 없는데
雲隨鳥共飛	구름은 새를 따라 함께 나는구나
水流花發處	물은 흐르고 꽃은 피는 곳에
淡淡欲忘歸	마음 담담하여 돌아가길 잊겠네

[2]

통도사 백련암에서[題通度寺白蓮庵]

宕情收未了	호탕한 마음 거두지 못해
長袖拂千岑	긴 소매로 천봉千峯을 휘젓고 다니노라
深院聽鵑語	깊은 암자에서 두견새 소리 들으니
江山萬古心	강산의 만고의 마음일레라

칠언절구七言絶句

—

[1]

해인사 구광루에서[題海印寺九光樓]

依依經閣到仙巒　　웅장한 장경각이 선산仙山을 마주하였나니
往事無非一夢間　　지난 일들은 모두 한바탕 꿈일레라
適有乾坤吞吐客　　마침 건곤을 삼키고 토하는 길손이
九光樓上秤千山　　구광루 위에서 천 봉우리를 저울질하노라

[2]

지리산 영원사에서[題智異山靈源寺]

不是物兮早駢拇　　물건이 아니라 해도 벌써 군더더기이니
許多名相復何爲　　허다한 명상인들 다시 무슨 소용 있으랴
慣看疊嶂煙蘿裏　　늘 보느니 높은 봉우리 내 낀 등라 속에
無數猢猻倒上枝　　무수한 원숭이들이 거꾸로 나무에 오르네

남파 사제가 곁에 있다가 웃으며 말하기를, "사형이 이렇게 말하셔도 교묘함을 희롱하여 졸렬함을 이룸을 면치 못합니다."라고 하기에 내가 무릎을 치며 크게 웃고 시자에게 명하여 이 시를 걸어 두게 했다.

有南坡高弟在傍哂笑曰: "師兄恁麼道. 也不免弄巧成拙." 余
拍膝大笑. 命侍者揭題.

[3]
홍주군 천장암에서[題洪州天藏庵]

世與靑山何者是　속세와 청산 어느 것이 옳은가
春城無處不開花　봄 오면 꽃 안 피는 곳이 없는 것을
傍人若問惺牛事　누가 나의 경계를 묻는다면
石女心中劫外歌　돌계집 마음속 겁외가라 하리라

[4]
마곡사에서[題麻谷寺]

塞却眼兮塞却耳　눈을 막고 귀를 막으니
大千沙界沒滲漏　대천세계가 조금도 새지 않네
莫言密室人無覰　밀실에는 보는 사람 없다 말하지 말라
不通風處卽十路　바람조차 통하지 않는 곳이 십자대로인 것을

啞却爾耳聾我口　네 귀는 벙어리 내 입은 귀머거리
一句普應大千機　일구[120]가 대천세계에 두루 응하네
莫言金剛棒不起　금강이 몽둥이 맞고 못 일어난다 하지 말라
蚯蚓吟雨下淸池　지렁이가 빗속에 맑은 못으로 내려누나

[5]
영명당과 불영사로 가는 도중에 삼가 명진당의 시에 차운하다
[與永明堂行佛靈途中 謹次明眞堂韻]

摘何爲妄指何眞　무엇을 거짓이라 하고 무엇을 참이라 하랴
眞妄由來總不眞　참과 거짓이 본래 모두 참이 아닌 것을
霞飛葉下秋客潔　안개 날고 잎은 져서 가을 풍광이 맑은데
依舊靑山對面眞　의구한 푸른 산은 얼굴 앞에 참되어라

任是妄兮任是眞　참이든 거짓이든 아랑곳하지 않노니
張癲醉打李翁眞　미친 장씨가 술 취해 멀쩡한 이씨를 때리누나
懸羊賣狗年來事　양 머리 걸어 놓고 개고기 판 게[121] 요즘 일이니
識得分明認得眞　아는 게 분명하여야 아는 것이 참되리

120　일구一句 : 『경허록』 상, 각주 117) '일구一句' 참조.
121　양 머리 걸어 놓고 개고기 판 게 : 성어로 현양매구縣羊買狗라 하여 속임수를
　　써서 그럴듯한 것을 내세우고 실제 내용은 다른 것을 비유한 말이다.

高士文朋意亦眞　고상한 선비와 글벗들 뜻이 참되니
塵中無累最淸眞　속진 속에서 얽매이지 않음이 가장 참된 일
直須覰破威音外　곧바로 위음왕불 이전을 간파해야지
莫把儱侗以認眞　흐릿한 것을 가지고서 참됨으로 알지 말라

[6]

불명산 윤필암에 들러서 우연히 읊다[過佛明山尹弼庵偶吟]

酒或放光色復然　술도 혹 방광하고 여색도 그러하니
貪嗔煩惱送驢年　탐진치 번뇌 속에서 나귀의 해를 보내노라[122]
仗履無端化獅子　지팡이와 신발이 무단히 사자로 화하니
等閑一踢孰能前　등한히 한 번 뛰쳐나옴에 누가 당적하랴

[7]

금산 보석사에 들러[過錦山寶石寺]

蕭瑟一碑傍寺門　쓸쓸한 비석 하나 산문 곁에 서 있나니

---

122 나귀의 해를 보내노라 : 나귀는 십이간지十二干支에는 없는 동물이다. 따라서 나귀의 해란 없는 것이다. 시간과 공간이 본래 없고 온 우주가 하나의 공성空性일 뿐이며, 탐진치 삼독도 그 자성自性이 따로 없어 자체가 본래 공하다. 따라서 탐진치 번뇌가 일어나되, 탐진치 번뇌가 본래 없는 상태에서 본래 없는 세월을 보낸다는 것이다.

靑山影裏幾朝昏　푸른 산 그림자 속에 얼마나 세월 보냈는가
圭師往蹟無人問　영규靈圭 스님 지난 자취[123]를 찾는 사람 없고
落日牛羊下遠村　지는 석양에 소와 양들만 먼 마을로 내려오네

[8]
가야산 홍류동에 노닐며[遊伽倻山紅流洞]

孰云是水孰云巒　어느 것이 물이요 어느 것이 산인가
巒入雲中水石間　산이 구름 속 수석 사이로 들어간다
大光明體無邊外　대광명 본체는 경계와 밖이 없으니
披腹點看水與山　배를 내놓은 채 물과 산을 구경하노라

[9]
묘광妙光이란 호를 동자 박영훈에게 주다[號妙光贈童子朴英勳]

茫茫匝地諸含識　아득한 땅 위에 사는 모든 중생들
迷自靈光走外塵　신령한 본성을 모르고 속진을 좇는구나
多爾妙年能求此　장하구나 어린 나이에 이를 찾다니
故書一號結緣新　그래서 한 호를 써서 새 인연을 맺노라

123　영규靈圭 스님 지난 자취 : 임진왜란 때 승병장이었던 기허당騎虛堂 영규 대
　　　사의 사적비가 1840년에 보석사 입구에 건립되었다. 영규 대사가 보석사 의선
　　　각毅禪閣에 주석했다고 한다.

[10]

송광사 육감정에서[題松廣寺六鑑亭]

靈境許多淸興慣　선경의 경치 허다하여 늘 맑은 흥취 일어나
曠然遊戲付年年　해마다 한가로이 노닐면서 세월을 보내노라
喝開兎角風雷殷　할을 하여 토끼뿔 여니 바람과 우레 요란해
無數魚龍上碧天　무수한 어룡들이 푸른 하늘로 올라가누나

[11]

통도사 백운암에서[通度寺白雲庵]

白雲庵裏白雲在　백운암 안에 백운이 있나니
半掛層巖半掛空　반은 층암절벽에 반은 허공에 걸렸네
千樹煙蘿多韻致　숲에 안개 낀 송라가 운치도 많아
隨風搖曳白雲中　바람 따라 백운 속에서 흔들리누나

[12]

범어사 하안거 해제일에 원효암에 올라[梵魚寺解夏日上元曉庵]

祖師入滅傳皆妄　원효 조사 입멸했다는 건 모두 거짓말
今日分明坐此臺　오늘 분명히 여기에 앉아 계시는 것을
杖頭有眼明如漆　지팡이 머리에 눈이 칠흑처럼 밝아

照破山河大地來　산하대지를 남김없이 비추어 보누나

[13]

허주 장로에게 부치다[124] [寄虛舟長老]

因筆及此心緖亂　붓 가는 대로 이 시를 짓노라니 마음이 착잡해

遮箇境界共誰伊　이 경계를 누구와 더불어 말할거나

鵠白烏黑心言外　따오기는 희고 까마귀는 검으니

　　　　　　　　마음과 말 밖이라

無生佛兮有山水　중생과 부처는 없고 산과 물은 있어라

[14]

범어사로부터 해인사로 가는 도중에 입으로 불러 읊다

[自梵魚寺向海印寺道中口號]

識淺名高世危亂　식견은 얕고 이름은 높고 세상은 위태하니

不知何處可藏身　모르겠구나 어느 곳에 몸을 숨길 수 있을지

124　경허가 천장암에서 보림하면서 이 시를 지어 당시에 선지식으로 이름난 허주
　　스님에게 보내어 자신을 인가해 줄 수 있는지를 시험했는데, 허주 스님이 받아
　　들이지 않았다고 한다. 그래서 경허는 「오도가悟道歌」에서 "사방을 돌아봐도
　　사람이 없으니 의발을 누가 전해 줄거나. 의발을 누가 전해 줄거나. 사방을 돌
　　아봐도 사람이 없구나.[四顧無人, 衣鉢誰傳. 衣鉢誰傳, 四顧無人.]"라고 크게 탄식했
　　다고 한다.

漁村酒肆豈無處　어촌과 주막에 어찌 그런 곳 없으랴만
但恐匿名名益新　이름 감출수록 더욱 이름이 날까 두렵구나

[15]
떠나면서 중원 수좌에게 주다[留別重遠禪和]

나는 성품이 화광동진和光同塵하기를 좋아하고 진흙탕 속에 꼬리를 끌고 다니기[125]를 좋아하여 절름발이가 허둥지둥 바삐 길을 가듯이 44년 세월을 덧없이 보냈다. 그런데 우연히 해인사에서 원 개사遠開士를 만났더니, 인품과 행실이 질직質直하고 학문이 고명하여 함께 겨울 한철을 나면서 매우 마음이 서로 맞았다. 그런데 이제 여장을 꾸려 떠나게 되니, 아침저녁 피어오르는 안개와 구름, 산과 바다 원근의 풍광이 이별의 슬픈 심정을 돋우지 않는 것이 없다. 하물며 덧없는 인생은 쉽사리 늙고 좋은 인연은 다시 만나기 어려우니, 서글피 이별을 말하는 심정이 대체 어떠하겠는가. 옛사람이 이르기를, "서로 아는 이가 천하에 가득하여도 마음을 아는 이가 몇 사람이나 될 것인가!"라고 하였으니, 아! 원 개사가 아니면 내 누구와 더불어 지음知音이 되리오. 그래서 이 한 절구 거친 시를 지어서 후일 서로 잊지 않을 바탕으로 삼노라.

125　진흙탕 속에 꼬리를 끌고 다니기 : 『경허록』 상, 각주 68) '진흙탕에 꼬리 끌며 노니리라' 참조.

余性好和光同塵.掘其泥.而又喜乎曳其尾者也.只自跋跋挈
挈.送過了四十四介光陰.偶於海印精舍.逢着遠開士.姓行質
直.學問高明.與之同寒際.深甚相得也.日夕治行相送.其烟雲
朝暮山海遠近者.盡不無攪動近送之懷.況浮生易老.勝緣難
再.則其怊悵話別之心.當復如何哉?古人云:"相識滿天下.知
心能幾人?"吁!微遠開士.吾孰與爲知音.所以搆着其一絶荒
辭.以爲日後不忘之資也.

捲將窮髮垂天翼	궁발의 하늘에 드리운 날개 거두어[126]
謾向槍楡且幾時	부질없이 느릅나무에서 얼마나 세월 보냈던가.[127]
分離尙矣非難事	이별은 예로부터 있어 온 것 어려운 일 아니지만
所慮浮生杳後期	덧없는 인생에 만날 기약 아득할까 걱정이로세

126 궁발窮髮의 하늘에 드리운 날개 거두어 : 궁발은 북쪽 먼 변방 불모지이다. 궁
     발의 북쪽에 천지天池란 바다가 있고, 여기에 너비는 수천 치나 되고 길이는
     얼마인지 알 수 없는 큰 물고기 곤鯤이 있는데, 이 곤이 붕鵬이란 큰 새로 변하
     여 구만리장천長天을 날아간다고 한다.『장자』「소요유逍遙遊」.

127 부질없이 느릅나무에서 얼마나 세월 보냈던가 :『장자』「소요유」에 구만리장천
     을 나는 대붕을 겨우 몇 길 높이로 쑥대나 느릅나무 사이를 나는 메추라기와 대
     비시켰다.

[16]

통도사 백련암에 들러서 환성 노사[128]의 시에 삼가 차운하다
[過通度寺白蓮庵 謹次喚惺老師韻]

擲金遺什揭虛楹　금을 던지는 듯한[129] 유편이 기둥에 걸렸나니

道價千秋海岳輕　천추에 높은 도명道名에

　　　　　　　　바다와 산이 외려 가벼워라

悠悠曠感無人識　유유한 세월 오래 흘러 아는 사람은 없고

寒磬空留劫外聲　차가운 풍경 소리만 속절없이

　　　　　　　　겁외의 소리 남기네

[17]

석왕사 영월루에서[題釋王寺映月樓]

上方春日花如霰　산사의 봄날 꽃은 싸락눈처럼 지고[130]

128　환성喚醒 노사 : 지안志安(1664~1729)의 법호가 환성이다. 월담설제月潭雪霽
　　의 법을 이었다.

129　금을 던지는 듯한 : 진晉나라 손작孫綽이 「천태산부天台山賦」를 지어 놓고 친
　　구 범영기范榮期에게 말하기를, "그대는 이 글을 땅에 던져 보게. 금석金石의
　　소리가 날 것일세.[卿試擲地, 當作金石聲.]"라고 한 데서 온 말로 뛰어난 시문詩文
　　을 뜻한다.

130　꽃은 싸락눈처럼 지고 : 당나라 왕유王維의 시 「남산으로 가는 최구 아우를 보
　　내며[送崔九弟往南山]」에서 "산중에는 계화가 있으니 꽃이 싸락눈처럼 지기 전
　　에 돌아오라.[山中有桂花, 莫待花如霰.]"고 한 것을 인용하였다.

異鳥聲中午夢甘　새들은 우는데 달콤한 오후를 즐기노라
萬德通光無證處　만덕과 통광¹³¹을 증명할 수 없는 곳에
揷天曉嶂碧於藍　하늘에 꽂힌 새벽 봉우리가 쪽빛보다 푸르네

[18]
무제無題

石人乘興玩三春　돌사람¹³²이 흥을 타고 춘삼월 구경하노니
不成虎畵更看新　범 그림 제대로 못 그려도¹³³

　　　　　　　　다시 보니 새롭네
林壑在天星月下　숲과 골짜기는 하늘에 있고

　　　　　　　　달과 별은 아래에 있는데
死鷄捕鼠祭亡人　죽은 닭이 쥐를 잡아서 죽은 사람 제사하네

---

131 만덕과 통광 : 만덕전萬德殿, 통광루通光樓와 같은 건물이 석왕사에 있었던
　　　것으로 보인다.

132 돌사람 : 무심의 경지에 있는 작자 자신을 비유한 말이다.

133 범 그림 제대로 못 그려도 : 화호작묘아畵虎作猫兒, 즉 범을 그리다 고양이를
　　　그리고 말았다는 말이 있다. 여기서는 춘삼월 경치를 시로 읊은 것을 비유했다
　　　고 생각된다. 즉 눈앞에 펼쳐진 경치가 모두 본지풍광이 아님이 없는데, 그것을
　　　시로 표현한 것이 범을 그리려다 고양이를 그린 셈이란 뜻이다.

[19]

희천[134] 두첩사에 앉아서[坐熙川頭疊寺]

僧胡不住名山是　중이 어이 머물지 않는가 명산이 여긴데
谷谷烟霞轉轉浮　골짜기마다 연하烟霞가 뭉게뭉게 떠오르누나
靈鶴不來人易老　신령한 학은 오지 않고 사람은 쉬 늙으니
倚樓怊悵夕陽西　서글피 누각에 기대섰노라니 석양이 저무네

汲泉炊粟仍高枕　샘물 길어 조밥 지어 먹고 한가히 누웠으니
豊樂菴中一夜情　풍락암豊樂菴[135]에서 하룻밤을 정답게 보내노라
大道天眞忘語處　대도는 천진하여 언어를 잊은 곳에
山童時有爇香淸　산사의 동승이 때로 맑은 향을 피우누나

[20]

조사가 한 번 떠나다[祖師一去]

祖師一去無消息　조사가 한 번 떠나 소식이 없는데
空爲荒基枕石頭　속절없이 황량한 옛터에 주춧돌만 남았네
盡日徘徊還忘去　진종일 배회하며 돌아가길 잊고 있는데

134　희천熙川 : 평안북도의 군郡인데 지금은 자강도에 속한다.
135　풍락암豊樂菴 : 평안북도 희천군 동창면東倉面에 있던 암자.

萬林蟬語動高秋　초가을 매미 소리만 숲에서 요란하구나

[21]
호서의 길손[湖西客]

大士曦陽住此間　대사 희양께서 이곳에 주석하셨으니
生光百倍曦陽山　희양산이 백배가 더 빛이 나는구나
半千里外湖西客　5백 리 밖 호서에서 온 길손이
玉磬聽中輾偸閑　경쇠 소리 들으며 한가로운 시간 보낸다

오언율시五言律詩

—

[1]

운달산으로 가는 도중에 입으로 불러서 읊다[雲達山途中口號]

橫擔一筇竹	대지팡이 하나 어깨에 걸치고
濶步嶺湖中	영남과 호남 땅을 활보하노라
面前飛白月	얼굴 앞에는 밝은 달이 날고
袖裡捲長風	소매 속엔 긴 바람을 거둔다

日暖千郊稔	날이 따스하니 들판마다 곡식 익고
霜侵萬木紅	서리가 내리니 나무들은 단풍 들었네
獅王雖晦迹	사자 왕이 비록 자취를 감출지라도
衆獸豈能同	다른 짐승들이 어찌 같을 수 있으랴

[2]

범어사 보제루에서[題梵魚寺普濟樓]

神光豁如客	신령한 빛이 툭 트인 길손이
金井做淸遊	금정산에서 한가로이 노니노라
破袖藏天極	허름한 소매엔 하늘을 감추고
短筇擘地頭	짧은 지팡이는 땅을 쪼갠다

경허록 ●

孤雲生遠岫　　외로운 구름은 먼 산에서 일고

白鳥下長洲　　흰 새는 긴 물가에 내려앉누나

大塊誰非夢　　천지에 그 누가 꿈속의 사람 아니랴

憑欄謾自悠　　난간에 기대 하릴없이 유유자적하노라

육언절구六言絶句

—

정혜사 두견새[定慧寺杜鵑]

本太平天眞佛	본래 태평한 천진불이
月明中樹上啼	밝은 달빛 속 나무에서 우네
山空夜深人寂	공적한 산에 밤 깊고 인적은 고요한데
唯有爾聲東西	오직 네 소리만 동쪽 서쪽에서 들리누나

산구散句¹³⁶

─

波長白鳥支離去 　물결이 기니 백구가 지루하게 가고
霧罷靑山次第來 　안개가 걷히니 청산이 차례로 오는구나

長郊驟雨魚跳陸 　긴 들판에 소낙비가 내리니
　　　　　　　　　물고기가 뭍에 뛰어오르고
弊邑荒林鬼走城 　피폐한 고을의 황량한 숲에는
　　　　　　　　　귀신이 성으로 달려간다

碧海有聲龍去後 　푸른 바다에 소리가 있으니 용이 떠난 뒤이고
靑山無主鶴來前 　푸른 산에 주인 없으니 학이 오기 전일세

戲把乾坤挑日月 　장난삼아 건곤을 손에 잡고 일월을 던지며
生擒龍虎奮風雲 　용과 범을 산 채로 잡고
　　　　　　　　　바람과 구름을 일으키노라

136　　산구散句 : 압운押韻하지 않거나 대우對偶를 맞추지 않은 시구를 말한다.

전법게傳法偈
—

[1]

혜월에게 주다[137][與慧月]

了知一切法	일체의 법이
自性無所有	자성은 없음을 요달해 알지니
如是解法性	이와 같이 법성을 알면
卽見盧舍那	곧 노사나불을 보는 것이리

세제世諦를 의지하여 무문인을 거꾸로 제창하라.[138]

청산 발치 한 선실에서 이로써 도호塗糊하노라.

---

137 혜월에게 주다 : 『경허법어』(경허성우선사법어집간행회 편찬. 1981년)에 실려 있는 사
   진판에는 이 제목이 없는 것으로 보아 편자編者가 추가해 넣은 것으로 보인다.
   이 게송은 원래 『화엄경』 「승수미산정품昇須彌山頂品」에 있는 것이다. 또한
   신라 때 자장율사慈藏律師가 중국 오대산에서 기도하니 문수보살이 꿈속에
   나타나 일러 주었다는 게송이기도 하다. 따라서 이 게송을 전법게로 삼았다고
   보기는 어렵고, 오히려 "세제를 의지하여 무문인을 거꾸로 제창하라.[依世諦, 倒
   提唱無文印.]"에서 전법의 의미를 찾아야 할 것이다.

138 세제世諦를 의지하여~거꾸로 제창하라 : 세제는 속제俗諦와 같은 말이다. 『열
   반경』에서 "출세간의 사람이 아는 것을 제일제第一諦라 하고 세간의 사람이
   아는 것을 세제라 한다."라고 하였다. 즉 불법의 도리인 진제眞諦는 언어와 형
   상을 떠난 것이므로 사람들에게 가르칠 수 없다. 따라서 법을 펴려면 세속의 도
   리인 세제를 의지할 수밖에 없다. 이것이 거꾸로 무문인을 제창하는 것이다.

依世諦_{하여} 倒提唱無文印_{하라}

青山脚¹³⁹一關_에 以相塗糊_{하노라.}¹⁴⁰

임인년(1902) 음력 2월 하순[水虎仲春下澣日]에
경허가 혜월을 위하여[鏡虛爲慧月]

[2]

만공에게 주다[與滿空]

雲月溪山處處同	구름과 달, 시내와 산이 도처에 같음이
叟山禪子大家風	수산叟山 선자의 큰 가풍일세
慇懃分付無文印	은근히 무문인無文印을 주노니
一段機權活眼中	일단의 기봉과 권도를 활안 중에 있게 하라

---

139   청산 발치 : 원문 "青山脚"은 청산 발치, 즉 청산 아래이다. 『한산시寒山詩』에
서 "예로부터 많은 현인들이 모두 청산 아래 묻혀 있다.[自古多少賢, 盡在靑山脚.]"
라고 하였다.

140   이로써 도호塗糊하노라 : 원문의 "相塗糊"는 『대혜서장大慧書狀』「답양교수
答梁敎授」에 나오는 구절로, 양 교수가 법호를 지어 달라고 청하기에 쾌연거
사快然居士란 법호를 주면서 한 말이다. 여기서 도호塗糊는 호도糊塗와 같은
말로 상대방을 오염시킨다는 뜻이다. 즉 상대방의 청정한 법신에 무슨 법호를
덧붙이는 것이 상대방을 오염시키고 때를 묻히는 셈이 된다는 뜻이다. 여기서
는 혜월이란 법호를 써 줌을 의미한다.

경
허
록
하

영찬

影贊

대각등계 금봉당 상문의 진영 [大覺登階 金峰堂 尙文之眞]

【범어사 영각 안에 있다.】

—

金峰長老	금봉 장로여!
大願唯深	큰 원력이 깊으셨어라
扶護梵刹	사찰을 지키고 보호하였으니
供佛其心	부처님께 공양하는 게 그 마음이었네
依稀淸範	아련한 그 맑은 풍모여
傳神于中	이 진영 속에 정신이 전해지도다
死生無二	삶과 죽음이 둘이 아니니
一亘淸空	한 줄기 맑은 허공과 같아라
忽悟卽是	문득 깨달으면 바로 이것이라
物物頭頭	두두물물이 이것 아님이 없나니

靑山日晚   청산에 날이 저무는데

碧海長洲   푸른 바다 긴 물가로다

경허록   ●

동곡당 대선사의 진영[東谷堂大禪師之眞]
【범어사 영각 안에 있다.】

—

뜻을 얻으면 거리의 쓸데없는 얘기도 늘 정법을 굴리는 것이요, 말에서 잃으면 용궁의 장경도 한바탕 잠꼬대일 뿐이다. 비록 이와 같으나 비단옷을 입는 게 영화로우나 도인은 귀하게 여기지 않는다. 그렇다면 필경 그 뜻은 어떠한가? 원앙새 수놓은 곳은 보여 주어도 되지만 금침을 남에게 주지는 말라. 동곡 장로여, 이唉![1] 구름을 어루만지고 세제世諦를 지은들 어떠리.[2] 다음과 같이 게송을 붙이노라.

得其旨也. 街中閑談. 常轉正法; 失於言也. 龍宮寶詮. 一場寐語.
雖然如是. 衣錦雖榮. 道人不貴. 然則指歸如何? 任看繡出鴛鴦.
莫把金針與人. 東谷長老也. 唉! 而不妨按雲頭做世諦. 偈云:

---

1   이唉 : 선가禪家에서 꾸짖을 때 내는 큰소리로 할喝과 같이 쓰인다.

2   구름을 어루만지고~지은들 어떠리 : 구름을 어루만진다는 것은 속세를 떠난 높은 곳에 있음을 뜻한다. 세제世諦는 속제俗諦와 같은 말이다. 『열반경』에서 "출세간의 사람이 아는 것을 제일제第一諦라 하고, 세간의 사람이 아는 것을 세제라 한다."라고 하였다. 즉 동곡당이 입적하여 진제眞諦인 진여자성眞如自性으로 돌아가 있는데, 진여자성을 여의지 않고 세속에 돌아와 노닐라는 뜻으로 말한 듯하다.

奉佛護法	부처님을 받들고 불법을 보호하여
維德孔揚	덕화를 크게 떨치었어라
性相常住	성상性相은 상주불멸하니
萬古神光	만고에 신령한 광휘 빛나도다
月白川印	밝은 달은 시냇물에 비치고
花發春風	꽃은 봄바람에 피었어라
一幅寫照	한 폭 진영을
高掛雲堂	전각에 높이 거니
惟卓其道	우뚝한 화상의 도여!
山高水長	산은 높고 물은 길도다³

---

3   산은 높고 물은 길도다 : 동곡당의 유풍遺風이 산과 강물처럼 유구하리라는 뜻
     이다. 송宋나라 때 범중엄范仲淹이 목주睦州 자사刺史로 부임하여 후한後漢
     광무제光武帝 때의 고사高士인 엄광嚴光의 사당을 짓고 지은 기문인 「엄선생
     사당기嚴先生祠堂記」에 "선생의 유풍이여! 산은 높고 물은 길도다.[先生之風,
     山高水長.]"라고 한 것을 차용한 것이다. 『고문진보후집古文眞寶後集』 6권.

금우 화상 영찬錦雨和尙影贊

—

虎隱之父	호은의 은사요
華雲之子	화운의 제자라
能文而賢	문장에 능하고 어질었으니
有德之士	덕이 있는 스님이로다
非佛之言	부처님의 말씀이 아니면
不敢諟	감히 옳다고 말하지 않고
非佛之心	부처님의 마음이 아니면
不敢理	감히 수행하지 않았도다
智者之知物無己	지혜로운 이는 만물에 자기가 없음을 아나니
無己之己無終始	자기가 없는 자기는 처음도 끝도 없어라
肅寫傳神	엄숙히 그 풍모를 그려서
永留千禩	천추에 길이 봉안하노니
稽首焚香	머리를 조아리고 향을 사르고서
敬贊其美	훌륭한 도덕을 공경히 찬탄한다오

인봉 화상 영찬茵峰和尙影贊

—

豊厚其貌	그 모습은 풍후하였고
其心則賢	그 마음은 어질었어라
一念之中	일념으로 염불하는 가운데
佛覺如絃	깨달음이 활줄 같았으며⁴
常誦貝葉	불경을 늘 읽어서
做道又玄	도를 닦음이 또 현묘하였어라
眞儀儼爾	엄연한 진영을
中堂高懸	전각에 높이 걸어 놓으니
生佛不二	중생과 부처가 둘이 아니라
凝然一圈	그대로 하나가 되었도다
景慕深贊	경모하고 깊이 찬탄하며
拜手擎卷	머리를 조아려 예배합니다

---

4   일념으로~활줄 같았으며 : 염불하여 마음을 깨달았음을 뜻한다. 『선가귀감禪
      家龜鑑』에 "모든 부처님은 활과 같이 말했고, 조사는 활줄과 같이 말했다.[諸佛
      說弓, 祖師說絃.]"라고 하였다.

대연 화상 영찬大淵和尙影贊

—

居龍門 大淵長老　　　　　용문사에 주석한 대연 장로는

講貝葉 大振玄風　　　　　불경을 강론하여

　　　　　　　　　　　　현풍을 크게 떨쳤어라

歸寂後 門徒虎隱上座　　　입적하신 뒤에 그 문도인 호은 상좌가

報其教 投納亨需　　　　　가르쳐 준 은혜에 보답하고자

　　　　　　　　　　　　정성으로 물자를 바쳐

設影幀于伽倻海印之中　　가야산 해인사에 영탱을 봉안하였으니

長老之德 固是巍巍　　　　장로의 덕은 진실로 높고 크거니와

虎隱之報 尤爲希有　　　　호은의 보답은 더욱 희유한 일이라

以有差別 入不二門　　　　차별이 있음으로 불이문에 들어갔으니

箇是彌勒樓閣極樂欄軒　　이는 미륵의 누각이요

　　　　　　　　　　　　극락의 헌함軒檻이로다

귀암 화상 영찬歸庵和尙影贊

—

襄公問黃檗老	배공이 황벽 스님에게 묻기를
高僧眞儀在此	"고승의 진영은 여기 있는데
高僧安在	고승은 어디 계시오?"라고 하니
老人召公 公諾	황벽이 공을 부르거늘 공이 대답하니
老云卽今在甚麼處	노인이 "지금 어디에 있는가?"
	라고 하였다
此是古人底	이것은 고인의 것인데
如今看來 却不恁麼	지금 보건대 도리어 그렇지 않다
歸庵老師 平居護佛法僧	귀암 노사는 평소에 불법승 삼보를
	보호하여
至心無二	지극한 마음 한결같았네
其心淸 其貌古	그 마음은 맑았고
	그 모습은 고인古人의 풍모라
一幅寫照 這○是	한 폭의 진영은 바로 ○ 이것이라
不必更問在甚麼處	굳이 어디에 있는지 물을 것 없으니
無第二人	둘째 사람은 있지 않느니라

고암 화상 영찬古庵和尙影贊

―

高提祖令	조사의 정령正令5을 높이 제창하니
星北水東	모든 별은 북으로 향하고 모든 물은 동으로 흘렀지6
物無是非	사물에 옳다 그르다 함이 없었으니
非私非公	사사로움도 아니요 공정함도 아니로세
六度心化	육바라밀 마음으로 교화하였으니
大冶其功	크게 중생 도야陶冶한 게 공덕이요
勞生而息	수고로운 삶을 이제 쉬고
歸元玄功	근원으로 돌아갔으니 현묘한 공행功行이로다

5 　정령正令 : 원래는 국가의 바른 법령이란 말인데, 불조佛祖의 바른 가르침을
　　비유한다. 대개 선가禪家에서 방棒, 할喝이나 정전백수자庭前柏樹子, 무자無
　　字 등과 같이 조사서래의祖師西來意를 곧바로 가리켜 보이는 법문을 뜻하는
　　말로 쓰인다.

6 　모든 별은~동으로 흘렀지 : 하늘의 모든 별들은 북극성을 향하고, 중국에서 모
　　든 물은 동쪽으로 흘러 바다로 가듯이, 승가에서 모든 사람들이 고암 화상을 태
　　산북두처럼 우러러 존경했다는 뜻이다.

용은당 화상 진영찬龍隱堂和尙眞影贊

一

性行正大	성품과 행실이 바르고 크니
道何外求	도를 어찌 밖에서 구하리오
師之來也	대사께서 오심이여
龍兆夢幽	꿈속에 붉은 용이 왔고
師之去也	대사께서 가심이여
聖示接遊	불보살이 와서 영접하였네
祝君護佛	임금 위해 축원하고 불법을 수호했으니
誠丹意流	오로지 일편단심이었어라
夙欽山斗	일찍이 태산처럼 흠모했었는데
更感壑舟	이제는 다시 학주壑舟[7]에 슬퍼하노라
敬讚寫照	삼가 진영에 찬을 올리오니
永祀千秋	천추에 길이 흠향하소서

---

7 학주壑舟 : 육신의 덧없는 죽음을 뜻한다. 『장자莊子』 「대종사大宗師」에서
"골짜기에 배를 숨기고 못 속에 산을 숨겨 놓고 견고하다고 여기지만 그러나 밤
중에 힘이 센 사람이 지고 가는데도 어리석은 사람은 모른다.[夫藏舟於壑, 藏山於
澤, 謂之固矣, 然而夜半有力者負之而走, 昧者不知也.]"라고 한 데서 온 말이다.

문

文

화엄사 상원암에 다시 선실을 설치하고
완전한 규례를 정하는 글
[華嚴寺上院庵復設禪室定完規文]

一

대저 선禪은 그 이치가 직절直截하고 고원하여 삼승三乘을 훌쩍 벗
어났다. 그러므로 선을 배우는 이가 본지풍광을 깨달아 사무치면
옛 부처님과 어깨를 나란히 하니, 그 법이 요묘要妙하기가 이보다
더한 것이 어디 있으리오. 그러므로 달마 대사가 중국 땅에 들어온
이래 우리 동토에 이르러서도 그 법을 얻어 곧바로 불지佛地에 오
른 이들이 한량없이 많았다.

　그런데 근세에 이르러 그 도가 없어져서 세상에 전해지지 않
았고, 설령 그 도를 공부하는 이가 있다 하더라도 애초에 참구하
는 방법을 결택하는 데 힘쓰지 않아 마침내 혼침과 도거掉擧(산란한

마음) 속에 빠져서 한평생을 보내고 조금도 그 이치를 엿보지 못한다. 그러므로 다른 행업行業을 하는 이들이나 그들을 외호하는 이들은 옳고 그름을 가리지 않고 참선하는 사람을 보면 으레 비탄하니, 슬프다! 구제할 수 없도다.

이 난야는 처음 화엄사를 창건할 때부터 이미 선실禪室이 있었는데, 터가 신령한 승지勝地라 이곳에서 수행하여 도를 얻은 이가 많았다. 그런데 중간에 선방 운영을 그만두고 만 것은 시운이 좋지 못했기 때문만은 아니었고, 교화를 주도할 사람이 없었기 때문이었다.

광무光武 4년(1900) 늦은 봄에 청하淸霞 장로가 이 암자에 와서 주석하면서 선회禪會를 열었으니, 장로의 청정한 도심과 광대한 원력으로 산중의 스님들과 의논하여 결정해 성취한 일이었다. 그렇지만 훗날 이 암자의 주지로 오는 이들이 불법을 펴는 일의 중대함과 고인이 이 암자를 창시한 본뜻에 따라 지금 장로처럼 선회를 다시 연 간절한 뜻을 생각하지 않고, 혹 사욕을 따르고 혹 일시적인 편의에 따라 선실을 폐지하여 선객을 받아들이지 않았으니, 이는 부처님 종자를 끊는 사람이요, 반야를 비방하는 사람이다. 인과가 분명하니 두려워하지 않아서야 되겠는가!

유가 경전에서 "너는 그 양을 아끼느냐? 나는 그 예禮를 아끼노라."[8]고 하였다. 경에서는 "한 생각 맑은 마음이 항하사와 같이

---

8   너는 그 양을~예禮를 아끼노라 : 본질을 지키기 위해서는 형식도 중요하다는

많은 보배를 조성하는 것보다 낫다."라고 하였고, 또 "최상승 법문을 듣고 비방하여 삼악도에 떨어지는 것이 항하사와 같이 많은 부처님께 공양하는 것보다 낫다."라고 하였으며, 또 고인이 "듣고 믿지 않더라도 오히려 성불할 종자를 심는 것이며, 배워서 이루지 못하더라도 오히려 인천人天의 복을 덮는다."라고 하였으니, 일체 도법道法 중에서 반야의 힘이 수승하기 때문이다.

이를 통해서 본다면 참선하는 사람이 비록 혼침과 도거에 빠져서 도를 얻지 못할지라도 도업을 성취한 삼승의 학인보다 낫다. 원컨대 후세에 이 암자의 주지가 된 이는 이 글을 반복해 읽어 보고 선회를 이어 가도록 해야 할 것이다. 대저 불자로서 부처님 교화를 펴는 데 힘쓰지 않고 자기 마음대로 수승한 선회를 폐지한다면 천지신명이 알게 모르게 벌을 내릴 것이니, 두렵지 않겠는가. 이와 같이 두려운 일이 있는데도 척연惕然한 마음으로 이 말을 준봉遵奉하지 않는 자는 그만이니, 나도 어찌할 수 없다.

광무 4년 경자년(1900) 섣달 상순에
호서 승려 경허는 삼가 쓰노라.

뜻이다. 춘추 시대 노魯나라에는 매월 초하루에 양을 잡아 조묘祖廟에 고하는 곡삭告朔이란 예가 있었다. 문공文公 때부터는 조묘에 고하는 예는 없어졌는데 여전히 양만 희생으로 잡으니, 공자의 제자 자공子貢이 이를 그만두게 하고자 하였다. 이에 공자가 "자공아! 너는 그 양을 아끼느냐? 나는 그 예를 아낀다.[賜也. 爾愛其羊? 我愛其禮.]"라고 하였다. 『논어』 「팔일八佾」.

夫禪者.其理直截高遠.迥出三乘.故學禪者.悟徹本地風光.則
與古佛齊肩.其法之要妙也.孰過於是?故達磨大士.入唐土以
來.至于我東土.得其道.徑登佛地者.其數無限.至於近世.其道
廢而不傳.設有發跡者.初不務決擇其叅究法.竟渾沌於昏掉
之中.過了一生.而未能小分覰得其理.故凡他行業者.或外護
者.不擇善否.例皆悲嘆.嗚呼!不可以救得也.此蘭若創始華嚴
時.早爲禪室.其地靈勝.故得道者亦多.而中間廢絶其業者.非
特運之否泰也.亦未有主化之人也.光武四年暮春.淸霞長老來
住.設禪會于此.以丈老之淸淨道心·廣大願力.定議於山中僉
員而完就者也.而第恐後之住持于此庵者.不念佛化之關重·古
人創始之本懷·今丈老復設之勤懇.或從其私欲.或循其便宜.
癈乎禪室.不承接其禪者.此是斷佛種人.謗般若人.因果歷然.
可不畏哉!儒典云:"爾愛其羊.我愛其禮." 經云:"一念淨心.勝
造恒沙寶塔." 又云:"聞最上乘誹謗.墮三惡道者.勝於供養恒
沙佛者." 又古人云:"聞而不信.尙結佛種之因;學而未成.猶盖
人天之福." 以於一切道法.般若力爲勝故也.由此觀之.禪人雖
沉綿昏掉而未得意者.猶勝於三乘學人善成就道業者也.願諸
後之住持斯庵者.三復斯文.繼揚禪化.可也.夫爲佛子而不務
行乎佛化.擅用其私.癈其勝會.自有天地神祇之冥誅顯罰.可
不懼哉!夫有如是之可懼也.而不惕然遵奉者.已矣.吾末如之
何也已矣.

光武四年庚子臘月上澣.湖西歸釋鏡虛謹識.

경허록 ●

함께 정혜를 닦아 함께 도솔천에 나서
함께 불과를 이루는 계사를 결성하는 글
[結同修定慧同生兜率同成佛果稧社文]
一

『화엄경』에서 "응당 법계의 성품을 보라."고 하였고, 『법화경』에서 "항상 스스로 적멸한 상相"이라 하였으니, 그 적멸한 상과 법계의 성품이 어찌 중생이 견문각지見聞覺知하는 그 성품이 아니겠는가. 『금강경』에서 "무릇 형상이 있는 것은 모두 허망하다."라고 하였고, 『열반경』에서 "모든 것이 무상하니, 이는 생멸하는 법이다."라고 하였으니, 중생의 육신과 세계 및 선악善惡, 부동不動 등의 행업行業이 어찌 그것이 아니겠는가. 이러한 경의 게송들은 우리 불문에서는 삼척동자와 죽반사미粥飯沙彌[9]도 익히 보고 들어 알고 있는 것들이지만, 비록 오랫동안 경을 외고 참선과 염불을 한 석덕碩德들도 대개 그 뜻을 조금도 알지 못한 채 대수롭지 않게 여겨 지나쳐 버리고, 이것이 무슨 도리인지 생각해 보지도 않는다. 하물며 반조返照하여 그 뜻을 알고 깨달아 수행하는 이가 있겠는가.

슬프다! 이 몸은 물거품처럼 덧없으며 육신은 달리는 말처럼 멈추지 않고 늙어 가니, 풀잎에 맺힌 이슬처럼 잠깐 머물고 바람 앞의 등불처럼 빨리 사라진다. 게다가 몸속에는 온갖 진물과 고름

---

9   죽반사미粥飯沙彌: 죽반승粥飯僧과 같은 말로, 죽과 밥만 먹을 줄 알지 아무것도 모르는 승려를 뜻한다.

이 들어 있어 아홉 구멍으로는 더러운 물을 흘려 내니, 그 추악하고 무상하기가 이와 같이 두렵고 가증스럽다. 그런데도 무명의 짐주鴆酒에 취하고 식경識境[10]의 풍파에 흔들려 자기도 모르는 사이에 온갖 정신을 다 써서 오랜 겁 동안의 허물을 짓고 있으면서도 끝내 알아차리지 못하니, 슬프다!

우리 석가모니 부처님께서 이를 불쌍히 여겨 신통과 지혜의 힘을 써서 삼승교三乘敎의 그물을 펼쳐서 인천人天이란 물고기를 건져 올리고, 최후에는 정법안장·열반묘심을 가섭 존자에게 부촉하여 대대로 전수하여 달마 조사에 이르러 중국 땅에 와서 중생을 교화하여 선풍禪風을 크게 떨쳤다. "문자를 세우지 않고 곧바로 사람의 마음을 가리켜 견성성불하게 한다."라고 한 것은 도의 강령을 보여 준 것이요, "밖으로는 모든 반연을 쉬고, 안으로는 마음에 헐떡임이 없어야 하니, 마음이 장벽과 같아야 도에 들어갈 수 있다."라고 한 것은 도의 직절함을 보여 준 것이요, "마음을 관觀하는 한 가지 법이 모든 수행을 총섭摠攝한다."라고 한 것은 도의 본체를 보여 준 것이요, "넓을 때는 법계를 두루 덮고 좁을 때는 침도 받아들일 수 없다."라고 한 것은 도의 대용大用을 보여 준 것이요, "세 번 절하고 제자리에 서자 골수를 얻었다고 인가하였다."[11]라고

---

10 식경識境 : 육식六識과 육경六境의 준말로 마음과 대상을 뜻한다.

11 세 번 절하고~얻었다고 인가하였다 : 달마가 혜가慧可를 인가할 때의 이야기이다. 달마가 입적할 때 제자들에게 각자의 경지를 말하게 했는데, 혜가가 아무 말도 하지 않고 곧바로 세 번 절하고 제자리로 돌아가 서니, 달마가 "너는 나의 골

한 것은 도의 연원을 보여 준 것이다. 이밖에 불조의 백천 가지 방편들이 모두 말세의 중생들에게 자상하게 일러 지도해 준 수행의 바른길이다.

혹자는 "영산회상에서 부처님께서 꽃을 들자 백만 대중은 모두 알지 못하고 오직 가섭 존자 한 사람만이 알아차리고 미소 지었습니다. 말세 중생들이 근기가 하열한 것을 헤아리지 못하고 모두가 조사의 선禪을 참구한다고 하니, 어찌 성공할 리가 있겠습니까?"라고 하는데, 이러한 사설邪說은 일일이 들어서 말할 수도 없다. 이는 본래 지혜의 눈이 없는 데다 명안종사明眼宗師를 찾아가 묻지 않아서 이와 같이 식견이 거칠게 된 것이니, 이상할 것도 없다. 그러나 이와 같이 생각해 버리고 자기 잘못을 반성하지 않는다면, 스스로 자기 앞길을 그르칠 뿐만 아니라 다른 사람들의 눈도 멀게 할 것이다. 이 물음에 답변해 보겠다.

부처님이 전법하실 때 제자들은 모두 불보살이 응화應化해 다시 태어나신 분들로 가섭·아난과 같은 이들이 무수히 많았으니, 어찌 이 도를 알 수 있는 근기가 없었겠는가. 한 사람에게만 법을 전한 것은 부처님이 입멸한 뒤에 한 사람을 들어서 일대교주一代敎主로 삼으려 한 것이니, 이는 하늘에는 두 해가 없고 나라에는 두 왕이 없는 것과 같다. 그밖에 도를 얻은 이들이 없다는 말은 아니다. 따라서 서천의 조사들로부터 중국의 성현들에 이르기까지 모

수를 얻었다." 하고는 혜가를 인가하였다 한다. 『불조역대통재佛祖歷代通載』.

두 마찬가지이다.

그러므로 우바국다 존자優婆毱多尊者는 사람을 득도하게 할 때마다 산가지[籌] 하나씩 넣은 것이 30척 넓이의 석실에 가득 찼다고 하며, 마조馬祖 아래에서는 88명의 종사가 나왔다. 그 이후에도 1천5백 명의 선지식들이 동시에 도량에 앉아서 마침내 다섯 종파로 나뉘었으니, 한 선지식 아래에서 도를 이룬 이가 많게는 1천1백 명이고, 적어도 열 명을 밑돌지 않았다.

만약 백만 대중은 모두 알지 못하고 가섭 존자만 알고 미소 지었다는 그릇된 소견을 고집하여 말세 사람들이 조사의 선을 참구하는 것은 분수에 넘치는 일이라고 헐뜯는다면, 위에서 말한 종사들이 허다한 사람들을 교화한 것들은 모두 잘못 전수한 것이란 말인가. 아니면 모두 근거 없는 허망한 설을 날조하여 전수한 것이란 말인가.

이러한 사적들은 분명하게 서책에 기록되어 있으니 속일 수가 없다. 그렇지 않다면 말세에 도를 얻은 이는 많은데 영산회상에서는 한 사람에게만 도를 전수했다면, 어찌 말세 사람들의 근기가 영산회상 대중들보다 나아서 그러했던 것인가? 이럴 리는 만무하다. 그런데 오직 가섭 존자에게만 도를 전수한 것은 무슨 까닭인가? 그대의 소견대로라면 오직 가섭 존자뿐이고 다른 사람은 도를 전수할 만한 사람이 없어서 그렇게 했던 것인가? 만약 그렇다면 불행히 가섭 존자 한 사람이 없었다면 정법안장을 전수하지 못하고 말았을 것인가?

또 만약 말세 사람의 깨달은 바가 영산회상에서 부촉한 바에 미치지 못한다고 헐뜯는다면 이는 더욱 옳지 못하다. 세상에 어찌 천생미륵天生彌勒과 자연석가自然釋迦가 있겠는가. 조사들이 사람들에게 마음을 밝혀 견성하게 했다는 말은 들었지만 말세 사람들이 정혜를 학습하지 못하게 했다는 것은 보지 못했으니, 아무리 억지로 따져 보아도 말이 안 된다. 그러므로 "한 사람에게만 법을 전한 것은 부처님이 입멸한 뒤에 한 사람을 들어서 일대교주로 삼으려 한 것이니, 이는 하늘에는 두 해가 없고 나라에는 두 왕이 없는 것과 같다. 그밖에 도를 얻은 이들이 없다는 말은 아니다."라고 하는 것이니, 만약 그러한 견해를 가지고 있다면 이제부터 고쳐라.

세존께서 "법을 의지하고 사람을 의지하지 말며, 요의了義에 의지하고 불요의不了義에 의지하지 말라."고 하셨다. 이제 『화엄경』·『법화경』·『능엄경』·『원각경』·『유마경』·『열반경』 등 대승경전과 마명·용수·무착·천친 등의 대승론과 『전등록』·『종경록』·『선문염송』 등 선문의 어록들을 보면, 어느 곳에 말세의 중생이 진정한 도를 참구하는 것을 허락하지 않는다고 한 대목이 있는가? 허락하지 않는 것이 아닐 뿐 아니라 간절한 정성으로 특별히 알아듣게 일러 주고 장려하여 이 도에 들어가지 못할까 오로지 걱정하였다. 이는 우리들이 평소에 늘 말하고 들어온 것이니, 어찌 한마디 말, 한 글자인들 속일 수 있겠는가.

슬프다! 정법은 침체하고 사도邪道는 치성하니, "한 잔의 물로 한 수레의 땔나무에 붙은 불을 끄는 격"이라는 탄식이 청허淸虛 노사의 교화가 융성하던 때에 있었거늘, 오늘날이야 말할 나위 있겠는가.

대저 착한 생각은 인간과 천상을 이루고, 악한 생각은 아귀와 지옥을 나타내는데, 이 조사 문하의 활구법문은 곧바로 고불미생전古佛未生前 소식을 보아서 대적광도량大寂光道場에 안신입명하게 한다. 그렇게 되면 삼라만상 모든 사물이 청정한 불국토 아님이 없어 모두 해인삼매海印三昧이다. 근기가 뛰어난 이가 있으면 단번에 이 경지에 뛰어들어 가 중요한 나루를 장악하여 나라를 안정시킬 것이니, 어찌 다른 것이 있겠는가. 그러나 근기가 낮은 이는 이 공부를 단번에 성취하지 못한다.

그러므로 고인이 "죽순은 필경 대나무가 되지만 지금 죽순으로 뗏목을 만들면 사용할 수 있겠는가?"라고 하였으니, 즉 근기가 하열한 자는 오랫동안 닦아야 필경에 도를 깨달을 수 있다. 그러므로 대혜大慧 스님은 "일구월심 화두를 들면 자연 축착합착築着闍着12할 것이다."라고 하였으며, 조주趙州 스님은 "너희들이 20년, 30년 동안 총림을 떠나지 않고 진실하게 참구하여 만약 이 도를 알지 못한다면 노승의 머리를 베어 가라."고 하였다. 고인들의 이와 같은 가르침이 어찌 거짓말로 후생들을 유혹한 것이겠는가.

미혹한 이들이 이 이치를 알지 못하여 조사스님들의 법문을

---

12   축착합착築着闍着 : 성을 쌓을 때 쌓아올리는 돌들이 딱딱 들어맞고 맷돌의 위쪽과 아래쪽이 서로 빈틈없이 들어맞는다는 말로, 화두를 참구하다가 본분本分 도리에 계합함을 형용한 말이다.

들으면 성인의 경지라고 미루어 높이고, 단지 유위법有爲法인 사상事相에 힘써서 입으로 경을 외고 손으로 염주를 쥐기도 하고, 절을 짓고 불상을 조성하여 공덕과 보리를 바라기도 하니, 잘못되었도다! 도와는 거리가 멀다. 그러므로 양무제梁武帝가 불상과 탑을 조성하고 재齋를 베풀고 승려를 득도시키는 등 한량없는 불사를 했는데도, 달마 대사는 "조금도 공덕이 없다."라고 하였다. 또 육조 대사는 "미혹한 이들은 복만 닦고 도는 닦지 않으면서 복을 닦는 것이 바로 도라고 말한다."라고 하였고, 영가永嘉 스님은 "상相에 머무는 보시는 천상에 태어나는 복을 짓지만 허공을 우러러 화살을 쏘는 것과 같으니, 힘이 다하면 화살이 도로 떨어져 내생에는 뜻대로 안 되게 되리라."[13]고 하였고, 또 규봉圭峯 선사는 "글자를 알고 경을 보아도 원래 증오證悟하지 못하며, 글 뜻을 아무리 잘 알아도 오직 탐진치 사견邪見만 치성하게 할 뿐이다."라고 하였고, 또 홍인弘忍 대사는 "본래의 참된 마음을 지키는 것이 시방세계의 부처님을 생각하는 것보다 낫다."라고 하였으니, 이와 같은 말들은 모두 정혜定慧의 근본을 알지 못하고 잘못 수행하는 것을 꾸짖은 말이다.

대저 중생이 삼계에 빠져 사는 것은 갓난아이가 물과 불 속에 들어가는 것보다 더 참혹하며, 제불이 대자비로 중생을 구제하는

---

13   상相에 머무는~안 되게 되리라 : 당나라 영가현각永嘉玄覺의 『증도가證道 歌』에 보인다.

것은 어머니가 갓난아이를 불쌍히 여기는 것보다 더 간절하다. 그러므로 석가세존은 "모든 중생들을 라후라羅睺羅[14]와 똑같이 본다."라고 하였다. 그런데도 우리가 단번에 불지佛地에 오르지 못하는 것은 어찌 부처님이 자비가 없어서 그러한 것이겠는가. 그렇지 않다.

부처님 회상에서 아나율 존자阿那律尊者는 지나치게 잠을 많이 자다가 부처님의 꾸지람을 받고 이레 동안 잠을 자지 않고 애써 정진하여 천안통을 얻었으나 눈이 멀고 말았으며, 아난 존자는 가섭 존자의 꾸지람을 받고 비사리毘舍離에 머물며 홀로 정진하여 몸과 마음이 극도로 피곤해진 뒤에 아라한과를 얻었다. 만약 부처님의 신통력이 마치 입을 억지로 벌려 약을 부어 넣어 병을 낫게 하듯이 억지로 중생들로 하여금 도를 얻게 할 수 있다면, 이 두 존자들이 어찌 몸과 마음이 극도로 지치도록 애써 정진하여 눈이 먼 뒤에 천안통을 얻고 성과聖果를 얻을 필요가 있었겠는가. 그러한즉 부처님의 가르침을 빌려서 스스로 깨닫고 스스로 수행하는 것이 중요하지 않겠는가.

그러므로 스스로 깨닫고 스스로 수행하고자 한다면 가르침을 빌리지 않아서는 안 되니, 싹이 나고 자랄 때에는 실로 물과 흙의 힘을 빌리고, 보배 구슬이 어두운 방에 있을 때에는 반드시 등잔 불빛을 빌려야 빛나는 것과 같다.

14   라후라羅睺羅 : 석가의 아들로 출가하여 석가의 제자가 되었다.

경론經論들 중에 급히 선지식을 찾아가 도업道業을 결택하라는 분명한 가르침이 남아 있다. 비유하자면 절과 도살장 곁에 있는 것은 같은 코끼리인데 선하고 악함이 때에 따라 다르고, 향초와 생선을 싼 종이를 잡은 것은 한 사람인데 비린내와 향기가 때에 따라서 바뀌는 것과 같다.[15] 그러므로 고인이 "어진 이를 어진 이로 대우하되 여색을 좋아하는 마음을 바꾸어서 하라."[16]고 하였고, 고덕古德이 "착한 벗을 받들어 섬기되 신명身命을 아끼지 말라."고 하였으니 어찌 저처럼 중요시하고 이처럼 가볍게 여길 수 있겠는가.

내가 지난 기묘년(1879) 겨울, 계룡산 동학사 조실에서 조사선의 활구를 참구하여 홀연 깨달은 곳이 있었다. 그래서 동지들과 함께 공부하고 싶은 마음이 있었으나 당시 숙질夙疾이 낫지 않았고 심지心志도 하열하여 한가로이 지내면서 어촌과 주막을 돌아다니거나 그윽한 시내와 숲속에서 쉬기도 하면서 유유자적 스스로 모든 것을 잊고 살아왔다. 그 후로 전쟁이 이어져 세상은 어지럽고 위태한지라 몸을 숨기기에 여념이 없었는데, 어찌 다른 일을 생각할 수 있었겠는가.

그럭저럭 세월이 흘러 성상星霜이 여러 번 바뀌어 어언 20년이 지났다. 막대한 부처님 은혜를 스스로 생각하여 진찰塵刹의 만분의 일이라도 받들고자 하여 주장자를 어깨에 걸치고 합천 해인

---

15   절과 도살장~것과 같다 : 『비유경』에 나온다.
16   어진 이를~바꾸어서 하라 : 공자의 말로 『논어』 「학이學而」에 보인다.

사로 갔다. 때마침 수선사修禪社 선방을 신축하였기에 선덕禪德들과 함께 동안거를 나면서 황양목선黃楊木禪[17]을 하고 있었다. 하루는 화롯가에 단란히 모여 앉아서 얘기하다가 고인들이 결사結社하여 도를 닦았던 일에 말이 미치니, 그 자리의 스님들이 모두 잊었던 일이 문득 다시 생각난 듯, 원력과 믿음이 물이 용솟음치고 산이 솟아오르는 듯이 일어나 우리가 서로 만난 것이 늦음을 한탄하였다. 즉시 결사동맹結社同盟하기로 의논하고 나를 맹주로 추대하였다. 나는 지난날 막대한 부처님 은혜를 갚고자 했던 때를 생각하여, 나의 재주는 용렬하고 행실은 검속檢束이 없고 도는 부족함을 돌아보지 않고서, 한마디도 사양하지 않고 곧바로 허락하였다.

우리가 동맹한 약속은 무엇인가? 다 함께 정혜를 닦아 함께 도솔천에 나서 세세생생 함께 도반이 되어 구경에 정각正覺을 이루되, 만약 도력을 먼저 성취하는 이가 있으면 맹세코 아직 도력이 부족한 사람을 이끌어서 맹약을 어기지 않는다는 것이다. 만약 같은 생각, 같은 수행을 하려는 사람이 있으면 승속, 남녀, 노소, 현우賢愚, 귀천을 따지지 않고, 또한 친소親疏와 이합離合, 원근과 선후를 따지지 않고 모두 입참入參하도록 허락하였다.

그 까닭은 사람마다 모두 한량없는 보배 창고를 갖고 있어 부처님과 다름이 없는데, 단지 오랜 겁 동안 좋은 벗의 가르침을 만

---

17   황양목선黃楊木禪 : 황양목은 좀처럼 자라지 않는 나무로 윤달을 만나면 오히려 줄어든다고 한다. 즉 좀처럼 진보가 없는 선을 형용한 말로, 여기서는 자기의 참선을 검사로 말한 것이다.

나지 못하여 삼계를 기어다니고 사생四生에 빠져 헤매는 것이 연야달다演若達多가 머리를 잃고[18] 궁한 아들이 고향을 떠난[19] 것과 같을 뿐만이 아니다. 그리하여 윤회하여 떠다니며 온갖 고생을 다 겪고 심지어 하루 밤낮에 만 번 죽고 살기도 하니, 이를 생각할 때마다 오장이 찢어지는 듯 마음이 아파서 나도 모르게 길고 짧은 탄식을 하니, 어찌 다반사로 여겨 벗어날 길을 찾지 않을 수 있겠는가. 이와 같은 실정을 상세히 알아서 다 같이 수역壽域[20]과 낙토樂土에 가고자 함께 발원하는 것이다.

또 고인이 "취향이 다르면 얼굴을 마주 보면서도 초楚나라와 월越나라처럼 아득히 멀고, 도가 서로 맞으면 하늘과 땅처럼 멀어도 함께 있는 것과 같다."라고 하였다. 함께 있기 때문에 만상萬象이 비록 펼쳐져 있어도 공성空性이 이지러짐이 없고, 모든 물이 다

---

18 연야달다演若達多가 머리를 잃고 : 『수능엄경』 4권에 나오는 비유이다. 부처님께서 부루나에게 말씀하시기를, "실라벌성의 연야달다가 새벽에 문득 거울을 보다가 거울 속의 머리는 미목眉目이 보기 좋은데 자기 머리에는 없음을 자책하여 도깨비가 되어 무단히 미쳐 날뛰었으니, 어떻게 생각하느냐?"라고 하자, 부루나가 "이 사람은 마음이 미친 것이지 다른 이유는 없습니다."라고 하였다.

19 궁한 아들이 고향을 떠난 : 『법화경』에 나오는 비유이다.

20 수역壽域 : 인수지역仁壽之域의 준말로 본래 태평성대를 뜻하는 말인데, 여기서는 도솔천이나 극락정토와 같은 곳을 뜻한다. 인수는 『논어』 「옹야雍也」의 "인자는 장수한다.[仁者壽.]"라는 대목에서 온 말이다. 『한서漢書』 22권 「예악지禮樂志」에서 "구례舊禮를 찬술하고 왕제王制를 밝혀서 온 세상의 백성들을 이끌어 인수의 지역에 오르게 하면, 풍속이 어찌 주나라 성왕成王과 강왕康王 때 태평 시절과 같지 않겠으며, 수명이 어찌 은나라 고종高宗 때와 같지 않겠습니까."라고 하였다.

같이 흘러가도 바닷물은 더 불어나지 않는 것이니, 부디 용맹한 마음을 일으켜 허망하고 무상한 업행業行을 환히 비추어 알고, 적멸세계의 성지性地를 깨달아 닦으며, 견해로 아는 알음알이를 잊고 정법안장·열반묘심을 단번에 증득하기 바라노라. 대저 이와 같다면 누군들 안 된다 하겠으며, 즐기고자 하지 않겠는가.

『인행경因行經』에서 "석가세존이 과거세에 선혜선인善慧仙人으로 있을 때 연등불燃燈佛 앞에 머리카락을 펼쳐서 딛고 걸어가게 했는데, 그 광경을 보고 따라 기뻐하고 찬탄한 백만 천인天人 대중들이 그때 심은 인연으로 영산회상에 함께 모여서 도를 이루었다."라고 하였으며, 『천불인연경千佛因緣經』에서는 "현겁賢劫[21]의 천불千佛이 과거 보등염왕여래寶燈焰王如來의 상법시대像法時代에 학당學堂의 천 명 동자였는데, 삼보의 이름을 듣고서 불상에 예배하고 큰 서원을 일으켜 보리심을 내어서 이후에 다 같이 도를 얻어 천 불이 되었다."[22]라고 하였다. 이밖에 불보살들이 함께 발원하여

---

21 현겁賢劫 : 삼겁의 하나. 세계는 인수人壽 8만 4천 세 때부터 백 년을 지낼 때마다 1세씩 줄어들어 인수 10세에 이르고, 여기서 다시 백 년마다 1세씩 늘어나서 인수 8만 4천 세에 이르며, 이렇게 1증增 1감減하는 것을 20회 되풀이하는 동안, 곧 20증감 하는 동안에 세계가 성립되고[成], 다음 20증감하는 동안에 머물러[住] 있고, 다음 20증감하는 동안에 무너지고[壞], 다음 20증감하는 동안 비어[空] 있다. 이렇게 되풀이하는 성·주·괴·공의 4기期를 대겁大劫이라 한다. 과거의 대겁을 장엄겁莊嚴劫, 현재의 대겁을 현겁賢劫, 미래의 대겁을 성수겁星宿劫이라 한다. 현겁의 주겁住劫 때에는 구류손불拘留孫佛·구나함모니불拘那含牟尼佛·가섭불·석가모니불 등의 1천 부처님이 출현하여 세상 중생을 구제하는데, 이렇게 많은 부처님이 출현하는 시기이므로 현겁이라 이른다.

22 이는 『불설천불인연경佛說千佛因緣經』(T14)에 나오는 고사이다. 이는 천불千

성도成道한 경우는 경마다 없는 곳이 없다. 근고近古에 이르러 혜원慧遠이 여산廬山에서 결사하고, 백낙천白樂天이 향산香山에서 결사하고, 목우자牧牛子가 팔공산에서 결사한 것도 모두 이러한 뜻으로 한 것이었다.

현장법사玄奘法師는 "서역 사람들은 모두 도솔천에 왕생하는 행업을 닦는다."라고 하였으니, 대개 도솔천은 우리가 사는 세상과 같은 욕계 안이라 성기聲氣가 서로 합치하여 행업이 성취되기 쉽기 때문에 대승과 소승의 법사들이 모두 이 도솔천에 왕생하는 법을 인정했던 것이다. 미타정토는 비루한 범부가 수행하여 행업을 성취하기 어렵다. 그러므로 신역新譯·구역舊譯 경론에서 모두 "십지十地 이상 보살은 분수에 따라 보신불報身佛의 정토를 본다."라고 하였으니, 어찌 하품下品 중생이 곧바로 미타정토에 왕생할 수 있으리오. 그러므로 미타정토에 왕생하는 법은 대승에서는 인정하고, 소승에서는 인정하지 않았던 것이다.

그래서 현장법사는 일생 동안 늘 도솔천에 왕생할 행업을 지었고, 임종할 때에는 왕생하여 미륵불을 보고자 한다고 발원하고 대중에게 청하여,

南無彌勒如來應正等覺　　미륵여래 응정등각께 귀의하오니
願與含識速奉慈顔　　　　원컨대 모든 중생들과 함께 속히

佛이 과거 천 명의 동자였을 때의 얘기를 서술하는 내용이다.

자애로운 모습을 뵙고자 하옵니다

南無彌勒如來所居內衆　미륵여래의 처소에 함께 사는
대중께 귀의하오니

願捨命已必生其中　원컨대 이 목숨을 버리고 반드시
그곳에 왕생하고자 하옵니다.

라는 게송을 외게 하였다. 현장법사는 법을 아는 훌륭한 스님이니, 필시 자신을 그르치고 남을 속이지는 않았을 것이다. 더구나 고금의 기록에서 도솔천에 왕생한 이들은 헤아릴 수 없이 많다. 예컨대 무착無着·천친天親과 같은 보살들도 모두 도솔천 왕생을 발원하였으니, 지금은 그대로 본받기만 하면 된다.

비록 그렇지만 정토와 도솔천은 수행하는 사람의 잠시 동안의 지원志願에 따라 달라지니, 도솔천에 왕생하는 이가 미타여래를 친견하기를 원치 않겠으며, 정토에 왕생하는 이가 아미타불을 친견하기를 원치 않겠는가.

비유하자면 백벽白璧과 황금은 저마다 참된 보배이고, 봄 난초와 가을 국화는 다 같이 맑은 향기를 풍기는 것과 같으니, 어느 쪽이 낫고 어느 쪽이 못하며, 어느 쪽이 왕생하기 쉽고 어느 쪽이 왕생하기 어렵다고 하면서, 옳으니 그르니 남이 옳다 내가 옳다 하는 생각을 다투어 일으켜서는 안 된다.

이제 이 계사稧社에 먼저 들어온 사람은 이와 같이 왕생할 발원을 하고, 뒤에 들어온 이들도 마음과 입을 모아서 함께 발원하면, 설령 도력을 성취하지 못한 이가 있더라도 이 발원에 힘입어 도솔천 내원궁에 왕생하여 미륵존불의 위없이 높은 현묘한 음성을 듣고 속히 대각을 증득하고 돌아와 중생을 제도할 수 있으리니, 어찌 통쾌한 일이 아니겠는가. 도를 닦는 이들은 옛날을 중하게 여기고 지금은 가볍게 여기지 말고 발원하고 동참하여 좋은 인연을 깊이 심기를 바라노라.

그 나머지 일상생활 중에 할 일들은 경전에 실려 있어 그대로 본받으면 되니, 굳이 자세히 말할 필요가 없다. 고인이 "만행萬行을 다 닦되 오직 무념無念을 가장 으뜸으로 여긴다."라고 하였으니, 수행의 요체는 바로 여기에 있다. 만행과 무념 어느 한쪽에 치우치는 일이 없기를 바란다.

아아! 한 번 사람 몸을 잃으면 만 겁에 다시 얻기 어려우니, 옛날의 영웅들이 지금 어디에 있는가. 그러므로 고덕이 자신을 경계한 게송에서,

不求名利不求榮	명리를 구하지도 영화를 구하지도 않고
只麼隨緣度此生	그럭저럭 인연 따라서 평생을 살아가노라
三寸氣消誰是主	세 치 혀 기운 사라지면 누가 주인인고
百年身後漫虛名	몸이 죽은 뒤에 부질없는 허명만 남는 것을
衣裳破處重重補	옷이 해진 곳은 겹겹이 기워 입고
糧食無時旋旋營	양식이 없으면 그때그때 마련할 뿐
一箇幻躬能幾日	이 덧없는 몸뚱이가 얼마나 오래간다고

爲他閒事長無明　쓸데없는 일 때문에 무명을 기르리오

하였고, 또 고덕이 세상을 탄식한 시에서,

細推今舊事堪愁　고금의 일을 자세히 생각하면 시름겹나니
貴賤同歸一古邱　귀천을 막론하고 모두 무덤에 돌아가는 것을
漢武玉堂塵已沒　한무제의 옥당[23]은 이미 티끌 속에 묻혔고
石崇金谷水空流　석숭의 금곡[24]에는 물만 속절없이 흐르누나
光陰乍曉仍還夕　광음은 흘러 새벽이 왔다 금방 저녁이고
草木纔春卽到秋　초목들은 봄이 왔다가 곧바로 가을일세
在世若無毫末善　세상에 살 때 터럭만 한 선행이라도 없으면
死將何物答冥侯　죽어서 무엇을 가지고 염라대왕께 대답하리오

하였다. 또 고덕이 수행을 권면하는 글에서,

숨 한 번 내쉬고 들이쉬지 못하면 곧 다음 생이라. 아무리 처
자식들이 안타까워해도 그대를 머물러 둘 수 없고, 비록 골
육들이 눈앞에 가득해도 누가 너를 대신해 죽으리오. 길을

23　한무제의 옥당 : 전한前漢 무제武帝 때 건장궁建章宮을 세웠는데, 그 남쪽에
　　옥당玉堂이란 궁전이 있었다.
24　석숭의 금곡 : 석숭石崇은 진晉나라 때 부호로 금곡원金谷園이란 별장을 지어
　　서 빈객들을 모아 놓고 호사스러운 술자리를 열었다고 한다.

재촉해 가서 한 무더기 들불에 태우고, 만 리 먼 길 장송葬送하여 황량한 산에 묻으니, 우거진 풀숲 곁에 돌 비석만 부질없이 남았고, 푸른 백양나무엔 속절없이 지전紙錢만 걸려 있네.[25] 눈물을 비 오듯이 흘릴 때는 속절없이 적적하고, 슬픈 바람이 부는 곳에는 차가운 소리 들린다. 결국에는 모든 사람이 이와 같이 되고 말 것이니, 여기에 이르러서 어떻게 각성하지 않으리오. 부처님의 말씀을 믿지 않고 누구의 말을 믿겠는가. 사람 몸으로서 도를 닦지 않으면 다른 곳에서는 닦기 어렵다.

하였으니, 실로 탄식할 만한 것이다. 응당 이 결사문을 반복해 자세히 읽어 마음속에 새기고 머리에 붙은 불을 끄듯이 정진하고 금생을 헛되이 보내지 말도록 하라.

심지어 이와 같은 간절한 규계規戒를 보고 들고도, 마치 신발 위로 가려운 발을 긁거나 월越나라 살찐 사람이 진秦나라 여윈 사람을 보듯이 대수롭지 않게 여겨[26], 조금도 감동하는 마음을 일으키지 않는 사람은 병이 들었는데도 약을 구하지 않고 주렸는데도 밥을 먹지 않는 것과 같으니, 내가 어떻게 할 수 없다.

---

25 푸른 백양나무엔~걸려 있네 : 고대에는 죽은 사람을 땅에 묻고 그 위에 백양나무를 심었기 때문에 이렇게 말한 것이다.

26 월越나라 살찐~않게 여겨 : 『약사略史』 12권에는 원문이 "越肥之視秦瘠"으로 되어 있다. 남의 일을 보듯이 아무렇지 않게 생각하는 것을 비유한 말이다.

만약 진실로 이 강령과 연원淵源의 도를 수행하고자 하여 도솔천 내원궁에 왕생할 마음을 내는 사람이 있다면 부디 부지런히 선지식을 찾아가라.

문장은 서툴고 종이는 다하여 글이 말뜻을 다하지 못한다.

삼가 이 수승한 인연에 의지하여 우러러 황제 폐하의 성수가 만세토록 길이 이어지길 축원하며, 다음으로 농사는 풍년이 들고 시절은 화평하여 전란은 영영 사라지고, 정법은 무궁한 후세까지 유통하여 법계의 모든 중생들이 다 같이 묘각을 증득하길 축원하나이다.

결사 비구 성우惺牛 등은 일대교주 석가모니불께 귀의하오며, 당래교주當來敎主 미륵존불께 귀의하오며, 시방 삼세에 두루 상주하는 불법승에 귀의하옵니다. 불쌍히 여겨 가피하시는 힘에 우러러 의지하옵나니, 우리들의 발원이 헛되지 않고 속히 행업을 성취하게 해 주시길 엎드려 축원하옵니다.

대한大韓 광무光武 3년(1899) 11월 11일,
결사맹주結社盟主 비구 성우는 향 사르고 재배하고 삼가 쓰노라.

『華嚴經』云: "應觀法界性". 『法華經』云: "常自寂滅相". 其寂滅相與法界性, 豈非衆生見聞覺知之性地耶? 『金剛經』云: "凡所有相, 皆是虛妄". 『涅槃經』云: "諸行無常, 是生滅法". 豈非衆生根身器界與善惡不動等業行耶? 這個經偈, 吾門中三尺童行, 粥

飯沙彌.慣習於見聞者也.而雖許久諷經禪念碩德.擧是未能
少分看得.而泛然過了.曾不思量是何道理.而況乎照而明之
悟以修之之有哉?噫!此身虛浮如聚沫.壯色不停如奔馬.暫
有如草露.倏滅如風燈.裹百千癰疽.流九孔不淨.其醜惡也.其
無常也.有如是之可畏可厭也.而沈醉於無明烌酒.飄鼓於識
境風波.竊竊然用盡百般精神.釀成遠劫愆尤.而終不省察.悲
夫!我釋迦佛.愍之憐之.用神智方便之力.張三敎網.擁人天
魚.而末後以正法眼藏涅槃妙心.付囑迦葉尊者.轉轉相授.至
達磨祖師來唐土.化育群生而玄風大振.其曰:"不立文字.直指
人心.見性成佛"者.示道之綱領也; 其曰:"外息諸緣.內心無喘.
心如墻壁.可以入道"者.示道之直截也; 其曰:"觀心一法.摠攝
諸行"者.示道之本體也; 其曰:"寬時遍法界.窄也不容針"者.示
道之大用也; 其曰:"三拜依位.印可得髓"者.示道之淵源也.自
餘諸佛祖百千方便.皆是諄諄叮嚀指導末葉衆生之修行正路
也.或者曰:"靈山會上.佛擧拈花.百萬大衆皆罔措.唯迦葉尊
者一人.領解微笑.而末葉衆生.不能量其機小.皆曰猋尋祖庭.
是豈有成功之理哉?" 如此邪說.不可枚擧.此盖生無慧目.又
不猋明眼宗匠.致得如此鹵莽.未足爲恠也.然若如是念過.不
省其非.則非特自誤前程.亦乃瞎却他人眼目.請質之.盖當佛
傳法之時.諸弟子應化重來.如迦葉阿難者.其數不億.豈可無
能猋此道之機者哉?所以人傳一人者.以佛滅度之後.擧一人
爲一代敎主.如天無二日.國無二王也.非謂其無餘外得道者

也.故自西天諸祖師.至唐土諸聖賢.亦皆如是.故如優婆毱多尊者.度人之數籌.滿三十尺石室;馬祖下.出八十八人宗師;次後一千五百善知識.同時坐道場.遂成分宗五派.一位善知識下成道者.多者千百.少者亦不下十數也.若也執認百萬大衆皆罔措唯迦葉尊者領解微笑之錯見.沮毀末葉人之叅尋祖庭者以爲分外者.如上諸導師之所敎化許多人也.皆是誤着其傳授者耶?抑皆是捏造誕妄無根之說而傳之耶?章章然具在方册.不可以誣也.若不然者.末葉之得度者多.而靈山會之傳付則人人一之.豈以末葉之人之機.勝於靈山之衆而然耶?萬萬無是理也.而唯一傳付於迦葉尊者者.是何以耶?抑將如君所見.必唯迦葉尊者一人.餘無可傳之人而然耶?夫如是也.設或不幸向使無迦葉尊者一人.是正法眼藏固不得以傳之而已之耶?又若以末葉之所悟不及於靈山所付沮毀之也.此尤不可也.世豈有天生彌勒自然釋迦者哉?只聞諸導師之敎人明心見性之說.未見禁止末葉人之習學定慧者也.則傅會分析.皆不能成理也.故曰:"所以人傳一人者.以佛滅度之後.擧一人爲一代敎主.如天無二日.國無二王也.非謂其無餘外得度者也."若有是見者.請從今改.世尊曰:"依法.不依人;依了義.不依不了義." 今閱『華嚴』『法華』『楞嚴』『圓覺』『維摩』『涅槃』等大乘經.馬鳴龍樹無着天親等大乘論『傳燈』『宗鏡』『拈頌』等禪門語錄.何處有不許末葉衆生叅眞正道之文句耶?非徒不爲不許.特皆曉喻之.提奬之.纏綿惻怛.唯恐不入於斯道也.此是我輩之

尋常說聽者也.豈可以一言一字相欺乎?嗚呼!正法沈微.邪道
熾盛.持盃水救輿火之嘆.已有於淸虛老師隆化之日.況乎今
日乎哉!夫善念成人天.惡心形鬼獄.而此祖庭之活句法門.卽
得覷破古佛未生前.安身立命於大寂光道場.拈來森羅物物.
無非淨佛國土.皆是海印三昧.其有機勝者.一超直入.把斷要
津.安邦定國.豈有其他哉?然若機下者.未能頓成.故古人云:
"笋畢竟成竹去.如今作筏使得麼".則機下者久習畢竟得入.
故大慧禪師云:"日久月深.自然築着磕着." 趙州和尙云:"汝等
三十年二十年.不離叢林.眞實叅究.若不會此道.截取老僧頭
去." 古人之如斯敎詔.豈是以虛僞之語誘惑後生者哉?盖迷者
不達此理.若見聞祖宗之說.則高推聖境.但務事相有爲.或口
誦經手執珠.或營作梵宇.彩塑佛像.望功德.希菩提.誤之哉!
遠於道矣.故梁武帝造佛起塔.設齋度僧.作無限佛事.而達磨
大士曰:"少無功德." 又六祖大師曰:"迷人修福不修道.只言修
福便是道." 又永嘉和尙云:"住相布施生天福.猶如仰箭射虛
空.勢力盡箭還墜.招得來生不如意." 又圭峰禪師云:"識字看
經.元不證悟.銷文釋義.唯熾貪嗔邪見." 又弘忍大師云:"守本
眞心.勝念十方諸佛." 如此說話.皆責其不達定慧之本而枉用
修行也.夫衆生之淪溺三界.甚於赤子之處入水火;諸佛之大
慈拯濟.勝於慈母之愍念孩提.故世尊曰:"等視衆生.如羅睺
羅." 然而我等未獲超昇者.豈以佛之無慈悲而然歟?非也.佛
會上阿那律尊者.以過睡眠被佛所呵.七日精苦不眠.得天眼

而成盲.阿難尊者.被迦葉尊者所呵.住於毘舍離.獨處精進.至於身心疲極而後.得阿羅漢果.若也佛之神通力.能强爲之.使衆生成道.如鉗口注藥而差病者.豈有兩尊者之如是精進疲極精苦成盲而後得天眼成聖果之弊煩耶?然則豈非貴在借其言教自悟自修之爲可哉?故夫欲其自悟自修也.不可不借其言教.如種之生長.寔賴水土.寶在暗室.必借燈光.諸經論中.明垂戒訓.以叅尋知識決擇道業爲急務.譬夫傍寺屠者.是一象也.而善惡異時;執茅紙者.是一人也.而腥香隨變.故古人云:"賢賢易色".古德云:"承事善友.不惜身宰".豈以其重如彼其輕若此哉?余去己卯冬.在鷄龍山東鶴祖室.叅祖門活句.忽有得意處.有與同志共之之思.時凤痾未痊.心志且劣.遂以優遊停蓄.放曠於漁村酒肆.懇歇乎幽澗邃林.適然自忘矣.以後干戈相屬.世路紛紜.念藏身之不暇.豈有施及於他耶?荏苒不覺星霜累換.于今二十年於此矣.自念佛恩之莫大.而欲奉塵刹之萬一.橫擔一條椰栗.試訪到陝州海印.時適修禪精舍新搆.與諸禪德同寒際.做黃楊木禪.一日火爐邊團圞頭語及於古人之結社辦道.則諸公皆如忘忽憶.其志願信力.水湧山出.恨其會遇之晚也.卽欲議結社同盟.推余爲盟主.余念及於曩日所懷佛恩之莫大.不顧其材之庸陋性之不檢道之未充也.不施一辭而輒許之也.其所以同盟之約.何也?以同修定慧.同生兜率.世世同爲道伴.究竟同成正覺.如有道力先成者.誓引其未逮.不違所盟者也.若有同見同行之人.不問僧俗男女老少賢愚貴

경허록 ●

賤,亦不問親疎離合遠近先後,皆許叅入.所以然者,人人皆有
無量寶藏,與佛無殊.祇是歷劫不逢善友開示,匍匐三界,奔泣
四生,不啻如演若之迷頭,窮子之離鄉,輪廻飄梗,備受許多艱
辛,至於一日夜萬生死,每一念之,痛裂心腑,不覺短嘆長吁,豈
可例之茶飯不求出離哉?詳悉如此情事,普願同叅同臻壽域
也樂邦也.且古人云: "趣異也覿面楚越,道契則霄壤共處." 以
共處也,故萬象雖布,空性無虧,衆水同奔,海量不添.幸望策發
勇猛心,照明虛妄無常之業行,悟修寂滅法界之性地,忘其見
解所知,超證正法眼藏涅槃妙心也.夫如是,其誰曰不可也哉?
不願樂也哉?『因行經』云: "釋迦世尊,於過去世,爲善慧仙人,布
髮於燃燈佛,隨喜讚嘆,百萬天人之衆,因其種緣,同會靈山成
道." 『千佛因緣經』云: "賢劫千佛,於過去寶燈熖王如來像法之
中,爲學堂中千童子,聞三寶名,禮拜佛像,發弘誓願,發阿耨菩
提,以後共成千佛." 其他諸佛菩薩之同發願成道者,無經無之.
至于近古慧遠之社廬山 · 樂天之社香山 · 牧牛子之社公山者,
皆以此意者也.玄奘法師云: "西域之人,皆作上生兜率業." 盖
爲同是欲界之內,聲氣相合,其行易成,故大小乘師,皆許此法.
彌陀淨土,恐凡鄙穢脩行難成,故如新舊譯經論皆云: "十地已
上菩薩,隨分得見報佛淨土." 豈容下品凡夫,卽得往生?所以
大乘許之,小乘不許也.故玄奘法師一生以來,常作兜率業,臨
命終時,發願上生見彌勒佛,請大衆說偈云: "南無彌勒如來應
正等覺!願與含識,速奉慈顏.南無彌勒如來所居內衆!願捨命

已.必生其中." 盖玄奘法師識法上士.必不是自惧賺人.況古今傳記上生兜率者.何可勝記? 而如無着與天親菩薩者.亦同願上生兜率.今但取法焉.雖然如是.其淨土與兜率也.隨其修行人之暫時志願有異.豈有上生兜率者.不願親見彌陀如來.往生淨土者.不願承事彌勒尊佛? 譬夫白璧黃金.各爲眞寶; 春蘭秋菊.共傳淸香.幸勿以優劣難易諍起是非人我之見也.今穀內先入者.有如是上生行願.追後祭社者.亦同其心口.設有道力未成者.乘斯願力.上生兜率內院.祭聽彌勒尊佛無上玄音.速證大覺.還度衆生.豈不暢哉快哉? 願諸道者.幸勿以重古輕今.發願同祭而深結善緣也.其餘日用散行.具載黃卷.可效可師.不必條分縷析.古人云: "萬行備修.唯以無念爲宗." 修行之要.定在斯焉.幸無至有失於偏倚過不及之地也.嗟夫! 一失人身.萬劫難復.自昔英雄而今安在? 故古德自誡頌云: "不求名利不求榮.只麽隨緣度此生.三寸氣消誰是主? 百年身後漫虛名.衣裳破處重重補.粮食無時旋旋營.一箇幻軀能幾日? 爲他閑事長無明." 又古德歎世詩云: "細推今舊事堪愁.貴賤同歸一古邱.漢武玉堂塵已沒.石崇金谷水空流.光陰乍曉仍還夕.草木纔春卽到秋.在世若無毫末善.死將何物答冥侯." 又古德勸修文云: "一息不回.便是來生.縱使妻兒相惜.無計留君; 假饒骨肉滿前.有誰替汝? 催促付一堆野火.斷送埋萬里荒山.荒草畔漫留石碑.綠楊中空掛紙錢.淚雨洒時空寂寂.悲風動處冷颼颼.下梢頭難免如斯.到這裡.怎生不惺? 佛言不信.何言可

信? 人道不修. 他道難修." 實爲可歎惜者哉! 應是此稧社文. 三
復披究. 銘箴心腑. 精進也如救頭燃. 莫使此生空過也. 至於若
見聞如此切懇規戒. 而視之尋常. 如隔靴搔痒. 越視秦瘠. 小無
觀感興起之心者. 如病不求藥. 飢不取食. 吾實末如之何也已
矣. 若有眞實欲行此綱領淵源之道. 發上生兜率內院之心者.
切須勤叅知識. 文短紙盡. 書不能盡其言意. 謹此仗此勝緣. 仰
祝皇帝陛下聖壽萬歲. 次願歲稔時和. 烟塵永絶. 正法流通於
無窮. 法界含識. 同證妙覺. 結社比丘惺牛等. 歸依一代敎主釋
迦牟尼佛. 歸依當來敎主彌勒尊佛. 歸依十方三世常遍常住佛
法僧. 仰仗憐愍加被之力. 使我等所願勿浪失速成就. 伏祝.

　　大韓光武三年十一月十一日. 結社盟主比丘惺牛焚香再
　　拜謹識.

합천군 가야산 해인사 수선사 창건에 대한 기문
[陜川郡伽倻山海印寺修禪社創建記]
—

나는 산수 유람을 좋아하는 사람이라 산천을 두루 유람하였다. 그런데 선인仙人이 시해尸解한[27] 곳이요, 조사가 창건한 대가람[28]이며 유명幽明의 두 임금이 큰 원력으로 대장경판을 조성한[29] 곳이 합천군 가야산 해인사인데, 아직 유람하지 못해 마음에 아쉬웠다. 기해년 가을에야 해인사에 와서 장판각을 열람하고 사우寺宇를 둘러보았으며, 홍류동 계곡에서 선인의 자취를 탐방하면서 형해形骸를 잊고 유유자적하였다.

하루는 한 선화자禪和子가 나에게 말하였다.

"지금 천자께서는 성군이시라 지극한 인덕이 넘쳐서 그 은혜가 선림禪林에까지 미쳐 장경을 인쇄하고 당우를 중수하게 하시는 한편 수선사修禪社를 세워 참선하는 사람을 거처하게 하라는 칙명을 내리셨으니, 옛날 성왕들이 나라에 복을 주고 세상을 보우하셨

---

27 선인仙人이 시해尸解한 : 선인은 신라 말엽 고운孤雲 최치원崔致遠을 가리킨다. 최치원이 해인사 근처에서 은둔하다가 폭포가에 신발만 남겨 놓고 신선이 되어 사라졌다는 전설이 있다.

28 조사가 창건한 대가람 : 해인사는 신라 애장왕 때 의상 대사의 법손인 순응順應과 이정利貞 두 스님이 창건했다고 한다.

29 유명幽明의 두 임금이~대장경판을 조성한 : 고려 현종顯宗 때 만든 초조대장경 판본이 원나라 침입 때 병화로 불탄 뒤 고종高宗 때 임금과 신하가 다시 도감을 세워 16년 만에 대장경판을 완성하였다. 여기서 유명의 두 임금은 고려 현종과 고종을 가리킨다.

던 일을 본받으신 것입니다. 이에 화주 범운梵雲이 사내의 스님들과 함께 일신의 고생을 잊고 부지런히 일하여 이해 5월에 시작하여 다섯 달 만에 낙성하였으니, 그 공로를 세운 것이 이토록 위대합니다. 스님은 문장을 짓는 분이시니 기문을 지어 이 사실을 후세에 길이 전할 수 있게 해 주십시오."

내가 "이런 일은 하지 말라."고 하니, 그 선화자가 말하였다.

"옛날 석가모니가 정법안장을 가섭에게 부촉, 대대로 전수하여 달마에 이르러 중국으로 왔고, 또 석옥石屋에까지 이르렀는데, 우리 동국의 태고太古가 석옥의 법을 전해 받았고, 또 대대로 전수하여 청허淸虛에 이르렀으니, 청허는 석가모니의 63세 법손이 됩니다. 그 시절에는 산림의 납자들만 견성하여 도사導師가 된 게 아니라 위로 천자로부터 아래로 왕공王公·대인 및 초야의 현인·달사達士들까지도 무생無生의 이치를 사무치게 증득하여 좌탈입망하지 않은 이가 없었습니다. 그래서 스승을 찾아 공부를 결택決擇하기를, 마치 주린 사람이 밥을 찾고 목마른 사람이 물을 찾는 것처럼 하여 그 형세를 막을 수 없었습니다. 그러나 후대로 내려와 지금에 이르러서는 정법을 보기를 흙덩이처럼 여기고, 혜명慧命을 이어 가는 것을 보기를 아이 장난처럼 여기며, 심한 경우에는 서로 반목하고 질시하는 등 못하는 짓이 없습니다. 슬프다! 후세 사람들이 정법안장의 법을 듣고자 하나 누구에게 듣겠습니까? 이런 때에 수선사를 창건한 것은 참으로 화중생련火中生蓮이니, 이 사실을 기록하여 후세에 길이 전하지 않아서는 더욱 안 됩니다."

내가 "이런 일은 하지 말라."고 하니, 그 선화자가 말하였다.

"정법안장이란 것은 과거 부처님의 혜명이고, 수선사를 세운 것은 지금 천자의 칙명이니, 만약 시종 한결같이 준수하지 않고 폐지하거나 변혁한다면, 이는 신명神明에게 벌을 받을 뿐만 아니라 인륜 도의道義에도 죄를 짓는 것이니, 누가 감히 경계하고 두려워하지 않으면서 이 일을 할 수 있겠습니까? 비록 그렇지만 만약 이 사실을 후세 사람들에게 밝게 보여 주지 않는다면, 후세 사람들이 이 수선사가 이토록 엄중한 것임을 어떻게 알고 한결같이 준수할 수 있겠습니까. 이것이 또 감히 사실을 기록하여 후세에 길이 전하지 않을 수 없는 까닭입니다. 스님은 굳이 사양하지 마시고 글을 써 주십시오."

내가 정색하고 말하였다.

"비루하구나! 그대의 견해여. 그대는 기록이 있는 것이 기록이 있는 것인 줄만 알고, 기록이 없는 것이 기록이 있는 것보다 낫다는 것은 모르니, 한 사람이 수선修禪하기도 전에 십류十類의 중생들이 이미 일시에 견성했다는 것을 어찌 알겠으며, 하나의 공안을 들기도 전에 산하대지와 명암明暗·공색空色으로부터 삼실·대바늘 같은 사소한 것에 이르기까지 일체가 이미 일시에 큰 광명을 놓는다는 것을 어찌 알겠는가. 또 이 수선사의 터를 닦기도 전에 이미 일시에 수선사를 완공했으며, 문설주를 만들 목재를 마련하기도 전에 이미 일시에 그 사실을 상세히 기록했다는 것을 어찌 알겠는가. 어찌 종이와 먹으로 굳이 글을 써서 정법안장을 참구하는 수선사에 군더더기 혹을 붙이고 지분脂粉을 바를 필요가 있겠는가?"

경허록 •

그 선화자가 흠칫 놀라 자리를 비켜 앉으며 말하였다.

"스님의 말씀을 들으니 도를 조금 알았다[30]고 감히 자처하지 못하겠습니다만 감히 묻겠습니다. 정법안장은 무엇입니까?"

"단지 이것이다."

"이것이란 무엇입니까?"

"가야산 산빛이 푸른 하늘에 꽂혔구나."

양구良久하고 말하였다.

"곧바로 알아차렸다 하더라도 곳곳마다 미친 견해일 뿐이며, 비록 말을 듣자마자 분명히 알았다 하더라도 역시 화살은 이미 서천西天을 지나갔다. 이렇다 하면 머리 위에 머리를 얹는 격이요, 이렇지 않다 하면 머리를 끊고 살고자 하는 격이니, 일러 보라. 여기에 이르러 선禪은 도리어 어떻게 참구하겠는가? 억! 오늘 부질없는 말을 하느라 시간을 많이 보냈으니, 형해를 잊는 의취意趣에 방해되는구나."

선화자가 이 자리에서 한 얘기를 서술하여 수선사 기문으로 삼기를 청하기에 기록하노라.

---

30   도를 조금 알았다[聞道百] : 『장자』 「추수秋水」에 나오는 말이다. 가을에 물이 흘러 내려와 황하에 물이 크게 불어나자 황하의 신인 하백河伯이 황하만큼 크고 훌륭한 곳은 없으리라고 자부하다가 북해에 이르러 보니, 북해는 아득하여 끝이 보이지 않았다. 하백이 북해의 신 약若에게 탄식하며 말하기를, "속어에 '백 개의 진리를 듣고서 천하에 자기만 한 자가 없다고 여긴다.'라는 말이 있으니, 이게 바로 나를 두고 한 말이구려.[野語有之曰:'聞道百以爲莫己若者', 我之謂也.]" 라고 했다는 데서 온 말로, 여기서는 자기 식견이 얕다는 겸사로 쓰였다.

余嗜好遊山水者也.遊得徧.仙人尸解祖師創大伽藍.幽顯之
王以大願力助成大藏經板者.陝州之伽倻海印也.而未得遊
爲缺然.歲己亥秋訪到.閱其經.繞其宇.紅流洞裡.探仙人之靈
蹤.放曠然忘其形骸矣.一日有一禪和子謂余曰:"今天子聖神.
至仁洽而惠曁乎禪林.印經修宇.又勅建修禪社.居心學者.傚
前聖資.福國祐世.化士梵雲與一山雲水.服勤勞.忘身宰.始是
歲五月.過五箇月而落之.其爲樹玄功之偉且大者.有若是者
也.而師其文者也.幸記之以垂示不朽也." 余曰:"毋爲是也." 禪
和子曰:"昔釋迦氏以正法眼藏付囑摩訶迦葉.傳至達磨.來震
旦.又傳至石屋.而我東國太古.傳得石屋.又傳至淸虛.淸虛於
釋迦氏.爲六十三代孫也.當是時也.非特山林衲子.見其性而
作導師也.上自天子.下至王公巨人.施及于草野賢達.莫不徹
證無生.坐脫立亡.故叅尋決擇.如飢就食渴赴飮然.勢莫得以
遏之也.而降于今.視正法如土塊.持續慧命者爲兒戲.甚者相
目憎嫉之.而至於靡所不至也.嗚呼!後之人.雖欲聞正法眼藏
之說.孰從而聽之乎?於斯時也.創修禪社者.寔爲火中蓮華也.
此尤不可不以記之而垂示不朽者也." 余曰:"毋爲是也." 禪和
子曰:"正法眼藏者.先佛之慧命也;建修禪社者.今天子之勅
命也.若不一遵終始而廢之也或革之也者.此非特蒙譴罰於

神祇.抑亦犯罪於彝倫也.孰敢不戒懼而爲是之爲哉?雖然若
不昭示后人.後之人安能知此社之嚴重也有其若是而一遵之
哉?此又不敢不以記之而垂示不朽者也.師其無得固止而可
從事之也.師無得固止而可從事之也." 余正色曰: "鄙夫!子之
見解也.子知其有記之爲有記也.而不知其無記之爲有記之爲
愈者也.安知夫未有一人修禪.而十類群生已是一時見性了
也.未擧一則公案.而山河大地·明暗色空.以至麻線竹針.已
是一時皆放大光明了也?又安知夫未開基也.已是一時成禪
社了也.未具椳闑材也.已是一時記其事詳悉了也?夫如是.則
豈可以爲紙墨之而贅疣脂粉於參正法眼藏之禪社也哉?" 禪
和子悚然避席曰: "聽師之言.未敢自許聞道百也.然敢問正法
眼藏是簡甚麼?" 曰: "秖這是." 又問曰: "云是者.是簡甚麼?" 曰:
"伽倻山色挿天碧." 良久云: "直下言前薦得.未免觸途狂見;縱
饒句下精通.也是箭過西天.恁麼也頭上安頭.不恁麼也斬頭
覓活.且道.到這裡.禪却如何叅?喝一喝.是日爲閑話移晷.妨
却忘形骸之趣味." 禪和子請次第書着打葛藤一絡索.以爲修
禪社記.記之.

　　大韓光武三年己亥九月下澣.湖西歸釋鏡虛謹識.

동래군 금정산 범어사 계명암에 선원을 창설한 데 대한 기문

[東萊郡金井山梵魚寺鷄鳴庵創設禪社記]

—

『화엄경』에서 "보살마하살은 크게 자慈·비悲·희喜·사捨[31]하는 마음으로 머무는 곳을 삼으며, 내지 일체의 법이 평등한 것으로 머무는 곳을 삼는다."라고 하였으니, 여기가 바로 머무는 곳이다. 심문분心聞賁 선사[32]가 말하기를, "위산潙山 화상이 '생각하되 생각함이 없는 묘妙로 신령한 광염光焰의 무궁함을 돌이켜 생각하여 생각이 다해서 근원으로 돌아간다.'라고 하였으니, 이것이 무엇인가? 여기서 벗어나면 무슨 정결할 게 있겠는가.[33] 이미 생각하는 자도 없고 또 정결한 것도 없으니, 그야말로 몸에 실오라기 하나 걸치지 않은 격이라 자기의 본체마저도 전혀 보지 못한다. 이렇게 시끄러운 속진의 역순逆順 경계에 들어간다면 누구로 하여금 성내고 기

---

31 자慈·비悲·희喜·사捨 : 한없는 중생을 어여삐 여기는 네 가지 마음으로 사무량심四無量心이라 한다. 자무량심은 무진無瞋을 체體로 하여 한량없는 중생에게 즐거움을 주려는 마음이고, 비무량심은 무진을 체로 하여 남의 고통을 벗겨 주려는 마음이고, 희무량심은 희수喜受를 체로 하여 다른 이로 하여금 고통을 여의고 낙을 얻어 희열하게 하려는 마음이고, 사무량심은 무탐無貪을 체로 하여 중생을 평등하게 보아 원怨·친親의 구별을 두지 않는 마음이다.

32 심문분心聞賁 선사 : 태주台州 만년사萬年寺에 주석했던 심문운분心聞雲賁 선사이다.

33 여기서 벗어나면 무슨 정결할 게 있겠는가 : 근원에 돌아간다고 하면 모든 더러움을 떠나 정결한 경지에 이르렀을 것으로 생각하겠지만, 정결한 경지도 구경이 아니라는 뜻이다.

뻐하여 오염되게 하리오. 이러한 뒤에 밝음과 어두움 양쪽을 해결
하고서 밝지도 않으며 어둡지도 않은 곳에서 '대비원大悲院에 재齋
가 있다.'[34]라는 화두를 보아야 비로소 그 연유와 낙처落處를 알 것
이다. 이렇게 하여 일척안一隻眼[35]으로 산하대지를 비추어 보는 것
이 마치 장검을 빗겨 든 것과 같다면, 누가 감히 그 앞에 마주 보고
서리오. 이와 같은 근골이 있어야 비로소 성현들 속에 들어가서 자
기와 남을 아울러 이롭게 할 수 있다. 법문은 단지 이 한 가닥 길로
갈 뿐이지 별다른 도리는 없다."라고 하였으니, 여기가 또 머무는
곳이다.

혼해混海 장로가 성월 선백惺月禪伯을 청하여 계명암 주지를
맡게 했는데, 범어사 대중들이 의논하여 이 계명암에 선원을 설치
하기로 하였다. 그리하여 각 방房과 암자에서 38두락의 논을 거두
어 수선사에 주었고, 또 혼해·성월·담해湛海·화월華月 등 스님들
과 동래부東萊府에 거주하는 이씨李氏 보현화普賢華, 초량草梁에 거

34　대비원大悲院에 재齋가 있다 : 진주鎭州의 보화普化 스님이 평상시에 저자에
　　들어가서 방울을 흔들면서, "밝음이 오면 밝음으로 때리고, 어둠이 오면 어둠으
　　로 때리고, 사방 팔면에서 오면 회오리바람으로 때리고, 허공에서 오면 도리깨
　　로 때린다."라고 하였다. 어느 날 임제 스님이 사람을 시켜 그를 붙잡고 묻게 하
　　기를, "전혀 그렇게 오지 않을 때엔 어떻게 하겠소?"라고 하니, 보화 스님이 그
　　사람을 밀쳐 버리며 말하기를, "내일 대비원에 재가 있다."라고 하였다. 그 스님
　　이 돌아와서 임제 스님에게 말하니, 임제 스님이 "내가 평소에 이자를 의심했었
　　다."라고 하였다.
35　일척안一隻眼 : 불법에 대해 진실한 정견의 혜안을 갖춘 것을 가리킨다. 이는
　　범부의 육안이 아니다. 의미상 정문안頂門眼·정안正眼·활안活眼·명안明眼
　　등과 같다.

주하는 김씨金氏 지명화智明華가 산야에 모연하여 돈 4천여 전錢을 거두어 논 42두락을 사서 선원에 주었고, 또 본사本寺의 토굴에 거주하는 김씨 각심화覺心華가 논 2두락을 헌납하여 선원에 주었다. 이상 도합 82두락의 수입은 단연코 수선사의 대중에게만 공양을 대고 달리 쓰지 않는다. 이 규정을 영구히 준수하기로 했다.

본사의 모든 스님들과 속가 단월들의 공덕과 신심은 모두 불가사의한 것이거니와 성월 선백이 주지로 있으면서 개도開導하고 권화勸化한 그 공덕이 더욱 크다. 이후로 팔도의 선객 납자들이 이 선원에 들어와 포단蒲團을 펴고 화롯가에 둘러앉아 참선할 터이니, 여기가 또 머무는 곳이다.

이상 세 머무는 곳이 같은가, 다른가? 다르다고 한다면 어찌 같은 적이 있었겠으며, 같다고 한다면 어찌 다른 적이 있었겠는가? 쇠뿔은 있다 할 필요가 없고, 토끼뿔은 없다 할 필요가 없다. 일러 보라! 필경 어떠한가?

고인이 "도안道眼이 밝지 못하면 물 한 방울도 소화하기 어렵다."라고 하였으니, 이 선원에서 참구하는 이라면 광음은 덧없이 흘러가고 사은四恩[36]은 중대하다는 것을 생각하여, 자명원慈明圓이 송곳으로 허벅지를 찌른 일[37]과 귀종권歸宗權이 다리를 뻗고 울었

36　사은四恩 : 네 가지 은혜인데, 부모·국왕·중생·삼보의 은혜로 보기도 하고, 부모·사장師長·국왕·시주의 은혜로 보기도 한다.

37　자명원慈明圓이~찌른 일 : 자명초원慈明楚圓이 분양선소汾陽善昭 문하에서 공부할 때, 졸음이 오면 송곳으로 허벅지를 찌르며 수행하다가 탄식하였다. "옛

던 일[38]을 본보기로 삼아야 할 것이다.

광무光武 7년 계묘년(1903) 늦봄 하순에
본사 금강암에 머무는 경허성우는 삼가 쓰노라.

『華嚴經』曰: "菩薩摩訶薩. 以大慈大悲大喜大捨爲所住處. 乃
至一切法平等爲所住處." 這裡是住處. 心聞賁禪師曰: "潙山和
尙云: '以思無思之妙. 返思靈焰之無窮. 思盡還源.' 是箇什麼?
這裡脫得去. 有什麼淨潔? 旣無思底. 復無淨底. 直得一絲不掛.
和自家本體. 都盧不見. 恁麼入鬧塵逆順. 敎誰嗔喜染着? 然後
打徹明暗兩頭. 向不明不暗處. 看大悲院裡有齋話. 方知來由
與落處. 恁麼以一隻眼照破山河大地. 如倚天長劍. 誰敢當頭
覰着? 有如是筋骨. 方能向列聖叢中入作而己他兼利. 法門祇
從玆一條路去. 別無道理." 這裡又是住處. 混海丈老請惺月禪
伯. 住持鷄鳴庵. 而渾寺僉議. 設禪社于此. 自各房與庵. 收納畓
三十八斗土. 付于禪社. 又混海 · 惺月 · 湛海 · 華月諸上士與居

사람은 생사의 큰일을 위해서 먹지도 자지도 않았다던데, 나는 어떤 사람이기
에 이토록 방종하여 살아서는 시대에 도움이 못 되고 죽어서도 후세에 남길 이
름이 없으리니, 이는 자신을 포기하는 것이다." 하고는 하루아침에 하직하고 가
버렸다. 그러자 분양 스님은 "초원이 지금 떠나 버렸으니 나의 도가 동쪽으로
가겠구나." 하고 탄식하였다. 『서호기문西湖記聞』.

38 귀종권歸宗權이~울었던 일 : 운거산雲居山 도응道膺 선사의 법손인 귀종담
권歸宗澹權 선사는 아침부터 공부하다가 해가 질 때면 다리를 뻗고 울면서
"오늘도 공연히 지내었고 마음을 깨닫지 못하였다."라고 한탄하였다.

本府李氏普賢華·居草梁金氏智明華,募緣山野,得錢四千餘金,買得畬四十二斗土,付于禪社,又居本寺土窟金氏覺心華,獻畬二斗土,付于禪社,已上合畬八十二斗落,斷盡供養禪衆,不爲他用者也.以此永久一遵,盖渾寺僉位,與在俗檀那之功行信願,俱不可思議,而惺月禪伯爲住持,開導勸化,其功行尤大焉.自後八表禪衲,入此社,開單圍爐,這裡又是箇住處,如上三般住處,是同耶?是異耶?若云異也,何曾是同?若云同也,何曾是異?且夫牛角不用有,兎角不用無也,則且道,畢竟如何?古人云:"道眼未明,滴水難消." 凡叅究于此社者,當念光陰飄忽,四恩重大,以慈明圓之刺股·歸宗權之展脚以哭爲則,可也.

光武七年癸卯暮春下澣,駐錫本寺金剛庵鏡虛惺牛謹識.

범어사 금강암에 칠성각을 창건한 데 대한 기문
[梵魚寺金剛庵七星閣創建記]

—

대저 대지의 물건 중에서 견고한 것은 금강이요, 하늘에 빛나는 별 중에서 추요樞要는 북신北辰이다. 추요인 북신의 조화로 인간의 수명과 복을 증장하고, 견고한 금강의 삼매로 세간을 벗어나는 나루터와 다리를 개척하니, 금강암에 북신전北辰殿이 있는 것은 그 관계가 마치 아교와 칠[39] 같고 산봉우리와 이끼 같아서 어느 한쪽을 빼놓을 수 없다. 그런데 이제 탱화를 그려서 오로지 인천의 복전이 되는 독성獨聖으로 삼아 모셔 두었으니, 이 인연이 장차 중생들을 두루 이롭게 하는 것은 마치 항하사처럼 한량없으리라.

본읍本邑 초량草梁에 거주하는 청신녀 만원화滿願華 김씨가 그 아들 배정헌裵正憲을 위하여 칠성각을 창건하고 칠성상을 설치하여 공양을 올렸으니, 의당 그 아들 배정헌의 길경吉慶이 성만成滿할 것임을 알겠으며, 재물을 보시하여 칠성각 완공을 도운 다른 신도들도 어찌 그 발원을 성취하지 못할 수 있겠는가. 더구나 공양답供養畓을 바치고 일용의 사물四物[40]을 장만해 준 것은 그 공덕이

---

39 아교와 칠 : 이 두 가지는 접착성이 강하여 섞으면 분리되지 않는다고 한다. 그래서 고시古詩에 "아교를 옻칠 가운데 던져 놓으면 뉘라서 이것을 분리시키랴.[以膠投漆中, 誰能別離此.]"고 하였다. 교칠은 두 사람 사이의 매우 친밀한 우정을 뜻하는 말로 쓰인다.

40 사물四物 : 법고·운판·목어·대종을 가리키는 말이다.

바다처럼 큰데, 이 모두가 화주 스님 월송月松의 법력이다.

내가 20년 전에 사불산四佛山의 절들에 노닐면서 금정산이 승지勝地인데 금강암이 그중에서도 요지라는 말을 듣고 한번 가 보고 싶었으나 일이 뜻대로 되지 않아 구경하지 못했는데 지금은 이미 늙었다. 세상의 영고榮枯를 다 겪은 터라 모든 세념世念이 불 꺼진 재처럼 식었다.

가야산으로부터 납의를 걸치고 이곳으로 찾아왔더니, 마침 월송月松 대사가 주지로 있으면서 칠성각 조성을 끝마쳤다. 대사는 본래 속진을 벗어난 선덕禪德이라 자기가 거처하는 방에 녹라헌綠蘿軒이란 편액을 건 것은, 송라松蘿의 그윽하고 한적한 정취에 뜻을 두었기 때문이다. 대사와 만나 얘기를 마치기도 전에 마음이 서로 맞아서 형해形骸를 벗어난 취미가 서로 통하였다. 대사가 수고하여 애쓰고 신도들이 불사를 성취한 일에 대하여 모두들 "그대는 글을 짓는 이니 기문을 지어 주시오."라고 하기에 내가 수락하였다.

그러나 여기에 한 가지 허전한 것이 있다. 북신은 하늘에서 형상을 이루고 전각을 세워서 형상을 안치한 것이 이것이다. 그러나 금강삼매란 것은 과연 어떠한 것이며 어떤 형상을 하고 있는가? 슬프다! 성인의 시대와 더욱 멀어져 출가한 사람들이 오로지 자기의 일을 체득해 알지 못하여 우리 부처님 금강의 바른 정定이 끊어져 그 명맥이 전해지지 못하니, 내가 금강암의 기문을 지으면서 온갖 감회가 함께 일어난다.

夫大地之物.堅牢爲金剛也;周天之耀.樞要爲北辰焉.以北辰
樞要之造化.增長人間壽福.以金剛堅牢之三昧.開拓出世津
梁.則金剛庵之有北辰殿.可謂如膠漆然.如岑苔然.不可以闕
一.而又爲繪像.一爲人天福田之獨聖.尊而安之.是因緣也.將
得以普利群品.如殑伽沙.不可量也.本邑草梁居淸信女滿願
華金氏.爲其子裵正憲.創七星閣.設其像而供養之.知其宜乎
其子正憲之吉慶成滿.而其僉檀那之施財相成者.又豈可以不
成就其願耶?況乎獻供養畬.具日用四物.其功德如海.而幷是
化士月松之法力也.余二十年前.遊四佛山諸刹.聞金井山之
爲勝區而金剛庵爲要妙焉.將欲一遊.而錯落未賞.今已老矣.
閱盡榮枯.百慮灰冷.自伽倻山.荷衲訪到.適月松大師住持而
成造畢焉.大師素是出塵禪德.扁其軒曰緣蘿者.蓋志其松蘿
幽閑之趣也.面晤未了.而心相契焉.有相期於形骸之外之趣
味也.其大師之服勤勞與檀那之成就佛事也.僉曰:"子文者也.
幸爲之記." 余曰:"諾." 然有一怵然於此者.夫北辰也在天成像.
建閣設像者此也.而其金剛三昧者.果何物而作何相耶?嗚呼!
去聖愈遠.出家之人.專不體知自家之事.吾佛金剛正定斯絶.
壽命莫傳.余因作金剛庵記而百感俱發也.

범어사 계명암 창건에 대한 기문

[梵魚寺鷄鳴庵創建記]

—

삼가 살펴보건대 본사의 『사적기』에 "지시계명방知時鷄鳴房 다섯 칸을 동쪽 기슭에 설치했다."라고 하였고, 또 세상 사람들이 전하는 얘기에 "닭이 이곳에서 울었고, 암자 동쪽에 닭의 화석과 닭의 발자국이 있다."라고 하니, 암자 이름을 계명이라 한 것은 이러한 사실을 기록한 것이다.

10년 전 계사년(1893) 3월에 우화雨華 장로와 그 제자 혼해 강백混海講伯[41]이 금봉金峯 노사와 함께 큰 원력을 일으켜 계명암의 옛터에 다섯 칸 정사를 세워 여덟 달 만에 낙성하고 탱화를 그려서 봉안하였다. 그리고 4년 뒤인 병신년(1896)에 또 칠성각 세 칸과 요사채 네 칸을 짓고, 칠성·독성·산신 등의 탱화를 그려서 봉안하였으나 암자의 일이 바빠 지금까지 8년이 지나도록 아직 그 사적을 기록한 글이 없다.

내가 남방을 다니다가 금강암에 머물고 있었는데, 주지인 성월 선백惺月禪伯[42]이 나에게 그 사적을 기록해 주길 청하기에 내가

---

41   혼해 강백混海講伯 : 혼해混海는 법호이고, 법명은 찬윤讚允이다.

42   성월 선백惺月禪伯(1866~1943) : 보암정호寶庵定浩 스님이 은사이다. 성월은 법호이고, 법명은 일전一全이며, 속성은 오씨吳氏이다. 1899년 범어사 금강암, 안양암, 내원암, 계명암, 원효암 등에 선원을 개설하였고, 1904년에는 만하 스님을 모시고 금강계단을 설립하였다. 1909년 담해 스님에 이어 범어사 총섭總攝(지금의 주지에 해당)으로 추대돼 가람을 중건하는 한편 명정학교(지금의 금정중·

좋다고 하고 다음과 같이 쓴다.

대저 우리의 가풍은 마른 똥 막대기[43]와 쓸모없는 나무토
막을 가지고서 활안活眼으로 비추고 신검神劍으로 지휘함
에 고불古佛의 찰해刹海에 보망寶網[44]이 드넓게 펼쳐지고
운대雲臺가 겹겹이 늘어서거늘, 무엇 하러 굳이 애써서 벽
돌을 쌓고 기둥과 서까래를 얹고 단청을 칠하고 종과 북을
시끄럽게 울리는 것을 대단한 일로 여기리오. 슬프다! 이
것이 탑과 사찰이 만촉蠻觸[45]처럼 덧없는 까닭이요, 우리
부처님의 정법 교화가 사라지고 없어지게 되는 까닭이다.

이 글을 써 내려가서 이 대목에 이르러 감회가 일어 재삼 탄식
하노라니, 한 사람이 곁에서 발끈 화를 내며 말하였다.
"마른 똥 막대기와 쓸모없는 나무토막은 보망과 운대라 찬탄

청룡초)를 설립하였다. 범어사 주지를 세 차례 역임하였다.

43   마른 똥 막대기 : 간시궐乾屎橛. 옛날 절에서 대변을 본 뒤 종이 대신 사용하고
     씻어 말려 두는 나무이다. 운문문언雲門文偃(864~949)에게 어떤 스님이 "어떤
     것이 부처입니까?" 하고 물으니, "간시궐이다."라고 답하였다.

44   보망寶網 : 보배로 만든 그물로 제석천의 그물인 인다라망因陀羅網을 형용한
     말이다.

45   만촉蠻觸 : 만蠻과 촉觸이라는 작은 나라로 덧없고 실체가 없는 것을 비유한
     것이다. 『장자』「칙양則陽」에 달팽이의 왼쪽 뿔에는 만씨蠻氏의 나라가 있고,
     오른쪽 뿔에는 촉씨觸氏의 나라가 있어 서로 땅을 차지하려고 싸워서 죽은 시
     체가 수만이었다는 얘기에서 온 말이다.

하고, 장엄한 사찰은 만족처럼 덧없다고 폄하하니, 어쩌면 말이 이리도 이치에 어긋나는가?"

"그러나 그대의 견해는 좁다. 어찌하여 섭공葉公의 호오好惡[46]와 원숭이들의 희노喜怒[47]를 가지는가? 단지 신검神劍과 활안活眼이 없는 것이 한스러울 뿐이지, 마른 똥 막대기와 쓸모없는 나무토막도 무궁한 법해法海가 될 수 있다. 하물며 천계天鷄[48]가 울었던 승지에 청정한 사우를 세우고, 부처님 탱화를 그려 모시고, 향을 사르고 등불을 밝히고 종과 북을 울리면서 선남자·선여인들이 삼보를 받들어 모시고 삼보에 공양을 올려 출세간의 참 인연을 지음에 있어서랴. 의당 여러 스님들의 공덕과 단월들의 선근은 항하사처럼 헤아릴 수 없이 많을 터이나, 시종일관 부지런히 노력하여 이 일을 이룬 이는 혼해 강백이다. 그는 무궁한 후세에 길이 은혜

---

46 섭공葉公의 호오好惡 : 가짜를 좋아하고 진짜를 좋아하지 않음을 비유한 말이다. 섭공은 춘추 시대 초나라의 섭자고葉子高를 가리킨다. 섭공이 용을 좋아하여 집안에 온통 용을 아로새겨 놓았는데, 진짜 용이 그가 용을 좋아한다는 말을 듣고 내려와 창문으로 머리를 들이밀으니 섭공이 놀라 도망쳤다고 한다.『신서잡사新序雜事』.

47 원숭이들의 희노喜怒 : 다른 쪽은 볼 줄 모르고 한쪽만 좋아하는 편견을 비유한 것이다. 옛날에 원숭이를 기르던 저공狙公이란 사람이 원숭이들에게 도토리를 아침에 세 개, 저녁에 네 개를 주겠다고 하자 원숭이들이 노하므로, 그러면 아침에 네 개, 저녁에 세 개를 주겠다고 하자 원숭이들이 기뻐했다는 고사에서 온 말이다. 성어로 조삼모사朝三暮四라 한다.『장자莊子』「제물론齊物論」.

48 천계天鷄 : 전설에 도도桃都라는 거목 위에 산다는 하늘의 닭이다. 해가 처음 뜰 때 이 닭이 울면 천하의 모든 닭이 뒤따라 울기 시작한다고 한다.『술이기述異記』하권. 계명암鷄鳴巖에 천계가 내려와 울었다는 전설이 있다.

경허록 ●

를 베풀었을 뿐 아니라 선사先師의 유지를 원만히 성취했으니, 더욱 가상한 일이다."

이에 그 사람이 기뻐하면서 "선재善哉라, 이 말이여!"라고 하기에 나도 모르는 결에 흥미가 진진하여 붓을 놓고 차를 달여 마시고 다시 게송 한 수를 읊노라.

拈來何事政堪嬴	세상에 무엇인들 쓸모없는 것 있으랴
不托端宜土椀成	수제비는 질그릇에 담는 게 제격이지
穿入鷄巖藏一笑	계명암 바위 뚫어서 한 웃음 감추노니
他年天畔化雷聲	훗날 하늘 저편에서 우렛소리 되리라

대한大韓 광무光武 7년 계묘년(1903) 늦봄 하순에
경허성우는 삼가 쓰노라.

謹按本寺記蹟云:"知時鷄鳴房五間,置之東嶺." 又俗傳云:"鷄鳴于此,而見庵東峙有鷄化石與鷄足痕."庵號鷄鳴,志此也.前十年癸巳三月,雨華丈老與其嗣混海講伯,同金峯老師,發大願力,於古鷄鳴庵基,起五間精舍,閱八個月而落之,畵之檀幀奉安.越四年丙申,又起七星閣三間與別寮四間,畵七星獨聖山靈等幀奉安,而因菴務倥傯,過八年于今,未有以文記其事.余南遊住金剛庵,主本庵惺月禪伯,請余其事不朽,曰:"諾!夫吾儕家風,拈乾屎片破木頭,活眼打照,神劍指揮,古佛刹海,浩

浩寶網.雲臺重重.何用苦苦累甀累架.汗漫丹艧.喧聒鍾鼓.以
爲能事哉?嗚呼!此塔寺之所以牢固蠻觸.乃吾佛正法化之所
以耗散寢廢也."書到此.感嘆再三.或者在傍怫然曰:"屎片木
頭.讚以寶網雲臺.琳宮蓮房.譏以牢固蠻觸.何言之乖戻若是
耶?"曰:"然.子之見解之陋也.何以葉公之好惡·衆狙之喜怒
也.秪恨無神劍活眼.屎片木頭.亦能法海無窮.況建淸淨法宇
於天鷄勝區.繪畫聖像.設香燈.鳴鍾鼓.與諸善男子善女人.奉
施三寶.供養三寶.作出世眞緣耶?宜其諸上士之德海與僉檀
那之善根.如恒河沙不可量.而能原始要終.勤勤成辦者.混海
講伯也.非特作惠施無窮.而圓就先傅之志.又可尙也."或者欣
悇而謝曰:"善哉!提說也."自不覺趣味津津.投筆點茶了.更提
一偈:拈來何事政堪嬴.不托端宜土椀成.穿入鷄巖藏一笑.他
年天畔化雷聲.

　　大韓光武七年癸卯暮春下澣.鏡虛惺牛謹識.

범어사 수선사 방함록 서문

[梵魚寺修禪社芳啣序]

—

대개 몸이 선방에 들어오고 이름이 방함록에 실리는 것은 하나의 인연이다. 그러나 후세에 아름다운 이름을 전하여 후인들로 하여금 사모하도록 하고자 하는 것은 아니다. 오늘날 사람들은 저마다 근기가 미열하고 정법은 흐려졌으니, 정법안장을 보호하여 유통하게 하는 것은, 실로 역량이 있는 형제들의 힘을 의지해야 한다. 하물며 무상이 신속하고 생사의 일이 크니, 어찌 그럭저럭 한평생을 헛되이 보낼 수 있으리오.

만약 진실로 참구하고 진실로 깨닫는다면 탐진치 번뇌의 마음이 모두 해탈이요, 갈대꽃, 버들솜 등 만물마다 진리가 드러나 있으니, 자리自利와 이타利他를 어찌 마칠 수 없으리오.

대저 진정으로 참학하는 이는 범상하고 흐리멍덩하지 않으니, 설사 정식情識의 속박을 벗어나 초연히 청허淸虛하다 해도 정결함이 마음을 수고롭게 함을 면치 못하였으며, 그리고 마음의 빛이 혁연赫然히 빛나서 신령한 근원을 환히 비추었다 하더라도 겨우 반쯤밖에 드러내 보이지 못한 것이다.

고인이 "주장자를 어깨에 메고서 남들을 아랑곳하지 않고 도로 천 봉우리 만 봉우리 속으로 들어간다."라고 했는데, 설사 이와 같다 하더라도 단지 이렇게 갈 줄만 알고 이렇게 올 줄을 알지 못하는 것이다. 또 고인이 "진중한 선재善財[49]는 어디로 갔는가? 맑은 밤에 바람이 푸른 대숲을 흔드는구나."라고 했으니, 비록 이와 같으나 어느 곳에서 이 소식을 얻었는가?

슬프다! 사람 몸은 얻기 어렵고 정법은 듣기 어려우니, 몸이 선방에 들어오고 이름이 방함록에 실린 것을 응당 스스로 깊이 생각해야 할 것이다.

상좌들이여! 대중을 통섭하는 청규는 건화문建化門[50]에서 없어서는 안 되는 것이다. 그러므로 약간을 제시하노니, 이는 대중들과 상의해서 정한 것으로 바꿀 수 없는 법규이다. 모든 대중은 부디 준수하고 봉행하여 법화法化를 유통하기 바란다.

대한大韓 광무光武 6년(1902) 10월,
동안거 결제일에 호서湖西 납자 경허성우는 삼가 쓰노라.

盖身叅禪社. 名載禪册. 一段因緣. 然不是傳芳于後. 使之有所
思處. 當人根機微劣. 正法澆漓. 使正法眼藏. 扶護流通. 實賴有
力量兄弟. 況無常迅速. 生死事大. 豈可因循空過一生乎? 若能
實叅實悟. 貪嗔煩惱. 心心解脫. 蒲花柳絮. 物物現露. 自他利濟.

49   선재善財 : 『대방광불화엄경』 「입법계품」에 나오는 구도자. 53선지식을 두루
      찾아뵙고 맨 나중에 보현보살을 만나서 십대원十大願을 듣고 아미타불 국토
      에 왕생하여 입법계入法界의 지원志願을 채웠다 한다.
50   건화문建化門 : 법당法幢을 세우고 화문化門을 넓게 벌려 놓는 것. 또는 자기
      수행에서 나와서 다른 이를 교화하는 것이다. 제이의문第二義門이라고도 한다.

有何未了乎?夫眞正叅學者.不是尋常儱侗.設得脫盡情累.翛然清虛.未免淨潔勞神.且得心光烜爀.廓達靈根.始是半提.古云:"柱杖橫擔不顧人.却入千峰萬峰去." 設得如是.秪知恁麼去.不解恁麼來.又古云:"珍重善財何處去?清宵風撼碧琅玕." 雖然如是.甚麼處得這消息來?嗚呼!人身難得.正法難聞.身叅禪社.名載禪冊.當自深思乎! 諸上座!攝衆清規.建化門中.不可無者.故提說若干.此是與大衆商確不易之常法也.幸望一遵奉行流通法化乎!

　大韓光武六年陽月結寒日.湖西歸衲鏡虛惺牛謹識.

『정법안장』의 서문[正法眼藏序]
—

규봉圭峯 스님이 이르기를, "불경을 펼침에 대천세계 팔부대중이 나열하고, 선게禪偈로 요약함에 한 부류의 근기에 맞춘다. 대중이 나열한즉 드넓어 의지하기 어렵고, 근기를 맞춘즉 가르침이 분명해 공부하기 쉽다."[51]라고 하였다. 그 가르침이 분명하니 공부하기 쉬운 것들을 동지들과 공유하고자 생각하여, 동행한 염染 수좌에게 주어서 어록 10편 및 『염송拈頌』에 있는 선사들의 직절한 법문들을 써서 5책 한 질로 만들어 도에 들어가는 바른 안목으로 삼노라.

이 책의 내용은 비록 편언척어片言隻語라도 절실히 수행을 권면하고 분명히 법을 개진하지 않음이 없으니, 성불로 가는 길이 터럭만 한 장애도 없이 환히 드러나 있다. 만약 이 책을 읽고 완미玩味하여 마음의 근원을 돌이켜 비춰 보아 전일하고 정밀하게 공부한다면, 비록 경전을 보지 않더라도 경전이 이 속에 있을 것이다. 경전이 이 속에 있을 뿐만이 아니라 수행문修行門에서 가르침이 분명하여 실로 의지하기 어려운 경전보다 낫다. 도에 뜻을 둔 이라면 응당 유념하여 이 책을 자세히 읽어야 할 것이다.

그러나 이 책은 전사傳寫 과정에서 오탈誤脫이 많고, 게다가 구두와 토吐가 잘못된 곳들도 있어 독자들이 본의本意를 알지 못할 수가 있다. 그래서 나 자신의 하찮은 학식을 헤아리지 않고 상

---

51   『선원제전집도서』 권상(T48, 399c20).

세히 살펴서 수정하였다.

만약 이 책을 전사하는 이가 있다면 응당 십분 유념하여 전사한 뒤에 다시 재삼 교정하여 착오가 없도록 하고, 중생계에 두루 보시하라. 그렇게 하면 광명종자光明種子를 맺고 성불의 정인正因을 잃지 않으리라. 나의 깊은 바람은 여기에 있다.

圭峯師云:"佛經開張.羅大千八部之衆;禪偈撮畧.就此方一類之機.羅衆則莽蕩難依.就機則指的易用." 其指的易用也.思與同志共之.付同行染禪和.書集語錄十篇及拈頌諸導師直截法門.爲一秩五册.以爲入道正眼.其爲書也.雖隻言片語.無非切勤勸勉.分明指陳.其成佛路頭.廓朗無纖毫疑翳.若於此書.硏究玩味.返照於心源.用功專精.雖不用看過藏敎.藏敎在焉.又不啻在也.其於行門指的.寔有勝於難依者也.如有志於道者.應留神思察焉.然傳寫多誤脫.又有錯其句讀吐語.讀者失其本意.不揆不才.爲之詳定.如有傳寫者.當十分用意寫後.又再三校正.勿誤錯.普施於衆生界中.其結光明種子.不失成佛之正因.深願在玆焉.

수선사 방함인修禪社芳啣引

—

방함록을 쓰는 까닭은 후세 사람에게 보이려는 것이다. 후세 사람에게 보이는 것이 무슨 뜻에서인가? 육신은 물거품과 같고 목숨은 바람 앞의 등불과 같건만 책려하여 부지런히 수행할 줄 아는 이는 누구인가? 법성法性은 본래 공하고 혜일慧日은 길이 밝건만 능히 깨달아 들어가는 이는 또 누구인가?

후세 사람들이 지금의 우리를 보는 것이 지금 우리가 옛사람을 보는 것과 같으며, 후세 사람이 또 그 후세 사람을 보는 것이 또 후세 사람이 지금 우리를 보는 것과 같아 손가락으로 가리키듯이 분명히 알 수 있으리라.

슬프다! 이 수선사修禪社에 거처하는 이들이 거울삼아 경계해야 할 것이다.

기해년(1899) 10월 하안거를 시작하는 날,
호서 납자 경허성우는 삼가 쓰노라.

書芳啣所以然者,示後人也.示後人也者,何意?身隣泡漚.命危風燈.能策勤者,是誰也?法性本空.慧日長明.能悟入者.又是誰也?後之視今.猶今之視昔也;后之視后.又猶后之視今也.指點得分明矣.嗚呼!居此社者可以鑑戒也歟!

己亥之陽月始安居日.湖西歸病禿鏡虛惺牛謹識.

경허록 •

범어사에 선사계의를 설치한 데 대한 서문
[梵魚寺設禪社契誼序]

—

석가모니 부처님께서 정법안장·열반묘심을 마하가섭에게 부촉하여 대대로 전수해 옴에 그 도가 직절하다. 그 오묘하고 심원한 이치는 마치 백료百僚·재상을 천자天子에 비기는 것과 같으니, 삼승의 교법으로 비교할 수 없다. 그 설은 서책에 갖춰져 있으니, 그 공리功理를 비교해 보면 선가의 법은 신선의 단약이 죽은 사람을 살리는 것과 같다. 만약 진실로 참구하고 진실로 깨달아 한 생각을 돌이키면 옛 부처와 어깨를 나란히 할 터이니, 삼지겁三祗劫의 오랜 세월 동안 부질없이 공부할 필요가 있으리오. 진실로 참구하고 진실로 깨닫지는 못하여 혼침과 산란 속에 빠져 지낸다 하더라도 다른 인과의 법을 수행하는 가르침보다는 월등히 뛰어나다.

부처님이 설하신 일대장교一代藏教에는 반교半教이지 원교圓教가 아닌 것이 있으며, 권교權教이지 실교實教가 아닌 것이 있다. 그러므로 부처님께서 스스로 말씀하시기를, "요의了義[52]에 의지하고 불요의不了義에 의지하지 말라."고 하셨으니, 반교와 권교는 의지해서는 안 된다. 그 이치가 분명하건만 오늘날 수행하는 이들이

---

52   요의了義 : '요'는 '끝까지'라는 뜻으로, 불법의 이치를 말하여 다한 것이다. 요了·불요不了의 해석에 대하여는 그 경에 말한 이치가 진실하냐 아니냐에 대하여, 또 교리를 표시한 말이 완비되었느냐 아니냐에 대하여, 요지了智로 말한 것이냐 아니냐에 대하여 판단한다.

대개 반교 속을 헤매고 권교 속에 막혀 일생을 그르치고 마니, 슬프다!

　옛날 고야선인姑射仙人은 그 마음이 응집됨에 만물이 재해를 입지 않았고[53], 회남왕淮南王 유안劉安은 신선이 되어 하늘로 올라갈 때 그 집의 개와 닭들도 구름을 타고 따라 올라갔다.[54] 개와 닭도 도화道化를 입었는데, 하물며 만물의 영장인 사람이야 말할 나위 있겠는가. 신선도 만물이 재해를 입지 않도록 할 수 있는데, 하물며 부처님의 위없는 바른 도[無上正道]야 말할 나위 있겠는가. 그러므로 "듣고 믿지 않더라도 오히려 성불할 종자를 심는 인연을 맺으며, 배우고 성취하지 못하더라도 오히려 인천의 복을 덮는다." 라고 하였다.

　그러므로 동참계의同參契誼를 설치하여 다 함께 최상의 인연을 맺고 다 같이 수역壽域에 이르도록 한다. 수역이란 무엇인가? 청산은 높고 벽해는 푸르며, 조각구름은 펼쳐지고 솔바람은 소슬

53　고야선인姑射仙人은~입지 않았고 : 고야선인은 막고야산藐姑射山에 산다는 신선이다. 『장자』 「소요유逍遙遊」에서 "막고야산에는 신인이 사는데, 살결은 빙설처럼 하얗고, 얌전하기는 처녀와 같으며, 오곡을 먹지 않고 바람과 이슬을 먹으며, 구름을 타고 비룡을 타고서 사해 밖을 노니는데, 그 정신이 응집되어 만물로 하여금 재해를 입지 않고 곡식이 익도록 한다.[藐姑射之山, 有神人居焉. 肌膚若氷雪, 淖約若處子, 不食五穀, 吸風飲露, 乘雲氣, 御飛龍, 而遊乎四海之外, 其神凝, 使物不疵癘而年穀熟.]"라고 하였다.

54　회남왕淮南王 유안劉安은~따라 올라갔다 : 한나라 때 회남왕 유안이 단약을 먹고 신선이 되어 가족들과 함께 하늘로 올라갔는데, 그의 집에서 기르던 개와 닭들이 그릇에 남은 단약 찌꺼기를 먹고 하늘로 올라가서 허공에서 개와 닭의 울음소리가 들렸다고 하는 고사가 있다. 『논형論衡』 권7 「도허道虛」.

하니, 모든 것이 자기 광명이 아님이 없어 이 광명이 천지를 두루 덮고, 고금에 걸쳐 있어 비록 묘용이 항하수 모래와 같이 많으나 견고하기는 금강과 같다. 그러므로 고덕이 "반야상에는 헛되이 버리는 공부가 없다."라고 하였으니, 만약 성불의 원력을 가진 이가 있다면 응당 깊은 마음의 큰 원력을 일으켜야 할 것이다.

釋迦氏以正法眼藏·涅槃妙心.付囑摩訶迦葉.轉轉相授.其道直截.其原妙迥絶之理.如百僚阿衡之於天子.不可以三乘教法.比擬髣髴.具在方策.校量功理.一似仙丹刀圭而起死.若能實叅實悟.一念回光.與古佛齊肩.何用三祇枉功?縱未有實.溺沌於昏掉.亦非他因果行門所到.佛說一代藏教.有半而未圓者.權而未實者.故佛自說: "依了義.不依不了義." 其半也權也.不可以依之也.其理彰著.而今觀修行者.擧皆迷半滯權.誤了一生.悲夫!昔姑射仙人.其心凝而萬物不疵;淮南王安登仙而鷄犬乘雲.鷄犬被其道化.況其最靈於物者乎?仙亦能使物不疵.況佛無上正道乎?故云: "聞而不信.尙結佛種之因;學而未成.猶蓋人天之福." 故設同叅契誼.使共結最上因緣.同臻壽域.夫壽域者.何也?靑山嶷嶷.碧海蒼蒼.片雲展張.松聲蕭瑟.無物非自己常光.匝天匝地.亘古亘今.雖妙用恒沙.能堅固如金剛.故古德云: "般若上.無虛棄之工夫." 若有成佛願者.應發深心大願也哉!

범어사 총섭방함록의 서문

[梵魚寺總攝芳啣錄序]

—

나는 무능하고 게을러 세상에 쓸모없는 사람이라 병들어 호서 지
방에서 오래 묻혀 지내고 있었는데, 제방을 다녀 본 사람들이 자기
가 다녀 본 곳을 말하면 반드시 "승묘勝妙한 땅인 금강산, 두류산,
가야산, 오대산이 유람하기에 으뜸이다."라고 하였다. 내가 웃으며
말하기를, "제방을 다니는 목적이 어찌 산수가 어떠하냐에 있으리
오?"라고 하였더니, 말한 사람이 그 뜻을 몰랐다.

　내가 속진의 일은 날로 많아지고 도업道業은 이루지 못한 것
을 걱정하여 광무光武 3년(1899) 늦봄에 간편한 복장으로 지팡이
하나를 짚고서 모든 세루世累를 벗어던지고 홀가분하게 풍류를 즐
기며 스스로 유유자적하고자 하여 불명산佛明山과 가야산에서 여
름과 겨울을 났다. 그리고 그 이듬해 여름에 발길이 범어사에 이르
니, 회현晦玄 장로가 청풍당淸風堂에 주석하고 있었는데, 문장을 잘
하고 박식하며 단정한 분이었다. 며칠 동안 한가로이 지내면서 심
사心事를 얘기해 보았더니 매우 뜻이 맞았다. 하루는 회현 장로가
나에게 말하였다.

　"이 절에 중임이 있으니, 총섭입니다. 이는 임금이 칙명으로
익종대왕翼宗大王과 신정왕후神貞王后 두 분의 신위를 이 절에 봉
안하고, 그 탄신일에 총섭으로 하여금 제사를 모시게 하여 만대토
록 준행하게 하였으니, 신령한 기운이 모인 금정산과 이름난 가람

인 범어사가 아니라면 어찌 이와 같이 특별히 칙명으로 제정하는 일이 있겠습니까? 그런 까닭에 '자헌대부資憲大夫 부종수교扶宗樹敎 십육종주十六宗主 승풍규정僧風糾正 대각등계大覺登階 도총섭都總攝'이란 자급과 직함을 하사하고 임기를 2년으로 제한하여 직임을 교대하게 하니, 총섭이란 직책의 정중함이 다른 사찰의 의례적인 호칭과는 실로 다름을 알 수 있습니다. 더구나 예전의 호칭인 승통僧統의 명위名位는 우리 절의 일을 자기 마음대로 처리할 수 없었고, 반드시 장로들의 지시를 받아 임명하였기 때문에 그다지 사람을 가려 뽑지는 않았습니다.

그러나 지금 총섭이란 직임은 예전과는 달라 모든 일을 맡아서 처리하니, 잘못하는 일이 있으면 예의를 잃고 또 손해도 적지 않습니다. 게다가 이 절은 큰 고을과 큰 요충지에 있어 왕래하는 승속이 번다할 뿐 아니라 찾아오는 행차가 줄지어 송문松門에 이어지니, 적임자가 아니면 이 직책을 맡을 수 없습니다. 이런 까닭에 대중이 의논하여 사리를 알고 글을 잘하며 사내의 위망位望이 무거운 사람을 가려 뽑아서 그 직임을 대행하게 하되, 그 사실을 서술하여 규계規戒로 만들어 책자를 만들고, 이 직책을 맡은 사람들의 이름을 열거하여 후세에 길이 전하고자 하니, 그대가 나를 위해 서문을 써 주시오."

이에 내가 말하였다.

"우선 내가 노닐어 본 곳으로 말해 보겠소. 대저 하나의 숲, 하나의 산, 하나의 나무, 하나의 돌이 천연적으로 절로 생겨난 것을 가지고 말한다면, 무엇 하러 굳이 가야산, 오대산, 금강산, 두류산과 같이 승묘한 곳을 찾으리오. 작은 산봉우리나 얕은 산기슭에도 빼어난 경치가 있으니, 그렇다면 금강산, 두류산, 가야산, 오대산도 작은 산봉우리와 얕은 산기슭일 뿐이리다. 작은 산봉우리와 얕은 산기슭은 없는 곳이 없으니, 가야산, 오대산, 금강산, 두류산도 없는 곳이 없는 셈입니다. 굳이 식량을 싸 가지고 발이 부르트도록 걸어 지친 몸으로 백 리, 천 리 밖을 찾아다닐 필요가 있으리오. 따라서 예전에 제방을 다녔던 이들이 다니던 목적은 내가 다니는 목적이 아니고, 제방을 다녔던 이들이 승묘하다고 한 것은 내가 승묘하다고 하는 것이 아닙니다.

내가 승묘하다 하고 제방을 다니는 까닭은 무엇이겠습니까? 사람이니, 사람으로서 어질고 유능한 이에게 있습니다. 지금 이 절에서 사람을 가려 뽑아 교대로 이 자리에 임명하여 왕실의 신위神位를 봉향奉享하고 사찰을 수호하게 하는 것은 마땅한 일이 아니겠습니까. 그러므로 옛사람이 이르기를, '일을 도모함은 사람에 달렸다.' 하였고, 또 '도는 사람을 말미암아 크게 넓어진다.'[55]라고 하였으니, 참으로 옳은 말씀입니다."

회현 장로가 말하였다,

"내가 사마광司馬光의 「간원제명기諫院題名記」를 읽어 보았더

---

55   도는 사람을~크게 넓어진다 : 공자가 "사람이 도를 크게 넓히는 것이지, 도가
      사람을 크게 넓히는 것은 아니다.[人能弘道, 非道弘人.]"라고 한 것을 인용하였다.
      『논어』 「위령공衛靈公」.

니, '간원諫員의 이름을 쓰고 돌에 새기노니, 후세 사람들이 그 이름을 가리켜 논평하기를, 아무개는 충성스러웠고 아무개는 거짓되고 아무개는 정직하고 아무개는 사특하다고 할 것이다.'라고 하였습니다. 지금 이 직책을 역임한 사람들의 이름을 써서 후세에 길이 전하면, 후세 사람들이 또한 아무개의 이름을 가리키며 논평하기를, '아무개는 총섭으로 있으면서 왕실의 신위를 봉향하고 사찰을 수호하여 어질고 예의가 있었으며, 아무개는 총섭으로 있으면서 예의를 잃고 또 사찰에 손해를 끼쳤다.'라고 하여 좋은 평판과 나쁜 평판이 후세에 길이 전해지게 될 터이니, 이 직책을 맡은 이가 신중하지 않을 수 있겠습니까. 그러니 이 직책을 맡을 사람을 가려 뽑는 것도 어찌 소홀히 할 수 있겠습니까. 따라서 이 서문을 써서 규계하는 것이 가람을 수호하는 데 크게 관계되는 일이 아니겠습니까."

내가 이 말을 듣고 보니 생각지도 않았는데 은연중 내 마음과 맞는 것이 있기에 "또한 좋지 않은가!"라 하고, 주고받은 말을 기록하여 규계하고 서문을 삼노라.

대한 광무 4년 경자년(1900) 4월 상순에
호서 승려 경허성우는 삼가 쓰노라.

余踈慵.無用於世而且病.久廢人湖西而窩蟄矣.有遊方者言
其遊.必曰: "金剛頭流伽倻五臺之勝.甲於遊翫." 余笑曰: "所遊
者.豈在山水之如何耶?" 言者昧然.余厭患乎塵緣日增.而道

業莫就. 於光武三年暮春. 孤筇短褐. 揮擻萬累. 做得乎賤賣風
流. 欲其適於自適. 過寒熱之際於佛明伽倻之山. 其翌年夏. 透
迤到于梵魚寺. 有晦玄長老住清風堂. 操履清高. 文章博雅. 優
遊數月. 論心事甚相得. 一日謂余曰: "寺有重任. 曰總攝. 此是
御勅而翼宗大王神貞王后兩位仙龕. 奉安于本寺. 以其誕辰.
使總攝奉享祭事. 遵行萬代. 若非金井之靈淑. 梵魚之名藍. 豈
有如是特爲勅定也. 所以下資憲大夫扶宗樹教十六宗主僧風
糾正大覺登階都總攝資啣. 限二年. 任遞以禀下. 其爲總攝之
職之鄭重. 寔非凡刹例號. 可知也. 況舊號僧統名位. 卑寺事不
得自擅. 禀衆長老指揮. 任亦不甚擇人. 今職總攝也. 異於前. 凡
事皆托周旋. 有所誤失禮. 且損害不少. 且寺臨雄州巨關. 非特
來往僧俗之煩多也. 車蓋相連. 絡于松門. 非其任. 不可以爲任.
所以僉議擇其知事能文學堂重者. 以代其任. 而欲敘其事爲規
而成册書. 列乎其任人名字. 傳於久遠. 子幸爲我序之." 余曰然.
"且以吾之所遊者言之. 夫以一林一巒一木一石之自得於天者
論之. 何必取於伽倻五臺金剛頭流之勝妙也? 而小巘淺麓. 亦
有勝妙者存焉. 則金剛頭流伽倻五臺. 以小巘淺麓而已. 夫以
小巘淺麓. 無處無之. 則伽倻五臺金剛頭流. 亦無處無之. 何必
裹粮跰足. 而疲弊追逐於百里千里之外哉? 故曩時遊方者之
所以遊者. 非吾所以遊也; 遊方者之所謂勝妙者. 非吾所謂勝
妙也. 吾所謂勝妙與所以遊者. 何也? 人也. 在於人而有賢且能
者也. 今寺之擇人. 遞代其任. 奉享仙廟. 守護常住. 可不宜哉?

경허록 ●

故古人云: '謀事在人.' 又云: '道由人弘.' 誠哉言乎!" 晦玄長老
曰: "余曾讀司馬氏諫院記曰: '書其諫員名. 刻于石. 而後之人.
指其名而議之曰: 某也忠. 某也詐. 某也直. 某也曲.' 今書列任
人名字. 傳於久遠. 後之人亦指某名而評之曰: '某爲總攝也. 享
廟護寺. 賢且以禮; 某爲總攝也. 失禮且損害常住.' 芳臭俱傳於
久遠. 其爲任者. 可不愼哉? 其擇任也. 又豈可泛忽也哉? 而其爲
序而規之也. 豈非扶護伽藍之大段關係者耶?" 余聞其言而思之.
自有不謀而潝合於心者. 曰: "不亦善夫!" 而記其言. 爲之規戒
而敍之.

大韓光武四年庚子四月上澣. 湖西歸禿鏡虛惺牛謹識.

행장

行狀

취은 화상 행장取隱和尙行狀

—

내가 호서 지방에서 쓸모없는 몸으로 병을 조섭하면서 게으르게 지내 온 지가 20여 년이었다. 취은 화상取隱和尙의 덕향이 멀리까지 알려졌으나 남북으로 멀리 떨어져 있어 찾아뵙고 마음의 티끌을 씻지 못하였는데, 화상이 홀쩍 입적하시고 말았으니 한스러운 마음이 유독 깊었다.

광무光武 4년 겨울, 운유雲遊할 뜻이 있어 조계산 송광사에 들렀다. 때는 마침 궁음窮陰[56]이라 눈보라가 사납게 몰아치기에 선창禪窓 아래 이틀을 묵었다. 자응慈應 · 금명金明 · 자성慈城 세 사형제

---

56   궁음窮陰 : 음력 10월의 이칭이다. 음력 10월은 음효陰爻가 다 찬 상태로 순음
      純陰인 곤괘坤卦에 해당하므로 이렇게 말하는 것이다. 한 해가 바뀌는 한겨울
      을 뜻하는 말로도 쓰인다.

가 나에게 일렀다.

"우리 선사先師이신 취은 화상께서 시순時順[57] 사이에 이룬 출세간의 도업을 비록 옛날의 조사에 비길 수는 없지만 근세에는 거의 보고 듣기 어려운 것입니다. 선사의 높은 덕행으로 볼 때 우리 제자들은 의당 행장을 지어서 후세에 길이 전해야 할 것입니다. 그런데 아직도 행장을 짓지 못한 것은 그럴 겨를이 없어서였습니다. 고명하신 스님께서는 문명文名이 평소 알려져 있고 선지禪旨도 깊으신데, 마침 이곳에 오셨으니 원컨대 스님의 한마디를 빌려서 우리 선사의 남긴 발자취를 빛내고자 합니다. 이와 같이 해 주신다면 우리 선사의 행업行業이 우뚝이 후세에 전해질 뿐만 아니라 저희 제자들도 여한이 없을 것입니다. 청컨대 스님께서는 문필을 아끼지 말아 주소서."

내가 재삼 사양했으나 그 청이 더욱 간곡하였다. 삼가 화상의 제자가 적은 기록을 살펴보건대, 화상의 휘는 민욱旻旭이고 법호는 취은이며 속성은 최씨崔氏이고 본관은 해주海州이다. 가경嘉慶 20년 을해년에 처음 경상도 봉화奉化에서 기식寄食하면서 그 이듬해 9월까지 남의 집을 전전하였다. 나이는 어렸으나 어른스럽고

---

57   시순時順 : 『장자』 「양생주養生主」에 "마침 그때에 태어난 것은 선생이 올 때가 된 것이고, 마침 이때에 세상을 떠난 것은 선생이 갈 때가 된 것이다. 자기에게 닥친 시운을 편안히 여기고서 그 도리를 알아 순순히 받아들인다면, 슬픔과 기쁨이 마음속에 들어올 수 없을 것이다.[適來, 夫子時也; 適去, 夫子順也. 安時而處順, 哀樂不能入也.]"라는 말에서 온 말로, 여기서는 세상에 와서 머물다 간 사람이라는 뜻으로 사용하였다.

과묵하여 노성老成한 풍도가 있었다.

　화상은 14세에 속세를 떠나고 싶은 생각이 일어나 북쪽에 있는 태백산 각화사覺華寺 태주泰珠 장로에게 의탁하여 삭발하고 계를 받고서도 세연을 따라 환망幻妄 속에 산 것이 여러 해였으나, 보리도가 세간을 여의지 않는다는 것을 어찌 깨달았겠는가. 나이 불혹에 이르러 태백산 미륵암의 초은超隱 장로를 찾아가서 옷깃을 여미고 법을 물어서 정안正眼을 결택, 스승과 제자의 도가 계합하여 10년 동안 초은 장로를 시봉하였으니, 응당 현묘한 경지를 얻었을 터이나 화상은 자신을 숨기는 데 뜻을 둔 터라 사람들이 알 수 없었다.

　그 후 화상은 나이 68세 때인 계미년에 이르러 반야봉 아래 용수율와龍樹蕱窩에서 10년 동안 우거하면서 흙덩이처럼 앉아 온갖 망상이 불 꺼진 재처럼 싸늘히 식고 홀연히 돈오한 곳이 있었으니, 고인이 "사람이 물을 마심에 차고 따뜻함을 스스로 안다."라고 한 것이 이를 두고 말한 것이다. 청허淸虛 선사는 "차라리 천 겁 동안 생사에 윤회할지언정 성인들의 해탈을 사모하지 않는 것은 선가禪家의 눈이요, 남의 시비를 보지 않는 것은 선가의 발이다."라고 하였다. 화상은 발심할 때 돈오하리라 기약하여 깨달았고, 깨달은 뒤의 생애는 한 덩이 돌처럼 굳었으니 선가의 눈에 거의 가깝다 하겠으며, 청황보불靑黃黼黻[58]과 같은 화려한 장식이나 관현의 악기와

58　청황보불靑黃黼黻 : 의복을 장식하는 화려한 색채와 무늬를 말한다. 순舜임금

같은 아름다운 음악에는 굳이 귀먹고 눈멀지 않아도 시비가 절로 끊어졌으니 선가의 발을 십분 갖추었다 할 만하다.

화상은 북쪽으로 묘향산에 들어가고 남쪽으로 지리산에 들어가 반평생 그 행적이 한가로운 구름, 들판의 학과 같았으나 또한 탈쇄脫灑하다고 자처하며 스스로 고상한 척하지 않았다. 그러나 내면에 온축한 도덕은 위대하고 정중하여 굳이 지혜로운 이가 아니어도 알 수 있었다.

79세 때인 갑오년(1894) 봄에 동리산桐裏山 미타암에 주석하면서 선회禪會를 열어 현풍玄風을 떨쳐 탁월한 행적을 보이면서 노년에 이르러서도 게으르지 않았다. 그리고 4년 뒤 정유년(1897)에 열반할 곳을 잡고 명적난야明寂蘭若에서 편안히 지낸 지 3년째 되던 해인 기해년(1899) 정월 7일에 미질微疾에 걸려 14일 신시申時에 이르러 입적하였다.

슬프다! 형상이 있는 것이 반드시 공으로 돌아가는 것은 세상에서 면치 못하는 바이지만, 도인이 입적함에 산야山野가 모두 통곡하여 마지않음을 어이하리오!

화상은 입적할 때에 정신이 평안하고 한가로웠으며 평소처럼

이 우禹에게 이르기를, "내가 해와 달과 별과 산과 용과 꿩을 무늬로 만들고, 종묘의 술그릇과 물풀과 불과 흰쌀과 도끼와 '亞' 자 모양을 수놓아서 다섯 가지 채색을 다섯 가지 빛깔로 물들여 옷을 만들고자 하거든, 그대는 그것을 분명하게 만들라.[日月星辰山龍華蟲, 作會, 宗彝藻火粉米黼黻, 絺繡, 以五采彰施于五色, 作服, 汝明.]"라고 하였다.『서경書經』「우서虞書」〈익직益稷〉.

단정히 앉아 있었다. 당시 원주 혜운慧雲 상좌가 묻기를, "화상께서 지금 입멸하려 하시니, 사산四山이 핍박해 오는데[59] 정혜의 일념이 견고하여 매昧하지 않습니까?"라고 하니, 화상이 목침을 세우고는 엄연히 앉아서 숨을 거두었다.

구지俱胝 화상이 한 손가락을 세운[60] 것이 끝내 거칠고 허황한 것이 아니었으니, 온 하늘 아래가 다 춥다느니 덥다느니[61] 한 것이나 뜨거운 벽돌을 치니 속까지 얼었다[62]고 한 것은 모두 정신이 나

---

59 사산四山이 핍박해 오는데 : 사산은 생로병사를 비유한 것이다. 『열반경』 27권 「사자후보살품」 제3에서 "사대산四大山이 사방으로부터 와서 사람을 해치려 한다. 사대산은 곧 생로병사이다."라고 하였다.

60 구지俱胝 화상이 한 손가락을 세운 : 당나라 때 무주務州 금화산金華山 구지 선사는 누가 어떻게 묻든 법을 물으면 한 손가락을 세웠다. 구지 선사가 임종 시에 대중에게 말하기를, "내가 천룡天龍에게서 한 손가락 선禪을 얻은 뒤로 일생 동안을 수용해도 다 쓰지 못하였다.[吾得天龍一指頭禪, 一生用不盡.]" 하고 말이 끝나자 입적하였다.

61 온 하늘 아래가 다 춥다느니 덥다느니 : 설두중현雪竇重顯이 "원명圓明이 '구지 화상이 문답할 때 한 손가락만을 세웠으니, 추우면 온 천지가 춥다.'라고 하였는데, 어느 곳에서 구지 노인을 보았는가? 원명이 '더우면 온 천지가 덥다.'라고 하니, 저울의 눈금을 잘못 알지 말라. 삼라만상이 밑바닥까지 위태롭고, 산하대지가 꼭대기까지 험준하니, 어디서 한 손가락 선을 얻겠는가?[雪竇顯擧圓明示衆云: '俱胝和尙, 但有問答, 只竪一指頭, 寒則普天普地寒.' 師云: '甚麼處, 見俱胝老?' '熱則普天普地熱', 師云: '莫錯認定盤星, 森羅萬象, 徹下孤危; 大地山河, 通上險絶. 甚麼處, 得一指頭禪?]"라고 하였다. 『선문염송』.

62 뜨거운 벽돌을 치니 속까지 얼었다 : 원오극근圓悟克勤이 "구지俱胝가 찾아오는 승려의 물음에 대답할 때 으레 한 손가락을 세웠으니, 위로 통하고 아래로 사무쳐 걸림 없는 경지에 계합해서 증득하려는 것이다. … 조산曹山이 '구지의 깨달은 경지가 거칠고 정밀하지 못하니, 그는 겨우 일기일경一機一境만을 알았을 뿐이다.'라고 하니, 어떤 소경 같은 이가 말을 따라 알음알이를 내어서 구지를 폄하한 것을 사실이라 여기니, 이는 뜨거운 벽돌을 때려 보니 속까지 꽁꽁

가서 외변으로 달려가는 짓이다. 화상이 목침을 세운 것은 살활殺活이 자재하고 조照도 있고 용用도 있는[63] 소식이니, 암주庵主가 조주趙州 스님에게 대답한[64] 것이 반드시 옛날의 아름다움을 독차지하지는 못할 것이다.

그날 밤 삼경에 한 줄기 상서로운 빛이 마치 무지개처럼 허공을 가로질렀고, 다비한 뒤 5일이 지나도록 그 빛은 더욱 맑고 오색이 영롱하게 모였다 흩어졌다 했으며, 또 상서로운 구름이 사방에서 모여 서로 엉키고 뒤섞이니, 원근의 승속이 모여서 우러러보며 옛 도인이 입멸할 때와 같다고 경탄하였다.

화상은 가경嘉慶 21년 병자년(1816)에 태어나 대한大漢 광무光武 3년(1899) 기해년에 입적했으니 향년은 84세이고, 14세에 출가하여 계를 받았으니 법랍은 71세이다.

얼었다는 것을 모른 격이다.[殊不知焦塼打着連底凍]"라고 하였다.

63 조照도 있고 용用도 있는 : 때에 따라 체體·용用을 자유자재로 구사하는 종사의 수단을 갖추었음을 뜻한다. 본지本智를 거울처럼 비추는 것도 있으며, 그것을 자유자재하게 운용해서 보이는 것도 있다. 『벽암록』 20칙의 평창에서 "저 고인은 한마디 언구도 함부로 하지 않아 전후가 서로 조응照應하여 방편으로 설시說示하는 경우도 있고, 진실하게 제시하는 경우도 있으며, 본연의 지혜로 거울처럼 비추는 경우도 있고, 본연의 지혜를 자유자재로 운용하는 경우도 있되, 빈주賓主가 뚜렷하고 호환互換이 자유자재하다.[他古人一言一句, 不亂施爲, 前後相照, 有權有實, 有照有用, 賓主歷然, 互換縱橫.]"라고 하였다.

64 암주庵主가 조주趙州 스님에게 대답한 : 조주 스님이 한 암주를 방문하여 "주인 있는가?"라고 하니, 암주가 주먹을 세우자, 조주 스님이 "물이 얕아 배를 댈 수 없구나." 하고 떠났다. 또 한 암주를 방문하여 역시 "주인 있는가?" 하고 물으니, 그 암주도 역시 주먹을 세웠다. 그러자 조주 스님은, "놓을 줄도 알고, 빼앗을 줄도 알며, 죽일 줄도 알고, 살릴 줄도 아는구나." 하고는 절하고 떠났다. 『선문염송』.

화상은 초은의유超隱義宥의 법을 이었고, 초은은 연월이준淵月以俊의 법을 이었다. 부휴浮休는 벽암碧庵에게 전수하고, 벽암은 취미翠微에게 전수하고, 취미는 백암柏庵에게 전수하고, 백암은 무용無用에게 전수하고, 무용은 영해影海에게 전수하고, 영해는 풍암楓巖에게 전수하고, 풍암은 벽담碧潭에게 전수하고, 벽담은 영월詠月에게 전수하고, 영월은 낙파樂坡에게 전수하였으니, 화상은 부휴에게 12대손이 되고, 태고太古에게 17대손이 된다.

불법의 교화가 점차 쇠잔하여 정법안장이 죄다 사라졌는데, 화상은 정혜를 오로지 닦아서 이 세상에 무너진 불법의 기강을 크게 바로잡았으니, 불 속에서 연꽃이 피어난 격[火中生蓮]이라 하겠다. 찬탄을 이루 말할 수 있겠는가.

나는 무능하고 용렬하여 세상에 쓸모없는 몸이라 불법 교화에 온갖 폐단이 쏟아져 나오니, 도덕으로도 구제할 수 없거늘 문장으로 어찌 구제할 수 있으리오. 이로 말미암아 감분感憤하여 문묵文墨을 놓고 지낸 지 여러 해였다. 더구나 염량세태炎涼世態를 겪으면서 문사文辭가 쇠락하여 글 짓는 일 따위에 마음을 쓸 수 없었다. 그렇지만 화상이 세상에 나와 그 도업이 이처럼 탁월하고, 그 제자인 자응·금명·자성 세 사형제가 또 이처럼 간곡히 청하기에 굳이 사양하고 말 수는 없었다. 이에 이상과 같이 대략의 행적을 기록하는 한편 지난날 찾아뵙고 배우지 못한 한의 만분의 일이나마 이 글에 담노라.

대한 광무 4년 경자년(1900) 섣달 하순에
호서 승려 경허성우는 조계산 송광사 차안당에서
향을 사르고 삼가 쓰노라.

余廢棄湖西.以養病懶.二十有餘年矣.聞取隱和尙之德馨遠
飄.而因南北敻隔.未得親扣而滌心塵.而和尙奄然歸寂.其用
恨特深焉.光武四年冬.有雲遊志.過曹溪之松廣寺.時適窮陰.
雪擁風鳴.仍以信宿禪窓.有慈應·金明·慈城三兄弟.謂余曰:
"我先傅取隱和尙之時順間出世道業.雖非古祖師之可肩.而
於近世也.罕有聞見焉.以先傅之高行.爲嗣資者.宜其著其行
狀而傳後.可也.而今尙未焉者.不暇焉.而況高師文名素著.禪
奧亦深.而適臨于此.願借高師之一言.以芳我先傅之遺蹟.夫
如是則非特我先傅之行業.軒磊不朽.而不佞等諸嗣足.亦足
以無餘憾焉.請高師之不悋緖餘.可乎?" 余再三推辭.而其請
彌勤.謹按其嗣足之所錄.和尙諱旻旭.法號取隱也.俗姓崔氏.
海州后人也.以嘉慶二十年乙亥.始寄宿於慶尙道奉化地.而
屋簷下過來者.其翌年九月焉.幼而壯且默而焉.有老成風度
矣.十四歲.忽然有出塵之趣.北投太白山覺華寺泰珠長老.祝
髮受戒.隨世緣打幻妄.亦有年所.豈曾悟其菩提道法不離世
間耶?年至不惑.叅超隱丈老于太白山彌勒庵.攝衣染指.決擇
正眼.師資道契.侍奉十秋.應有得其玄奧之境.而志在韜晦.人
莫得以知焉.後年至六十八癸未.寓於般若峯下龍樹霭窩.十

年塊坐. 百慮灰冷. 忽然有頓悟處. 古人云: "如人飲水冷煖自知"者. 此也. 清虛禪師云: "寧可千劫輪廻生死. 不慕諸聖解脫. 禪家之眼也. 不見人之是非. 禪家之足也." 和尙之發心也. 期以頓悟而悟之. 而悟後生涯. 如頑石一片. 則其於禪眼. 有其庶幾焉. 而靑黃黼黻·管絃技操. 不用聾瞽而是非自絶. 禪家之足也. 可謂十分周圓也. 盖北入香山. 南入頭流. 半生行李. 如閑雲野鶴. 而亦不以脫洒爲我所而自高. 其所蘊於中者. 得以偉旺鄭重. 不待智者而後知也. 當七十九年甲午春. 住錫桐裏之彌陀庵. 設禪會. 振玄風. 卓異其行. 至老不怠也. 越四年丁酉. 欲卜其終老之所. 晏居于明寂蘭若之三年己亥正月初七日. 感微疾. 至十四日申時入滅. 嗚呼! 有相必空. 世之所不免也. 而其奈道人之乘化也山野皆痛悼不已何? 其臨滅也. 神識安閑. 端坐如平日. 時有院主慧雲上座問曰: "和尙今欲入滅. 四山相逼. 其定慧一念. 堅凝不昧乎?" 和尙竪起枕子而已. 奄然坐逝. 俱胝和尙之竪起一指. 終不以鹵莽歸之. 而普天寒熱. 焦搏打凍. 亦是走殺外遒也. 和尙竪起一枕也. 能殺能活有照有用底消息. 庵主之對趙州也. 不必專美於古也. 其夜三鼓. 一道瑞光. 橫空如虹橋. 經闍維後. 過五日而其光增淨. 五色散合玲瓏. 又有祥雲四合. 繪輪間錯. 遠近縌白. 瞻慕敬歎. 如古道人入滅時也. 盖和尙生於嘉慶二十一年丙子. 入滅於大韓光武三年己亥. 壽八十四. 十四歲出家受戒. 臘七十一也. 和尙嗣超隱義宥. 超隱嗣淵月以俊. 而浮休傳之碧庵. 碧庵傳之翠微. 翠微傳之栢庵.

栢庵傳之無用. 無用傳之影海. 影海傳之楓巖. 楓巖傳之碧潭. 碧潭傳之詠月. 詠月傳之樂坡. 和尙於浮休爲十二代孫也. 於太古爲十七世也. 佛化漸殘. 正法眼藏. 塗地而盡. 而和尙能專定慧. 大整頹綱於斯世也. 可謂火中蓮華也. 讚何可盡? 余以踈慵癈棄. 無用於世. 而佛化之爲弊瘼者. 百端俱發. 而道德不能濟得. 文章亦何救焉? 因此感憤. 置其文墨. 亦有年矣. 況閱盡炎凉. 文辭衰落. 無所用心於章句等事. 第因和尙之出世. 道業卓異其如斯. 而其嗣足慈應·金明·慈城三兄弟之勤請. 又其如斯. 不可强止. 於是乎槩畧如右. 而寓叙乎其前日未得親扣之恨之萬一云爾.

　　大韓光武四年庚子臘月下澣. 湖西歸釋鏡虛惺牛梵香謹書于曹溪山松廣寺遮眼堂.

서룡 화상 행장瑞龍和尙行狀

—

고덕이 "불법이 멸망할까 걱정하지 않는다."라고 하였는데, 나는 도리어 멸망할까 걱정한다. 걱정하지 않는 것도 까닭이 있고, 걱정하는 것도 까닭이 있다. 비록 본래 멸망하지 않는 이치가 있으나, 계·정·혜 삼학을 익히고 닦지 않으면 이른바 멸망하지 않는 것을 반드시 멸망하지 않도록 보호할 수 있다고 장담할 수 없다.

지금 청산 기슭에 고니와 학처럼 늘어서 있는 것들은 모두 부도이고, 사찰의 누각에 비단 화폭에다 그려 놓은 것은 모두 영탱影幀인데, 이들 모두 반드시 그렇게 할 만하여 부도를 세우고 영탱을 그렸던 것은 아니다. 그러나 행장은 그렇지 않아 행장을 쓸 만하지 않은 사람의 경우에는 행장을 쓰지 않으니, 삼학의 도를 닦지 않은 자에 대해서는 행장을 써서는 안 된다.

나는 본래 재주는 없고 성품은 게을러 문장을 짓지 않은 지가 오래이다. 그러나 때로는 사람들의 부탁에 끌려 마지못해 글을 짓기도 하였으니, 그렇게 한 것이 적지 않았다. 행장을 지을 때마다 붓을 멈추고 감회에 잠기지 않은 적이 없었다.

대저 출가한 사람이 삼학三學을 닦지 않으면 도업道業을 이루지 못하고, 도업을 이루지 못하면 지을 행장이 없다. 지을 행장이 없는 것은 애석하지 않으나 도업을 이루지 못한 것은 애석하니, 도업을 이루지 못하면 부처님의 혜명慧命을 이을 수 없기 때문이다. 삼학이 강령이 되어서 불법이 멸망하지 않는 것이 진실로 이와 같거늘, 오늘날 사문들은 이 삼학을 닦지 않으니 개탄할 일이다.

삼가 행록行錄을 살펴보건대, 화상의 속성은 김씨이고 본관은 광산光山이며, 휘諱는 상민詳玟이고 서룡瑞龍은 법호이다. 춘택공春澤公[65]이 증조이니, 사계 선생沙溪先生[66]에게 8대손이 된다.

화상은 인종仁宗(청나라 황제) 가경嘉慶 19년 갑술년(1814)에 경성에서 태어났다. 어릴 때부터 용모가 맑고 인품이 순수하였다. 17세 때 종로를 걸어가다가 벼슬아치가 처형되는 것을 보고 문득 세상의 명리가 우환거리임을 알고 싫어져서 무상을 느끼고 경기도 안성安城 청룡사靑龍寺 영월影月 장로에게 의탁하여 삭발하고 계를 받았다.

나이 19세에 이르러 명산을 탐방할 뜻을 가지고 지리산에 들어갔다. 당시 용악龍岳 장로가 안국사安國寺에서 강석을 크게 열고 있었기에 스님은 그 문하에 들어가 수학하여 학문이 점차 진보하였고, 다음으로 용암龍巖 화상에게 참문參問하여 지견이 열렸다.

27세 때에는 기양성전騎羊聖典 장로에게 입실하여 도명道名이 높아졌다. 성전 장로의 유촉을 받고 벽송암碧松菴에 주석하였고, 암자가 퇴락하자 화상이 중수하여 면모를 일신하였으며, 상주물

65   춘택공春澤公 : 김춘택金春澤(1670~1717)을 가리킨다. 그의 자는 백우伯雨이고, 본관은 광산光山이며, 호는 북헌北軒이다.

66   사계 선생沙溪先生 : 김장생金長生(1548~1631)을 가리킨다. 그의 자는 희원希元, 호는 사계沙溪이며, 예학禮學에 조예가 깊었고 율곡 이이栗谷李珥의 학통을 계승하였다.

常住物을 아끼고 사우를 중흥하였다. 그리고 화상은 자기 본분사를 밝히지 못함을 염려하여 칠불암七佛庵에서 몇 해 동안 면벽하였으니, 화상의 높은 식견으로 응당 깊은 선지禪旨를 얻었을 터이나 도가 같은 이가 아니면 알 수 없다.

광서光緒(청나라 덕종德宗의 연호) 16년(1890) 경인년 섣달 27일에 화상은 미질을 얻어서 29일에 이르러 열반에 들려고 하였다. 이때 대중이 섣달그믐의 과세불공過歲佛供을 걱정하니, 화상은 "내가 중이 된 지 60년인데, 세상을 떠날 때 어찌 삼보의 일에 방해될 수 있겠는가. 걱정하지 말라."고 하였다. 시일을 끌어서 그 이듬해 정월 초이튿날에 이르러 화상이 또 열반에 들고자 할 때 대중이 또 칠성제七星祭[67]를 지낼 일을 걱정하니, 화상이 또 전과 같이 말하고 시일을 끌어서 4일 사시에 이르러 대중에게 묻기를, "오늘 가도 방해될 일이 없겠느냐?"라고 하였다. 대중이 그렇다고 하자 부촉하는 말을 마치고는 대중에게 경을 외고 염불하게 하고 엄연奄然히 열반에 들었다.

경에 "바라제목차波羅提木叉[68]로 스승을 삼으라."고 하였고, 또 "시방제불이 모두 계정혜에 의지하여 열반에 든다."라고 하였다. 화상은 평소 계를 지켜 부지런히 노력하고 늘 조심하여 그 인품은

---

67   칠성제七星祭 : 칠성七星에게 올리는 제사로 정월 7일에 지낸다. 집안의 무사 태평과 자식들의 장성을 기원하는 제사이다.

68   바라제목차波羅提木叉 : 계율의 세 가지 이름 중 하나로 한역하여 별해탈別解 脫 또는 처처해탈處處解脫이라 한다.

옥처럼 맑고 순수하였고, 학식이 넉넉하였으며, 입적할 때 수명을 자유로이 연장하였으니, 수명을 자유로이 연장할 수 있었던 것은 정력定力이 아니면 불가능하다. 옛날에 삼학을 정밀히 닦아서 도업을 성취한 자일지라도 이보다 더 낫지는 않을 것이다.

그 법맥을 거슬러 올라가 보면, 회암晦庵은 한암寒庵에게 전수하고, 한암은 추파秋波에게 전수하고, 추파는 경암鏡庵에게 전수하고, 경암은 중암中庵에게 전수하고, 중암은 기양騎羊에게 전수하였으며, 회암은 보광葆光의 법을 잇고, 보광은 모운慕雲의 법을 잇고, 모운은 벽암碧庵의 법을 잇고, 벽암은 부휴浮休의 법을 잇고, 부휴는 부용芙蓉의 법을 이었으니, 화상은 부용에게 11대손이 된다. 향년은 78세요, 법랍은 60세이다. 법문法門의 동량이 꺾였으니 총림이 모두 불법의 운수가 비색否塞함을 슬퍼하였다.

내가 광무光武 4년(1900) 겨울에 화전花田(남해의 옛 이름) 용문사龍門寺에 들렀더니, 호은虎隱 장로가 화상이 시순時順[69] 동안에 도행道行이 탁월했음을 크게 칭찬해 말하면서 나에게 행적을 후세에 길이 전하도록 행장을 써 주길 청하기에 내가 문장에 능하지 못하다는 이유로 사양하였다. 그리고 수십 일 뒤 벽송암에 들렀더니, 영운嶺雲·동운東雲 두 고덕이 있었으니, 바로 화상의 제자들이다. 이 두 분이 또 선사先師를 위해 행장을 써 주길 부탁하며 그 청이 더욱 간곡하였다.

---

69   시순時順 : 『경허록』 하, 각주 57) '시순時順' 참조.

내가 회상해 보니 매우 어릴 때 벽송암에서 겨울 한 철을 지낸 적이 있었는데, 당시 화상을 뵈니 맑고 엄숙한 도기道氣가 충만하여 밖으로 발산하였다. 그러나 나는 당시 나이가 어리고 식견이 적어 법문을 들어 마음의 티끌을 씻지 못했으니, 여한이 어찌 끝이 있겠는가! 이제 나이 55세[70]라, 머리털은 세고 얼굴엔 주름이 졌건만 불법에는 깨우친 게 없어 두 가지 이익[71]을 다 잃었으니, 아! 탄식하는 마음을 이루 말할 수 있겠는가!

나는 화상의 도덕에 대해 크게 흠모하는 마음이 있는 데다 두 고덕이 지성으로 청하고 호은 장로가 부탁하신 터라 굳이 사양할 수 없어 문장이 서툰 것도 헤아리지 않고 이상과 같이 대략 쓰면서 때때로 붓을 멈추고 감회에 잠기기를 재삼 마지않았다.

古德云: "佛法不怕爛却." 余却怕爛却. 不怕者. 有以也; 却怕者. 亦有以也. 雖有本有不爛之理. 而非戒定慧三學之薰修. 則所云不爛者. 未必期其保護至於不爛也. 今也靑山之麓. 鵠鶴相望者. 皆浮屠也; 梵樓之上. 綺紈間錯者. 皆寫照也. 寔未必其皆爲之於可爲之事也. 而行狀也. 不然. 其不可爲之事. 則不可以爲焉. 非修其三學之道者. 不可以爲狀焉. 余本才踈性懶. 不事

---

70 나이 55세 : 앞에서 광무 4년(1900) 겨울에 용문사에 들렀고, 그 수십 일 뒤에 벽송암에 들러서 이 행장을 쓰게 되었다고 하고, 당시 나이 55세라 한 것으로 보아 경허는 1901년에 55세였다. 따라서 경허는 1847년에 태어난 것으로 추정할 수 있다.

71 두 가지 이익 : 자리自利와 이타利他.

文章者有年矣.然時則不免爲人所牽.著述章句.其事也亦不少.每臨行狀.未嘗不停筆有感矣.夫出家之人.不修三學.則道業不成.而道業不成.則無行狀可爲.盖不惜其無行狀可爲.惜其道業不成.道業不成.則佛之慧命.莫得而寄焉.其三學之爲綱領而不爛却佛法也.固若是也.今之沙門.莫之事焉.可慨也已.謹按行錄.和尙俗姓金氏.貫光山.諱詳玟.瑞龍其號也.春澤公爲曾祖.於沙溪先生.爲八代孫也.以仁宗嘉慶十九年甲戌.生於京城內.幼而淸澄粹然.十七歲時.遊鍾路.見官人被刑.忽厭世名利之爲患.發無常心.投安城靑龍寺影月長老.落髮受具.至年十九也.有訪名山之志.入智異山.時有龍岳長老.大開講席於安國寺.師攝衣請益.其學漸進.次叅龍巖和尙.知見淸澄.年二十七.入騎羊聖典丈老之室.道價高標.受其遺囑.住錫于碧松菴.菴頹圮.和尙重修得輪奐焉.護惜常住.中興寶坊.又慮己事未明.數年面壁于七佛庵.以和尙之高識.應有得其禪奧.而非同道者.未能知也.以光緒十六年庚寅臘月二十七日.得微疾.至九日.欲入涅槃時.衆以過歲佛供爲憂.和尙曰: “余爲僧六十年.而臨遷化.豈有妨碍於三寶事耶? 勿憂.” 延至明年初二日.又欲涅槃時.衆又以祭七星爲憂.和尙又如前言.延之至四日巳時.問于衆曰: “今日去.庶無所妨碍乎?” 衆曰 “唯.” 付囑訖.使時衆諷經念佛.奄然歸化.經云: “以波羅提木叉爲師.” 又云: “十方諸佛.皆依戒定慧而入涅槃.” 和尙平時守戒.孜孜兢兢.精嚴玉立.而學識贍富.其入滅也.能延促自在.其自在

也.非定力.固不能也.雖古之精鍊三學而成就道業者.亦不可以過焉.溯其法脈.晦庵傳之寒庵.寒庵傳之秋波.秋波傳之鏡庵.鏡庵傳之中庵.中庵傳之騎羊.而晦庵嗣于葆光.葆光嗣于慕雲.慕雲嗣于碧庵.碧庵嗣于浮休.浮休嗣于芙蓉.和尙於芙蓉爲十一代孫也.而壽七十八.臘六十.法門棟樑斯摧.叢林皆傷其運否.余光武四年冬.過花田之龍門寺.有虎隱丈老盛言和尙時順間道行卓異.托余述行狀而不朽.以不閑文辭辭之.其數旬后.過碧松庵.有嶺雲東·雲二高德.乃和尙之嗣足也.又欲爲先師著其行狀.其請彌勤.余回憶最少年時.過寒際於碧松庵.時見和尙.道氣淸肅.益然發外.因年少寡識.未能衆聽法慧.以滌心塵.餘恨可慨?今年光五十有五.髮蒼凉而面皺縮.於佛法無所開明.二利俱闕.吁!可勝言哉?其於和尙道德.大有慕悅望愛之心.而二高德之勤請與虎隱丈老之所托.不可以强辭.不揣其文辭之拙.槩畧如右.而其停筆有感.時復再三不已也.

경허록 ●

용은 대사 행장龍隱大師行狀

—

대사의 성은 김金이요, 휘는 맹윤孟允이고 용은龍隱은 호이며, 본
관은 연산連山[72]이다. 부친의 휘는 긍원兢源이요, 모친은 권씨權氏
이다. 12세에 불명산佛明山 화암사花巖寺[73]에 가서 기봉奇峰[74] 장로
를 배알하니 장로가 말하기를, "기이하도다! 붉은 옷을 입은 동자
여. 간밤에 붉은 용이 내 품속에 들어오는 꿈을 꾸었더니, 네가 올
조짐이었구나." 하고 그를 받아들였다. 15세가 되었을 때 삭발 수
계하였는데, 성품과 행실이 착하고 온순하였으며 활달豁達하여 노
성老成한 사람의 풍모가 있었다.

　　대사는 가람을 보호하는 것으로 평생의 임무를 삼았으며, 자
기를 위하는 데는 매우 검소하였고, 남을 이롭게 하는 데는 넉넉하
였으니, 식견 있는 이들이 훌륭하다고 여겼다.

　　중년에 문득 무상을 느끼고 발심發心하여 명산을 두루 다니면
서 오묘한 도를 참구하고 수천 일 동안 불보살에 기도하였으니, 이
어찌 어느 시대나 볼 수 있는 일이겠는가. 그러한즉 대사가 임금의

72　연산連山 : 충청남도 논산의 옛 지명이다.

73　화암사花巖寺 : 전라북도 완주군 경천면 불명산佛明山 시루봉 남쪽에 있는 사
　　찰로 현재 금산사金山寺의 말사이다.

74　기봉奇峰 : 1776~1853. 휘는 장오藏昨, 자는 은옹隱翁, 속성은 최씨이다. 전주
　　全州 봉서사鳳捿寺 궤운軌雲 스님의 문하에서 삭발하고 봉곡鳳谷 법사에게
　　구족계를 받았다. 이후 강경講經과 참선을 하였으며, 사찰을 중건하는 데 힘썼
　　다. 법손인 허주虛舟와 덕진德眞 등이 행적을 찬술하였다.

장수를 빌고 부처님을 받들며 자기 마음을 다스리고 타인을 이롭게 한 것은 일반 사람들이 미칠 수 있는 바가 아니다.

나이 40세에 은사 기봉 장로의 입실 제자가 되었으니, 금파金波[75] 화상이 바로 그의 옹사翁師이다. 따라서 대사는 태고太古[76] 화상에게 18세손이 된다.

기해년(1899) 10월 7일에 미질微疾이 있었다. 섣달 19일 사시巳時에 시자승 응선應善에게 분부하기를, "나를 위해 법당에 가서 부처님께 삼배를 올려라."고 하기에 시자승이 분부대로 하였다. 대사는 또 권속들에게 말하기를, "내가 이인異人을 만났는데, 그 용모가 매우 위엄 있고 훤출하였다. 그가 나에게 말하기를, '나는 문수동자로 이 도량을 떠나지 않고 있으니, 그대를 서방의 연화대蓮花臺로 인도할 것이다.'라고 하였다. 내가 덕행이 없다고 대답했더니, 그 사람이 '오래지 않아 만나게 될 것이다.' 하고 말을 마치자 사라졌으니, 기이한 일이로다."라고 하였다. 권속들도 그 말을 듣고 참으로 기이하게 여겼다.

---

75 금파金波 : 1833~?. 법명은 응신應信, 속성은 김씨, 전남 완도 출신이다. 두륜산으로 출가하여 석호石虎 선사의 법을 이어받았다. 범해각안梵海覺岸의 강당에서 비구계와 보살계를 받았으며, 범해·운곡雲谷·보제普濟·응화應化 스님의 강석에서 경론을 공부하였다.

76 태고太古 : 고려 말엽의 선사인 보우普愚(1301~1383)의 법호이다. 속성은 홍씨洪氏, 시호는 원증圓證이다. 13세에 출가하여 회암사檜巖寺 광지廣智의 제자가 되었고, 훗날 원나라에 가서 청공淸珙의 법을 이어받아 임제종의 시조가 되었다. 귀국하여 공민왕의 왕사, 우왕의 국사가 되었다.

21일 해시亥時에 이르러 대사가 대중을 돌아보며 말하기를, "나는 이제 가겠다." 하고 부축받아 몸을 일으켜 서쪽을 향해 앉고는 대중에게 염불하도록 하였다. 이때 법제자 경원暻圓이 대사의 귀에 대고 묻기를, "스님! 아미타불 염송 소리가 들리십니까?"라고 하자 대사가 머리를 끄덕이고 편안히 입적하셨다.

대사는 도광道光 7년 정해년(1827)에 태어났고, 광무光武 3년 기해년(1899)에 입적하였으니 세수는 73세요, 15세 때 수계受戒하였으니 법랍은 58세이다. 법문法門에 대덕이 세상을 떠났으니, 승속을 막론하고 모두 슬퍼하여 마지않았다.

선화禪話를 보면 고덕古德이 말하기를, "구름 속에 비록 부처님이 출현할지라도 정안正眼으로 볼 때에는 길상이 아니로다."[77]라고 하였으니, 문수보살의 인도를 귀하게 여길 게 있으리오. 그리고 조사祖師가 이르기를, "무릇 임종할 때에는 천마天魔 파순波旬[78]이 불보살이나 승려로 변신하여 수행자를 미혹하게 한다."라고 하였고, 규봉圭峰 선사는 이르기를, "수행인이 지혜의 마음 공부가 있지 않으면 여기에 이르러 진위를 분간할 수 없다."라고 하였으니, 자칭 문수동자라 했던 분이 과연 진짜인가? 가짜인가?

---

77 구름~아니로다 : 이 게송은 『경덕전등록景德傳燈錄』, 『오등회원五燈會元』 등에 고승의 게송으로 나오는데, 누가 설한 것인지를 알 수 없다.

78 파순波旬 : 살자殺者, 악자惡者의 뜻으로 욕계欲界 제6천天의 임금인 마왕의 이름으로 마구니를 뜻한다.

비록 그러하나 수다라脩多羅[79]에 이르기를, "중생 중에 선근善根이 있는 자에게는 불보살님이 혹 나타나서 가피를 보이고, 혹 꿈에 일러 주고, 혹 임종 때에 인도하여 불계佛界로 왕생하게 한다."라고 하였다. 이렇다면 무릇 우리 육취六趣[80]에 떨어져 있는 이들이 불보살의 가피를 입어서 속히 윤회를 벗어난다면, 이보다 더 좋은 일이 어디 있겠는가. 또 이르기를, "전생의 일을 알고자 하면 금생에 받는 것이 이것이요, 내생의 일을 알고자 하면 금생에 짓는 것이 이것이다."라고 하였으니, 대사가 평생에 한 일로 미루어 보건대 임종 때 나타나 인도해 준 성인聖人은 문수보살이 틀림없다. 고덕이 이르기를, "삿된 사람이 정법을 설하면 정법이 다 삿된 것이 되며, 바른 사람이 삿된 법을 설하면 삿된 법이 다 바른 것이 된다."[81]라고 하였으니, 소위 삿됨과 바름이란 것은 그 자체로 판별되는 면목이 없는 것이 진실로 이와 같다. 그러나 『보살처태경菩薩處胎經』에 이르기를, "강과 하천이 이름은 다르나 대해大海로 들어가면 그 본래 이름을 잃고, 뭇 새가 색은 다르나 수미산에 의지하면 모두 다 한 색이다."라고 하였으니, 불조佛祖가 중생을 이롭게 하는 법문은 광대하여 이루 헤아릴 수가 없고 중생의 품류品類와 근기는 천차만별이다. 따라서 하나의 치우친 소견으로 판별하여 대방

---

79   수다라脩多羅 : 십이분경의 하나로 부처님의 말씀을 담은 경전을 가리킨다.

80   육취六趣 : 지옥, 아귀, 축생, 아수라, 인간계, 천상계의 육도六途를 말한다.

81   이 게송은 『금강경주해金剛經注解』에 의하면 야부도천冶父道川 선사의 게송으로 나온다.

가大方家[82]에게 비웃음을 사서는 안 될 일이다.

광무光武 5년(1901) 초여름에 풍계 선백楓溪禪伯이 불령산佛靈山 청암실靑岩室[83]로 나를 찾아와서 선사先師의 행장行狀을 부탁하였다. 나는 그의 선사와의 옛정을 추억하고, 또 선사를 위한 제자의 정성스런 뜻을 중히 여겨 문사文辭에 능하지 못하다는 이유로 사양하지 못하고 삼가 이상과 같이 쓴다.

호서湖西 승려 경허성우 화남和南[84]

大師姓金.諱孟允.龍隱其號.連山人也.父諱兢源.母權氏.十二歲.去佛明山花嚴寺.拜奇峰長老.長老曰:"異哉!紅衣童乎.昨夜夢見赤龍抱入胸襟.兆汝來也."因爲收留.至十五歲.祝髮受戒.性行善順.豁如有老成風度焉.大師以保護伽藍爲平生事業.而爲己甚儉.利他則優.有識者偉之.中年忽發無常心.遊歷名山.遍參妙道.而數千日祝聖.是豈代見之哉?則大師祝君奉佛.治心利物.非他常例人所及也.年四十.入于恩養師奇峰長老之室.金波和尙卽其翁師也.大師於太古和尙爲十八世之孫

---

82   대방가大方家 : 어떤 분야에서 아주 뛰어난 사람으로 인정받으며 영향을 미치는 사람을 말한다.

83   청암실靑岩室 : 김천시 증산면 불령산佛靈山에 있는 청암사靑巖寺의 장실丈室을 말한다.

84   화남和南 : 합장하여 예배하는 것을 뜻하는 말이다.

也.己亥十月初七日得微疾.至臘月十九日巳時.命侍僧應善曰:"爲我去法宇.三拜于佛."其僧如敎.大師又謂諸眷屬曰:"余見有異人.其貌甚嚴偉.而謂余曰:'我是文殊童子.不離于此道場.當接引汝于西方蓮臺.'余對以無德行.其人曰:'不久當見.'言訖而隱.異哉!"諸眷屬聽之亦異之.至二十一日亥時.大師目顧衆會曰:"吾今逝矣."扶起向西而坐.又令大衆念佛.時法子曒圓附耳問曰:"法傳聞念誦阿彌陀佛聲乎?"大師點頭.泊然而逝.盖大師生於道光七年丁亥.入滅於光武三年己亥.壽七十三.十五歲受戒.臘五十八也.法門碩德云亡.緇白皆感傷不已.閱禪話.古德云:"雲中縱有金毛現.正眼觀時非吉祥."則何貴乎文殊菩薩之接引?而祖師云:"凡人臨命終時.天魔波旬拵作佛菩薩僧.迷亂行人."圭峰禪師云:"修行人非有智慧心功者.到此難辨眞僞."其自稱文殊童子者.果眞乎假乎?雖然.脩多羅云:"衆生有善根者.佛菩薩或顯加.或夢喩.或當命終接引往生佛界."夫如是則凡我漂墮六趣者.蒙其聖加.徑脫輪廻者.何善如之?又云:"欲知前生事.今生受者是;欲知後生事.今生作者是."推其大師之平生事業.臨終作用接引聖人.其爲文殊菩薩也.無惑矣.古德云:"邪人說正法.正法悉歸邪;正人說邪法.邪法悉歸正."其所謂邪正云者.無自來剖判面目也.固如是.而菩薩處胎經云:"江河殊名.歸大海.失其本名;衆鳥異色.依須彌.皆同一色."佛祖之利生法門.廣大不可思議.而衆生品機分分萬差.不可以一偏小見辨之.見笑於大方家也.光武五年

肇夏.楓溪禪伯訪余于佛靈山靑岩室中.請以先師行狀.余追
感乎與其先師有舊.而重其嗣足爲先之誠意.不以不閑文辭辭
之.謹撰右.

　　湖西歸釋鏡虛惺牛和南.

한글 가사⁸⁵

참선곡參禪曲

—

忽然히 생각하니

都是夢中이로다

千萬古 英雄豪傑

北邙山 무덤이요

富貴文章 쓸대업다

黃泉客을 免할소냐

嗚呼라 내의 몸이

풀끝에 이슬이요

바람속의 燈불이라

---

85   한글 가사 4편의 글은 기존의 『경허집』에 나오는 원문 그대로를 실었으며, 현대
     말로 번역하지 않았다.

三界大師 부처님이
叮嚀이 이로사대
마음찾어 成佛하야
生死輪廻 永斷하고
不生不滅 저 國土에
常樂我淨 無爲道를
사람마다 다할줄노
八萬藏經 遺傳하니
사람되야 못닥그면
다시 工夫 어려우니
나도 어서 닥가보세
닥난 길을 말하랴면
허다히 만컷마는
대강 추려 적어보세
안꼬 서고 보고 듯고
着衣喫飯 對人接語
一切處 一切時에
昭昭靈靈 知覺하난
이것이 어떤겐고
몸뚱이난 송장이요
妄想煩惱 本空하고
天眞面目 내의 부처

보고 듣고 안꼬 눕고

잠도 자고 일도 하고

눈 한 번 깜작할새

千里萬里 단여오고

許多한 神通妙用

分明한 내의 마음

어떠케 생겻난고

疑心하고 疑心하되

고양이가 쥐잡듯이

주린 사람 밥 찻듯이

목마른이 물 찻듯이

六七十 늘근 寡婦

子息을 일흔 후에

子息생각 간절틋이

생각생각 잊이 말고

깊이 궁구하여가되

一念萬年 되게 하야

廢寢忘飱 할지경에

大悟하기 각갑도다

忽然이 깨다르면

本來 生긴 내의 부처

天眞面目 絶妙하다

阿彌陀佛 이 아니며
釋迦如來 이 아닌가
점도 안코 늑도 안코
크도 안코 적도 안코
本來 생긴 自己靈光
盖天盖地 이러하고
涅槃眞樂 가이 없다
地獄天堂 本空하고
生死輪廻 本來 없다
善知識을 차저가서
了然이 印可마저
닷이 疑心 없은 後에
世上萬事 忘却하고
隨緣放曠 지내가되
빈 배갗이 떠놀면서
有緣衆生 濟度하면
報佛恩德 이 아닌가
一切戒行 직켜가면
天堂人間 壽福하고
大願力을 發하여서
恒隨佛學 생각하고
同體大悲 마음먹어

貧病乞人 괄세말고
五蘊色身 생각하되
거품갗이 觀을 하고
밧같으로 逆順境界
夢中으로 생각하야
喜怒心을 내지 말고
虛靈한 내의 마음
虛空과 같은 줄로
眞實이 生覺하야
八風五欲 一切境界
不動한 이 마음을
泰山갗이 써 나가세
헛흔소리 우시개로
이날 저날 헛보내고
늑난줄을 忘却하니
무삼 工夫 하여 볼가
죽을제 苦痛中에
後悔한들 무엇 하리
四肢百節 오려내고
머리골을 쪽이난듯
五臟六腑 찟난중에
압길이 캄캄하니

寒心慘酷 내 노릇이

이럴줄을 뉘가 알꼬

저 地獄과 저 畜生에

내의 身世 慘酷하다

百千萬劫 蹉跎하야

다시 人身 망연하다

叅禪 잘한 저 道人은

안저 죽고 서서 죽고

알토안코 蟬脫하며

오래 살고 곳 죽기를

제 맘대로 自在하며

恒河沙數 神通妙用

任意快樂 自在하니

아무쪼록 이 世上에

눈코를 쥐여뜻고

부지런이 하여보세

오날 내일 가는 것이

죽을 날이 당도하니

푸주간에 가는 소가

자옥자옥 死地로세

이전 사람 叅禪할제

마듸그늘 액겻거늘

나는 어이 放逸하며
이전 사람 叅禪할제
잠오난것 성화하야
송굿으로 찔넛거든
나는 어이 放逸하며
이전 사람 叅禪할제
하루해가 가게 되면
다리 뻣고 울엇거늘
나는 어이 放逸한고
無明業識 毒한 술에
昏昏不覺 지내가니
嗚呼라 슯으도다
타일너도 아니 듯고
꾸지저도 조심안코
심상이 지내가니
희미한 이 마음을
어이하야 인도할꼬
쓸때없난 貪心嗔心
공연이 이르키고
쓸때없난 許多分別
날마다 紛擾하니
우습도다 내의 지혜

누구를 한탄할꼬
知覺없난 저 나뷔가
불빗을 貪하여서
저 죽을 줄 모르도다
내 마음을 못 닥으면
如干戒行少分福德
도모지 虛事로세
嗚呼라 寒心하다
이 글을 자세 보와
하로도 열두시며
밤으로도 조금 자고
부지러니 工夫하소
이 노래를 깊이 믿어
책상 우에 페여 놓고
시시때때 警策하소
할 말을 다 하랴면
海墨寫而不盡이라
이만 적고 끟이오니
부대부대 깊이 아소
다시 할말 있아오니
돌장성이 아희나면
그때에 말하리라

가가가음_{可歌可吟}

一

일 업는 鏡虛堂이

노래 하나 지어내니

世上 사람 드러보소

자세이 드러보소

凡世人間 사람드리

善惡因果 바다 나니

影響相從 不差下에

前世에 惡한 사람

牛馬虫蛇 今生이오

地獄餓鬼 불상하다

前生에 善한 사람

國王大臣 富貴榮華

目前에 分明하니

今生善惡 미러보면

後生일을 알이로다

人生百年 다살며는

三萬六千 날이오나

다사난이 늬잇스며

人間七十 古來稀라

七十살이 또한 젹네

五六十을 산다 해도
二三十이 거위 되여
十五十歲 바라보니
그역참간 夢中일세
父母兄弟 俱存하고
妻子眷屬 삼대 갓고
文章才藝 盖世하고
威風容貌 嚴莊하고
金銀玉帛 邱山갓고
天子되며 輪王되야
無量快樂 받드래도
人生목숨 無常하야
아츰나절 셩튼 몸이
저역나졀 黃泉일세
오날나졀 이러하니
내일모레 엇지될지
푸쥬간에 가는 쇼가
자옥자옥 死地로다
한심하고 가련하다
蜉蝣같은 人生목숨
멋날멋칠 보젼할고
電光石火 夢中이라

一息不回 來生이면

來生 일을 또 알손가

설사 定命 살드래도

잠든 날과 病든 날과

憂患疾苦 걱정 근심

無限苦想 다 빼노면

편할 날이 멧칠이며

사는 날이 멧칠인가

부지럽시 貪瞋이나

我慢嫉妬 愛欲心을

내것 삼아 受用하야

三惡道에 떠러지니

百千萬劫 輪廻受苦

그 아니 慘酷한가

비록 善心 조흔지라

天上人間 快樂하나

有漏因果 無常하야

六道輪廻 못 면하니

그런 故로 祖師 말삼

曾向天帝 殿中遊라가

還向閻宮 鍋裏煮라[86]

分明이 일넛스니

그 아니 取信할가

그런고로 三界夢中이라

淸淨光明 眞如佛性

나도 안코 죽도 안코

無爲眞樂 恒常이오

蕩蕩無碍 自在하니

寂光土 죠흔 國土

白雲流水 處處로다

부텨 한번 되어 노면

무슨 걱정 잇슬손가

보고 듯고 안고 눕고

밥도 먹고 옷도 입고

말도 하고 잠도 자고

恒常妙用 摠持하니

얼고앏에 分明하고

이마 뒤에 신그럽다

찻는 길이 여럿이나

---

86   曾向天帝~鍋裏煮라 : 이는 "일찍이 천제의 궁전 가운데서 노닐다가 다시 염라
      궁의 끓는 솥에서 삶겨지네."라는 뜻으로 육도六道 가운데 천상天上에 있다가
      다시 지옥으로 떨어지는 것을 가리킨다.

아조 야치 말할진댄

返照工夫 最妙하다

善心惡心 無量心을

地水火風 제쳐노코

차자보면 無形이라

비록 차자 無形하나

靈知分明 不昧하니

그 아니 可笑론가

石人吹笛 木馬현쥬⁸⁷

아하 우슙다

虛妄夢中 世上事을

도모지 忘却하고

白雲靑山 奇岩流水

秋月春花 無限景이

景槩쪼차 奇異하다

茱根木果 充腹하고

一朝寒衲 罷袖하니

潺潺流水 盤石上에

결로 생긴 松亭이요

---

87   石人吹笛 木馬현쥬 : 여기서 '현쥬'는 선학원본에 '奏絃' 곧 악기를 타는 것으
      로 되어 있다. 이는 "돌로 만든 사람이 피리를 불고, 나무로 만든 말이 악기를 탄
      다."라는 뜻이다.

실실한 금운조차셔

明月淸風 相和로다

法國새 한 소리에

盡日無心 終夜無心

無心客이 되얏스니

明月이 無心하야

날을 빗쳐 無心하고

淸風이 無心하야

나를 불어 無心하야

無心行이 이러하니

無爲眞理 이 아닌가

出世丈夫 이 아닌며

諸佛諸祖 別求할가

興亡盛衰 뉘 알테이며

츌척도거 뉘 알텐고

眞如涅槃 昨夢일세

泡沫風燈 가소롭다

이런 快樂 無上樂을

可憐하다 世上 사람

어이하야 하지 않고

지레 죽을 酒色에는

貴賤 없이 다 질기고

眞樂受할 成佛法門

僧俗男女 다 피하니

末世 되야 그러한가

善心 업서 그러한가

智慧知人 바이 없서

無常歲月 虛妄事을

어서어서 밧비 깨쳐

善知識을 親見하고

自己佛을 어셔 차자

六道衆生 濟度하야

如我無爲 하온 後에

高源桃李 芳草岸에

露地白牛 으거하야

無孔笛을 빗겨들고

囉囉哩哩 囉囉哩

太平歌를 불너보세

나무석가모니불南無釋迦牟尼佛[88]

---

[88]　　이 구절은 한암 필사본에만 있다.

중노릇하는 법

—

대저 중노릇하는 것이 적은 일이리요

잘 먹고 잘 입기 위하야 중노릇하는 것이 아니라

부쳐 되여 살고 죽는 것을 면하자고 하는 것이니

부쳐 되려면 내 몸에 있는 내 마음을 찾으려면

몸뚱이는 송장으로 알고

세상일이 좋으나 좋지 안으나 다 꿈으로 알고

사람 죽는 것이 아침에 있다가 저녁에 죽는 줄로 알고

죽으면 지옥에도 가고 즘생도 되고 귀신도 되여

한없는 고생을 받는 줄을 생각하야

세상만사를 다 잊어버리고 항상 내 마음을 궁구하되

보고 듯고 일체 일을 생각하는 놈의 모양이 어떻게 생겼는고

모양이 있는 것인가 모양이 없는 것인가

큰가 저근가 누른가 푸른가 밝은가 어두운가

의심을 내여 궁구하되

고양이가 쥐잡듯 하며 닭이 알안듯 하며

늙은 쥐가 살든 궤짝 좃듯하야

항상 마음을 한군데 두어 궁구하야

잊어버리지 말고 의심하여

일을 하더라도 의심을 놓지 말고

그저 있을 때도 의심하야 지성으로 하여 가면

필경에 내 마음을 깨다를 때가 있을 것이니

부대 신심을 내여 공부할지니라

대저 사람 되기 어렵고

사람 되여도 사나히 되기 어렵고

사나히 되여도 중노릇하기 어렵고

중이 되여도 부쳐님 바른 법을 맞나기 어려우니

그런 일을 깊이 생각하며

부쳐님 말슴이 사람이 된 이는 손톱 우에 흙 같고

사람의 몸 잃고 즘생 된 이는 왼 세상 흙 같다 하시고

또 사람의 몸 한 번 잃으면

억만년이라도 다시 회복하기 어렵다 하시며

또 항상 지옥에 처하기를 동산에 놀듯하며

아귀귀신이나 축생 되기를 내 집에 있듯 한다 하시며

또 한 번 성불하면 다시 죽도 살도 않고

다시 고생을 아니 받는다 하시니

이런 말씀을 자서히 들어 생각하며

또 이전에 권선사라는 스님은

아침부터 공부하다가 해가 질 때면 다리를 뻗고 울어 가로대

오늘 해도 공연히 지내고 마음을 깨닷지 못하엿다 하고

날마다 그리한 이도 있고

공부하노라고 마음 지극히 먹은 이를 모다 적을 수 없으니

다 죽고 살기를 잊고 먹고 입기를 잊고 잠자기도 잊고 공부하셨으니

경허록 •

우리도 그렇게 하여야 공부가 될 터이니 자서히 생각하며

이전에 동산스님이 글을 지어 가로대

거룩하다는 이름도 구하지 말고

재물도 구하지 말고 영화스러운 것도 구하지 말고

그렁저렁 인연을 따라 한세상을 지내여서

옷은 떠러지거든 거듭거듭 기워 입고

양식은 없거든 가끔가끔 구하여 먹을지로다

턱어리 밑에 세 마듸 기운이 끈어지면 문듯 송장이요

죽은 후에는 헷이름뿐이로다

한낮 허환한 몸이 몇을이나 살 것이관대

쓸대없는 일을 하느라고 내 마음을 깜깜하게 하여

공부하기를 잊어버리리요 하시니라

내 마음을 깨다른 후에

항상 그 마음을 보전하야 깨끗이 하고 고요히 하야

세상에 물들지 말고 닦아 가면 한없는 좋은 일이 하도 많으니

부대 깊이 믿으며 죽을 적에라도 아프도 않고 알치도 않고

마음대로 극락세계에도 가고, 가고 싶은 대로 가나니라

부쳐님 말슴에 하시기를

남자나 녀인이나 로소를 물론하고 이 법문을 믿고 공부하면

모두 부쳐가 되리라 하시니 어찌 사람을 속이리오.

오조홍인 대사 말슴이

내 마음을 궁구하면 깨다를 것이라 하시고

맹서하시되 너의가 내 말을 곳이 아니 들으면

세세생생에 호랑이에게 죽을 것이요

내가 너의를 속이면 후생에 지옥에 떠러지리라 하시엇으니

이런 말슴을 듯고 어찌 믿지 아니 하리요

공부하는 사람이 마음 움적이지 않기를 산과 같이 하고

마음을 넓게 쓰기를 허공과 같이 하고

지혜로 불법 생각하기를 날과 달같이 하야

남이 나를 옳다고 하든지 그르다고 하든지 마음에 끄달리지 말고

다른 사람의 잘하고 잘못하는 것을 내 마음으로 분별하여 참견 말고

좋은 일이 당하든지 좋지 아니한 일이 당하든지

마음을 평안히 하며 무심히 가져서

남 봄에 숙맥같이 지내고 병신같이 지내고

벙어리같이 소경같이 귀먹은 사람같이 어린아이같이 지내면

마음에 절로 망상이 없어지나니라

설사 세상일을 똑똑히 분별하더라도

비유하건대 똥덩이 가지고 음식 만들려는 것과 같고

진흙 가지고 흰 옥 만들려는 것과 같애여

성불하여 마음 닦는대 도시 쓸대없는 것이니

부대 세상일을 잘할려고 말지니라

다른 사람 죽는 것을 내 몸과 같이 생각하여

내 몸을 튼튼히 믿지 말고

때때로 깨우처 마음 찾기를 놓지 말지니라

이 마음이 어떻게 생겼는고 의심하여 오고 의심하여 가고

간절히 생각하기를 배고픈 사람이 밥 생각하듯 하여

잊지 말고 할지니라

부처님이 말슴하시기를

일체 세상 일이 다 허망하다 하시고

중생의 모든 하는 일이 다 나고 죽는 법이라 하시고

오즉 제 마음을 깨다러야 진실한 법이라 하시니라

술을 먹으면 정신이 흐리니 먹지 아니할 것이요

음행은 정신 갈려 애착이 되니 상관 아니 할 것이요

살생은 마음에 진심을 도으니 아니할 것이요

고기는 먹으면 정신이 흐리니 먹지 아니할 것이요

거짓말은 내 마음에 사심을 기루니 아니할 것이요

도적질은 내 마음에 탐심을 느리니 아니할 것이요

파와 마늘은 내 마음에 음심과 진심을 도두니 먹지 아니할 것이요

그 남어지 일체 것이 내게 해로운 것이니 간섭치 말지니라

목우자 스님 말씀이 재물과 색이 앙화 됨이 독사보다 심하니

몸을 살펴 그런 줄 알아 항상 멀리 여의라 하시니

이런 깊은 말슴을 본받아 행하여야 공부가 순히 되나니라

부처님 말슴에 한번 진심내면 백만 가지나 죄가 생긴다 하시니

제일 골내는 마음을 참을지니라

예전 스님네 말슴이 골내는 마음으로

호랑이와 배암과 벌과 그런 독한 물건이 되고

가벼운 마음으로 나비와 새가 되고

좀스러운 마음으로 개아미와 모기 같은 것이 되고

탐심 내는 마음으로 배고파 우는 귀신이 되고

탐심과 골내는 마음이 만하고 크면 지옥으로 가고

일체 마음이 다 여러 가지 것이 되여가니

일체 여러 가지 마음이 없으면 부쳐가 되나니라

착한 마음이 좋다하여도 또 천당으로 갓다가 도로 떠러져

지옥이나 축생이 되어가니 착한 마음도 쓸대없고

일체 마음을 없애고 하면 다른 데로 갈 것 없고

마음이 깨끗하여 혼곤하지 아니하면 캄캄한 대로 가지 아니하니

고요하고 깨끗한 마음이 부쳐 되어 가는 길이니

내 마음을 항상 의심하야 궁구하면 자연 고요하고 깨끗하여지나니

극칙 고요하고 깨끗하면 절로 마음을 깨다라 부쳐 되나니라

도라가지 아니하고 곳은 길이니 이렇게 하여 갈지니라

이 법문을 가끔 보고 읽고 남에게 일러주면

팔만대장경 본 공덕과 같고

그대로 공부하면 일생에 성불할 것이니

속이는 말로 알지 말고 진심으로 믿어 하여 갈지니라

산은 깊고 물은 흐르고 각색 초목은 휘여져 있고

이상한 새소리는 사면에 울고

적적하야 세상 사람은 오지 안는대

고요히 앉아 내 마음을 궁구하니

경허록 •

내게 있는 내 마음이 부처가 아니면 무엇인가

듯기 어려운 좋은 법을 들엇으니 신심을 써서 할지니라

마음을 넘우 급히 쓰면 신병이 나고 두통도 나나니

마음을 갈아 앉처 평안히 하여 가라

조심하라 억지로 생각하려 말고 의심을 내여하라

법문곡

—

오회라 세상사람 나의 노래 들어 보소

허탄히 알지 말고 자서히 생각하소

고왕금래 무궁하고 천지사방 광활한데

사람이라 하는 것이 오회라 웃업도다

허망하다 이 몸이여 더운 것은 불기운

동하는 것 바람 기운 눈물 코물 피와 오줌

축축한 것 물 기운 손톱 발톱 터럭이와

살과 뼈와 니빠듸와 단단한 것 흙 기운

오장육부 살펴보니 구비구비 똥오줌

지렁이와 촌충이와 버러지도 무수하다

밖으로 살펴보니 모기 벼룩 이와 빈대

허다한 괴론 물건 주야로 침노한다

가사 백년 산다 해도 백년 삼만 육천 일에

살펴보면 잠 이요 인생칠십고래희라

칠십 살기 드물도다 중수자는 사오십

단수자는 이삼십 세네 살에 죽는 인생

두루두루 생각하니 한심하다 이 몸이여

움도 싹도 아니 난다 인생 한번 죽어지면

황천객이 되는구나 가사 칠십 산다 해도

잠든 날과 병든 날과 걱정 근심 여러 모양

경허록 •

편한 날이 몇을인가 아침나절 성튼 몸이
저녁나절 병이 들어 신음고통 하는 모양
의원 불러 약을 쓰니 편작인들 어이하며
무녀 들여 굿을 하니 무함이도 쓸대없고
문복장이 점을 하니 소강절도 쓸대없고
제산제수 허다 공덕 신령인들 어찌하며
금은재보 산과 같고 처자권속 삼째같고
사생친구 빈빈하나 죽는 사람 할 수 없다
오장륙부 끈어내고 사지백절 베여낸다
쉬이나니 한숨이요 우나니 눈물일세
부모형제 지친으로 대신 갈 이 뉘 있으며
금은옥백 재물로도 살려낼 수 바이 없네
력대왕후 만고호걸 부귀영화 쓸대없고
만고문장 천하변사 죽는 대는 허사로다
동남동녀 오백 인이 일거 후에 무소식
불사약도 허사로다 참혹하다 이 인생에
죽잖는 이 뉘 있는가 북망산 깊은 곳에
월색은 침침하고 송풍은 슬슬한대
다만 조객 가마귀라 인생 일장춘몽을
꿈 깨는 이 뉘 있는가 가련하고 한심하다
삼계도사 부쳐님이 죽도 살도 않는 이치
깊이 알아 훈도하니 자세한 전후 말슴

소연하기 일월 같다 천만고 명현달사

견성득도한 사람이 항하사 모래수라

견성득도하게 되면 생사를 면하나니

천경만론 이른 말슴 조금도 의심 없다

나도 조년 입산하야 지금껏 궁구하야

깊이깊이 공부하야 다시 의심 영절하니

어둔 길에 불 만난 듯 주린 사람 밥 만난 듯

목마른 이 물 만난 듯 중병 들어 앓는 사람

명의를 만나는 듯 상쾌하고 좋을시고

이 법문을 전파하야 사람사람 성불하야

생사윤회 면하기를 우인지우 낙인지락

이 내 말슴 자세 들소 사람이라 하는 것이

몸뚱이는 송장이요 허황한 빈 껍덕이

그 속에 한낮 부쳐 분명히 있는구나

보고 듣고 앉고 서고 밥도 먹고 똥도 누고

언어수작 때로 하고 희로애락 분명하다

그 마음을 알게 되면 진즉 부쳐 이것일세

찾는 법을 일러보세 누나 서나 밥 먹으나

자나 깨나 움즉이나 똥을 누나 오줌 누나

웃을 때나 골낼 때나 일체처 일체시에

항상 깊이 의심하야 궁구하되

이것이 무엇인고 어떻게 생겼는가

큰가 작은가 긴가 짜른가

밝은가 어두운가 누른가 푸른가

있는 것인가 없는 것인가 도시 어떻게 생겼는고

시시때때로 의심하야 의심을 놓지 말고

념념불망 하여가면 마음은 점점 맑고

의심은 점점 깊어 상속부단할 지경에

홀연히 깨다르니 천진면목 좋은 부쳐

완연히 내게 있다 살도 죽도 않는 물건

완연히 이것이다 금을 주니 바꿀소냐

은을 주니 바꿀소냐 부귀공명도 부럽지 않다

하늘땅이 손바닥 우에 있고 천만년이 일각이오

허다한 신통묘용 불에 들어 타지 않고

물에 들어 젖지 않고 크려면 한량없고

적으려면 미진 같고 늙도 않고 죽도 않고

세상천지 부럴 것이 다시 무엇 있을소냐

나물 먹고 물마시고 배고파 누엇서도

걱정할 일 바이 없고 헌옷 입고 춥더라도

무엇 다시 걱정하며 셩신 같다 추더라도

좋아할 것 다시없고 고약하다 욕하여도

일호 걱정 도시 없고 천지에 불관이요

생사에 불관이요 빈부에 불관이요

시비에 불관이요 홀연히 한 무사인이

되었으니 이것을 부처라 하나니라

이 몸을 벗고 가더라도 가고 오기를 자재하야

죽고 살기를 제 마음대로 임의로 하야

죽는 사람 같지 않고 무심무사 심상하니

세상사람 생각하면 신음고통 불상하다

도인이라 하는 이는 몸뚱이는 죽더라도

불생불멸 이 마음이 천상인간 자재유희

소요쾌락 한이 없네 제불조사 이른 말씀

추호나 속일소냐 광음이 여류하야

죽는 날이 잠깐이니 부지런이 공부하야

생사대사 면해보세 이 노래를 다 못 마쳐

한등은 명멸하고 사벽송정 수수하니[89]

야이하시오 무인문이라[90] 묵묵히 앉아

헤아려보니 서불진언이요 언불진의라[91]

각필엄권[92] 이만이나 이만 일을 뉘 알소냐

---

89 한등은~수수하니 : 한문으로 옮기면 "寒燈은 明滅하고 四壁松亭 蕭蕭하니" 이다.

90 야이하시오 무인문이라 : 한문으로 옮기면 "夜而何時오 無人問이라"이다. 즉 밤에 몇 시가 되었는지 물어볼 사람이 없다는 말이다.

91 서불진언이요 언불진의라 : 한문으로 옮기면 "書不盡言이요 言不盡意라"이 다. 이는 『주역』 「계사전」에 나오는 말로서, 글로는 말을 다할 수 없고, 말로는 뜻을 다 드러낼 수 없다는 뜻이다.

92 각필엄권 : 한문으로 옮기면 '閣筆掩卷'이다. '閣筆'은 쓰던 글을 그만두고 붓을 놓는다는 말이고, '掩卷'은 책을 덮는다는 말이다.

오회라 이 노래를 자세자세 들어 보소

부쳐님이 말슴하시기를 부모에게 효성하고

스님네게 공경하고 대중에 화합하고

빌어먹는 사람을 불상히 녁여 조금식이라도 주고

부쳐님께 지성으로 위하고 가난한 사람은

꽃 한 가지라도 꺾어다 놓고 절하던지

돈 한 푼을 놓고 절을 하던지 밥 한 사발을 놓고

위하여도 복을 한없이 받는다 하시고

이 우의 다섯 가지를 지성으로 하여가면

복이 한없다 하시니라

중생은 개미와 이 같은 것도 죽이지 말고

남에게 욕하고 언쟎은 소리 말고

머리터럭만한 것도 남의 것 훔치지 말고

조그만큼도 골내지 말고 항상 마음을

착하게 가지고 부드럽게 가지고 내 마음과 몸을

낮우어 가지면 복이 된다 하시니

부쳐님 말슴을 곳이 들을지니라

부록

경허 선사 추모송 3수[93] [鏡虛禪師追慕頌 三絶]

—

경허 법사 영찬鏡虛法師影讚

鏡虛本無鏡　　거울이 비었으니 본래 거울이 없고

惺牛曾非牛　　소를 깨달았으나 결코 소가 아닐세

非無處處路　　거울도 아니요 소도 없는 곳곳에

活眼酒與色　　활안은 술과 여색이로세

경허 법사의 천화 소식을 듣고 읊다[聞鏡虛法師遷化吟]

善惡過虎佛　　선과 악이 범과 부처님보다 더한

是鏡虛禪師　　이분이 바로 경허 선사로세

93　　　이 3수는 만공월면滿空月面 스님이 지은 글이다.

遷化向甚處　　천화하여 어느 곳으로 가셨는가

酒醉花面臥　　술 취해 꽃처럼 붉은 얼굴로 누워 계시네

함경북도 갑산군 웅이면 난덕산 아래에서 선법사를 다비할 때 읊다

[於咸北甲山郡熊耳面難德山下先法師茶]

舊來是非如如客　　예로부터 시비에 여여한 분이

難德山止刧外歌　　난덕산 아래서 겁외의 노래 그쳤네

驢馬燒盡是暮日　　나귀도 말도 다 타 버린[94] 날 저문 때

不食杜鵑恨小鼎　　먹지도 못하는 두견새가 솥 적다고 한탄하네

---

94 나귀도 말도 다 타 버린 : 경허 스님의 육신을 다비하여 아무것도 남아 있지 않음을 뜻한다. 경허 스님이 참구한 화두가 영운靈雲 선사의 '여사미거마사도래화驢事未去馬事到來話'이므로 이렇게 말한 것이다.

경허 선사 일대기[95]

—

스님의 법명은 성우惺牛이고, 경허鏡虛는 호이다. 속명은 동욱東旭이고 여산 송씨礪山宋氏이며, 부친은 송두옥宋斗玉이다. 모친 밀양 박씨密陽朴氏는 신심이 깊은 불자로 평소 지성으로 염불하였다. 1849년[96] 4월 24일에 전주 자동리子東里에서 태어났는데, 분만한 뒤 울지 않다가 사흘이 지나 목욕시킬 때 비로소 울음을 터트리니, 사람들이 모두 신이神異한 일이라 하였다.

스님은 일찍 부친을 잃고 아홉 살 때 모친을 따라 상경하여 경기도 광주廣州 청계사에 들어가 계허桂虛 스님을 은사로 삭발 수계하였다. 스님의 형도 공주 마곡사에서 승려가 되었으니, 법명은 성원性圓, 법호는 태허太虛이다.

스님은 어릴 때부터 마음이 넓고 커서 아무리 힘든 일을 만나도 지치거나 싫어하는 마음이 없었다. 사미승이 되어서는 늘 땔나

---

95 한암중원漢巖重遠이 쓴 「선사경허화상행장先師鏡虛和尙行狀」을 저본으로 삼고 한용운이 쓴 「경허선사약보鏡虛禪師略譜」와 1981년에 간행된 『경허법어鏡虛法語』의 연보 및 경허록·만공법어 편찬위원회에서 정리한 연보를 참조하였다.

96 1849년 : 「서룡화상행장瑞龍和尙行狀」에 의하면, 광무 4년(1900) 겨울에 경허가 용문사에 들렀고, 그 수십 일 뒤에 벽송암에 들러서 서룡 화상의 제자인 영운嶺雲과 동운東雲 두 스님의 부탁을 받고 이 행장을 쓰게 되었다고 하였고 당시 경허의 나이 55세라 하였다. 따라서 경허는 1901년에 55세였고 따라서 생년生年을 1847년으로 추정할 수 있다. 다만 부탁을 받고 곧바로 행장을 쓰지 않았을 가능성도 배제할 수 없으므로, 이 자료만을 근거로 경허의 생년을 확정하기는 어렵다.

경허록 •

무릎 하고 물을 길어 밥을 지어 스승을 시봉하느라 열네 살이 될 때까지 글을 배울 겨를이 없었다.

그런데 한 선비가 청계사에 와서 함께 여름 한 철을 지냈다. 그 선비가 절에 와 지내면서 스님에게 『천자문』을 가르쳐 보았더니 배우는 족족 곧바로 외웠고, 이어서 『통감』・『사략』 등을 가르쳤더니 하루에 대여섯 장씩 외웠다. 그 선비가 탄식하기를, "이 아이는 참으로 재주가 비상하다. 옛날에 이른바 '천리마가 백락伯樂을 못 만나 소금 수레를 끈다.'[97]라는 격이로구나. 훗날 반드시 큰 그릇이 되어 많은 중생을 구제할 것이다."라고 하였다.

그리고 얼마 뒤 계허 스님은 환속하면서 추천하는 편지를 써서 스님을 계룡산 동학사 만화萬化 스님에게 보냈다. 만화 스님은 당대에 이름난 강백이었다.

만화 스님은 영특한 스님을 보고 기뻐하면서 가르쳤는데, 몇 달이 안 되어 글을 잘 짓고 경전의 뜻을 새길 줄 알아 일과로 배우

---

97 천리마가 백락伯樂을~소금 수레를 끈다 : 뛰어난 사람이 낮은 지위에 머물러 능력을 발휘하지 못하고 오랫동안 곤궁한 생활을 하고 있음을 한탄한 말이다. 초楚나라 한명汗明이 춘신군春申君에게 말하기를, "당신은 천리마에 대해 들어 보았습니까? 늙은 천리마가 소금 수레를 끌고 태항산太行山을 오르는데, 발굽은 갈라지고 무릎은 꺾이고, 꼬리는 해지고 가죽은 문드러져서 온몸에 땀을 쏟으며 산길에서 온 힘을 다하지만 올라가지 못하고 있는데, 백락伯樂이 이 것을 보고는 수레에서 내려 말을 어루만지며 통곡을 하고 옷을 벗어 걸쳐 주었습니다. 그러자 천리마가 머리를 들고 슬프게 부르짖으니, 그 울음소리가 하늘을 찌르는데, 마치 쇳소리와 같았던 것은 어째서였겠습니까? 백락이 자기를 알아주었기 때문입니다."라고 하였다. 『전국책戰國策』「초책楚策」.

는 경소經疏를 한 번 보면 곧바로 외웠다. 그리하여 하루 종일 잠자고도 이튿날 논강할 때 글 뜻을 풀이하는 것이 마치 도끼로 장작을 쪼개고 촛불을 잡고 비추는 듯 명쾌하고 분명하였다. 스님이 잠을 많이 자기에 강사가 꾸짖고 『원각경』 중에서 소초疏鈔 5, 6장 내지 10여 장을 일과로 정해 주었다. 스님은 여전히 잠을 자고도 종전처럼 잘 외우니 대중이 모두 미증유한 일이라고 탄복하였고, 이로부터 스님의 명성이 알려졌다. 스님은 영남과 호남의 강원에 두루 가서 공부하여 유가와 노장의 글에 이르기까지 두루 통달하였다.

스님은 천성이 소탈하고 활달하여 겉치레 격식을 꾸미지 않았다. 더운 여름철에 다른 스님들은 모두 가사 장삼을 걸치고 땀을 흘리며 단정히 앉아 경을 읽는데, 스님은 홀로 덥다고 가사 장삼을 벗어 버렸다. 강사인 일우一愚 스님이 그 모습을 보고 문인들에게 "참으로 대승大乘의 법기法器이니, 너희들이 미칠 수 없다."라고 하였다.

1871년 23세 때부터 동학사에서 강석을 열어 박통博通한 학식으로 거침없이 교의敎義를 강론하니, 사방에서 학인들이 몰려왔다.

1879년 31세 때 하루는 환속한 은사 계허 스님이 생각나서 찾아가 보려고 가는 도중에 갑자기 거센 비바람을 만났다. 스님은 급히 발걸음을 옮겨 어느 집 처마 밑에 들어갔는데, 주인이 내쫓고 받아들이지 않았고, 다른 집으로 가도 마찬가지였다. 온 동네 수십 집에서 모두 몹시 다급하게 내쫓으며 큰소리로 꾸짖기를, "지금 이곳에는 역질이 크게 창궐하여 걸리는 자는 곧바로 죽는다. 너는 대체 어떤 사람이기에 사지死地에 들어왔는가?"라고 하였다. 당시 콜레라가 크게 번져 사람들이 죽어 가던 상황이었다.

스님은 모골이 송연하여 흡사 죽음이 눈앞에 닥쳐오고 목숨이 호흡 사이에 있는 듯하여 일체 세상일들이 덧없는 꿈과 같이 느껴졌다. 이에 참선을 하여 생사를 벗어나리라 발원하고 평소에 읽은 공안公案들을 생각해 보니, 교학을 공부한 습성 때문에 모두 알음알이가 생겨 참구할 여지가 없었는데, 오직 영운靈雲 선사의 '여사미거마사도래화驢事未去馬事到來話'[98]만은 마치 은산철벽을 마주한 것처럼 도무지 알 수 없었다. 그래서 곧바로 이 화두를 참구하였다.

스님은 계룡산에 돌아온 뒤 대중을 해산하고는 문을 닫고 단정히 앉아 화두를 참구하였다. 밤에 졸음이 오면 송곳으로 허벅지를 찌르기도 하고, 시퍼렇게 간 칼을 턱밑에 세우기도 하면서 애써 정진하여 석 달을 지나자 화두가 순일해졌다.

한 사미승이 스님을 시봉하고 있었는데, 속성은 이씨李氏였다. 그의 부친이 다년간 좌선하여 스스로 개오開悟한 곳이 있어 사람들이 그를 이 처사라 불렀다. 그 사미승의 스승이 마침 이 처사

---

98 영운靈雲 선사의 '여사미거마사도래화驢事未去馬事到來話' : 영운 선사는 위산영우潙山靈祐 문하의 영운지근靈雲志勤으로 복사꽃을 보고 도를 깨달았다는 고사가 알려져 있다. 영운 선사에게 어떤 스님이 "어떤 것이 불법의 대의입니까?"라고 물으니, "나귀의 일이 가기도 전에 말의 일이 이르렀다.[驢事未去, 馬事到來.]"라고 대답한 화두이다.

의 집에 가서 이 처사와 얘기를 나누고 있었다. 이 처사가 "중이 된 자는 필경 소가 되지요."라고 하니, 사미승의 스승이 "중이 되어 심지心地를 밝히지 못하고 단지 신도의 시주만 받으면 반드시 소가 되어 그 시은을 갚게 마련입니다."라고 하였다. 이 처사가 그 말을 듣고 꾸짖기를, "소위 승려로서 이처럼 맞지 않은 대답을 한단 말이오?"라고 하였다. 사미승의 스승이 "나는 선지禪旨를 알지 못하니 어떻게 대답해야 옳겠소?"라고 하니, 이 처사가 "어찌하여 소가 되면 콧구멍을 뚫을 곳이 없다고 말하지 않소?"라고 하였다.

그 사미승의 스승이 아무 말도 못하고 돌아와서 사미승에게 "너의 부친이 이와 같은 말을 했는데, 나는 도무지 무슨 뜻인지 모르겠다."라고 하니, 사미승이 "지금 조실스님이 밥 먹고 잠자는 것도 잊은 채 참선을 하고 있으니, 이 이치를 아실 것입니다. 스님께서 가서서 물어보십시오."라고 하였다.

그 스승이 가서 경허 스님과 수인사를 마치고 이 처사가 한 말을 그대로 전했는데, '소가 되면 콧구멍을 뚫을 곳이 없다'라는 대목에 이르러 스님의 눈이 번쩍 뜨이더니, 문득 깨달아 고불미생전古佛未生前 소식이 눈앞에 활짝 드러났다. 이에 대지大地가 가라앉고 물아物我를 모두 잊어 곧바로 고인古人이 크게 쉰 경지에 이르러 백천 가지 법문과 한량없는 묘의妙義가 당장에 빙소와해氷消瓦解하듯이 풀렸다. 때는 고종 16년 기묘년(1879) 겨울 11월 보름께였다.

스님은 무사한도인無事閑道人이 되어 방에 한가로이 누운 채 남이 출입하는 것을 아랑곳하지 않았다. 스승 만화 강백이 들어왔는데도 역시 누워서 일어나지 않았다. 만화 강백이 "무슨 까닭에 늘 누워서 일어나지 않느냐?"고 하니, 대답하기를 "일 없는 사람은 본래 이러합니다."라고 하였다. 만화가 아무 말 없이 방을 나갔다.

이듬해 경진년(1880) 봄, 연암산燕巖山 천장암天藏庵에 와서 머물렀으니, 속가의 형인 태허太虛 스님이 모친을 모시고 이 암자에 있었기 때문이었다. 스님은 천장암에서 보림하고 이듬해 1881년에「오도송」과「오도가」를 읊었다.

「오도송」은 다음과 같다.

忽聞人語無鼻孔　　홀연 콧구멍 없다는 말을 듣자
頓覺三千是我家　　문득 삼천세계가 나임을 깨달았노라
六月燕巖山下路　　유월이라 연암산 아랫길에
野人無事太平歌　　농부들이 한가로이 태평가를 부르네

그리고「오도가」에서는 "사방을 돌아봐도 사람이 없으니 의발을 누가 전해 줄거나. 의발을 누가 전해 줄거나. 사방을 돌아봐도 사람이 없구나.[四顧無人, 衣鉢誰傳? 衣鉢誰傳, 四顧無人.]"라는 네 구절로 시작하고 끝을 맺었으니, 이는 사우師友의 연원이 이미 끊어져 자신의 오도悟道를 인증하고 법을 전해 줄 사람이 없음을 깊이 탄식한 것이다.

스님은 대중에게 "훗날 나의 제자는 용암龍巖 장로에게서 나의 법맥을 잇고 만화 강백으로서 내가 수업한 스승을 삼도록 하라."고 부촉하였다. 이 유교遺教에 따라 법맥을 따져 보면, 스님은 용암혜언龍巖慧彦(1783~?)을 이었고, 용암혜언은 금허법첨錦虛法沾을 이었고, 금허법첨은 율봉청고栗峯靑杲를 이었고, 율봉청고는 청봉거안靑峯巨岸을 이었고, 청봉거안은 호암체정虎巖體淨(1687~1748)을 이었으며, 청허淸虛(1520~1604)는 편양鞭羊(1581~1644)에게 전하고, 편양은 풍담楓潭(1592~1665)에게 전하고, 풍담은 월담月潭(1632~1704)에게 전하고, 월담은 환성煥惺(1664~1729)에게 전하였으니, 스님은 청허에게 12세손이 되고 환성에게 7세손이 된다.

이후로 스님은 충청도 서산瑞山의 개심사와 부석사, 홍주洪州의 천장암 등지에서 22년 동안 주석하면서 수월水月, 혜월慧月, 만공滿空 등 제자들을 양성하였다.

1884년 10월, 동학사에서 진암眞岩 화상이 당시 14세이던 도암道岩 행자를 천장암으로 보내왔다. 이 도암 행자가 훗날 만공 스님이 된다.

1898년 50세 때 부석사에 주석하다가 범어사 오성월吳惺月(1865~1943) 스님의 초청을 받고 제자 만공과 침운枕雲을 데리고 금릉金陵 청암사를 거쳐 영남의 범어사로 가서 계명암에 선원을 열었다.

1899년 51세 때 가을에는 영남의 가야산 해인사로 옮겨 조실로 주석하였다. 이때 고종 황제의 칙지勅旨가 내려와 대장경을 인경印經하는 한편 수선사修禪社를 세워서 선객들을 거주하게 했는데, 대중이 모두 스님을 추대하여 종주宗主로 모셨다.

1900년 52세 때에는 1월 하순에 송광사에 주석하면서 점안불사點眼佛事의 증명이 되었다. 이후로 1, 2년 동안 지리산 화엄사, 쌍계사, 천은사, 백장암, 실상사, 영원사, 벽송사 및 동리산 태안사, 덕유산 송계암 등 사찰들에 선원을 창설하여 선풍禪風을 크게 진작하였다.

54세 때인 1902년 가을, 스님은 범어사 금강암에 주석하고 있었다. 그 고을 동쪽에 있는 마하사에 나한개분불사羅漢改粉佛事[99]가 있어 스님을 증명법사로 초청하였다. 스님은 밤이 이슥해서야 절의 동구에 이르렀는데, 칠흑처럼 캄캄해 더 이상 길을 갈 수가 없었다. 마하사 주지스님이 잠깐 앉아서 조는데, 한 노스님이 나타나 이르기를, "큰스님이 오셨으니 속히 나가 영접하라."고 하였다. 주지스님이 꿈을 깨고 횃불을 들고 동구로 내려가니 과연 스님이 와 있었다. 비로소 나한이 현몽했음을 알고 대중에게 그 사실을 말하니, 대중이 모두 기이한 일이라며 놀랐고, 종전에 스님을 훼방하고 믿지 않던 이들이 모두 스님에게 와서 참회하였다. 이 해 범어사에 주석하면서 『선문촬요禪門撮要』를 편찬하였다. 이해 2월에 혜월혜명慧月慧明에게 "염득분명拈得分明 등등상속燈燈相續"이란 말과 함께 전법게를 주었다.

55세 때인 1903년 가을, 범어사에서 해인사로 가다가 도중에 한 절구를 읊었다.

99　　나한개분불사羅漢改粉佛事 : 나한상에 흰 칠을 새로 하는 것이다.

識淺名高世危亂　식견은 얕고 이름은 높고 세상은 위태하니
不知何處可藏身　모르겠구나, 어느 곳에 몸을 숨길 수 있을지
漁村酒肆豈無處　어촌과 주막에 어찌 그런 곳 없으랴만
但恐匿名名益新　이름 감출수록 더욱 이름이 날까 두렵구나

56세 때인 1904년 해인사에서 인경불사印經佛事를 마치고 천
장암으로 와서 2월 11일에 제자 만공滿空에게 전법게傳法偈를 주
고 떠났다.

그리고 스님은 오대산에 들어가서 『화엄경』 법회에서 법문한
다음 금강산을 거쳐서 안변군安邊郡 석왕사에 이르렀다. 마침 석왕
사에 오백나한 개분불사가 있어 제방의 대덕 스님들이 법회에 와
서 함께 증명법사가 되었다. 스님이 단상에 올라 독특한 변재로 설
법하니 법회에 모인 대중이 합장하고 희유한 일이라 찬탄하였다.
법회를 마친 뒤 스님은 종적을 감추었다.

이후로 박난주朴蘭洲로 이름을 바꾸고 함경도 강계군江界郡
종남면終南面 한전동閑田洞에 있는 담여淡如 김탁金鐸의 집에 머물
며 서당을 열어 학동들을 가르치는 한편 삼수三水, 갑산甲山, 장진
長津 일대를 떠돌았다.

스님이 입적한 뒤 수월水月 스님이 예산군 정혜선원定慧禪院
으로 편지를 보내오기를, "스님이 머리를 기르고 선비 옷을 입고
갑산甲山·강계江界 등지를 오가면서 마을 서당에서 학동들을 가르
치는 한편 저잣거리에서 술잔을 들기도 하다가 임자년(1912) 봄, 갑

산 웅이방熊耳坊 도하동道下洞 서당에서 입적했다."라고 하였다.

　　동네 부로父老들의 말에 의하면, 스님이 하루는 울타리 아래 앉아서 학동들이 호미로 풀을 매는 것을 보다가 갑자기 누워 일어나지 못하면서 "내가 몹시 피곤하다."라고 하기에 사람들이 부축하여 방 안으로 들어갔다. 방에 들어가서는 음식을 먹지도 않고 말하지도 않으며 신음하지도 않고 다리를 뻗고 줄곧 누웠다가 이튿날 동이 틀 무렵에 이르러 문득 일어나 붓을 잡고서,

心月孤圓　　마음달이 외로이 둥그니
光呑萬像　　그 빛이 만상을 삼키도다
光境俱亡　　빛과 경계가 다 없어지면
復是何物　　다시 이 무슨 물건인가[100]

라는 게송을 쓰고 말미에 일원상 'ｏ'을 그리고는 붓을 놓고 우협右脇으로 누워 그대로 천화遷化하였다고 한다. 때는 임자년 4월 25일이었다.

　　그 이듬해 1913년에 제자 만공滿空과 혜월慧月이 가서 7월 25일에 난덕산蘭德山에서 다비하고 임종 때 쓴 게송을 가지고 돌아왔다.

100　　마음달이 외로이~무슨 물건인가 : 이 게송은 당대唐代의 승려 반산보적盤山
　　　　寶積의 게송이다.

스님의 사법제자嗣法弟子로는 혜월혜명慧月慧明, 만공월면滿空月面, 침운현주枕雲玄住 및 「선사경허화상행장先師鏡虛和尙行狀」을 찬술한 한암중원漢巖重遠이 있다.

스님은 신장이 크고 용모는 옛날의 위인들처럼 걸출하였으며, 성품은 과감하고 음성은 종소리처럼 우렁찼으며, 변재辯才가 뛰어나 설법을 매우 잘하였다. 세상의 비방과 칭찬에는 일절 동요하지 않고 남의 눈치를 전혀 보지 않아 자신이 하고 싶으면 하고 그만두고 싶으면 그만두었다. 그래서 술과 고기도 마음대로 마시고 먹었으며, 여색에도 구애되지 않은 채 아무런 걸림 없이 유희하여 사람들의 비방을 초래하였으니, 이는 이통현李通玄[101]·종도宗道[102]와 같은 옛사람들처럼 광대한 마음으로 불이법문不二法門[103]을 증득하여 자유로이 초탈한 삶을 산 것이 아니겠는가.

스님의 시에,

酒或放光色復然　술도 혹 방광하고 여색도 그러하니

101　이통현李通玄(635~730) : 당나라 때 사람으로 승려가 아니라 장자長者로 불린다. 두 여인의 시봉을 받으며 불후의 명저인 『신화엄경론新華嚴經論』을 지었다.

102　종도宗道 : 송나라 때 승려로 선지禪旨는 깊었으나 술을 매우 좋아하여 늘 술에 취해 지냈다. 하루는 목욕하는 중에 누가 술을 가지고 왔다고 하자 벌거벗은 몸으로 나와서 술을 받아 들고 들어갔다고 한다. 『임간록林間錄』.

103　불이법문不二法門 : 상대의 차별을 초월한 절대 평등의 경지, 대립을 떠난 이치를 나타내는 가르침이다.

貪嗔煩惱送驢年　탐진치 번뇌 속에서 나귀의 해를 보내노라
佛與衆生吾不識　부처와 중생을 나는 알지 못하노니
平生宜作醉狂僧　평생토록 술 취한 중이나 되어야겠다

라 하였으니, 스님의 일생 삶의 모습을 잘 표현한 것이다.

　　그러나 한편 수행에 철저하여 안거할 때는, 음식은 겨우 숨이
붙어 있을 정도로 먹었고, 종일토록 문을 닫고 앉아서 말없이 침묵
하며 좀처럼 사람을 만나지 않으며 정진하였다. 어떤 사람이 큰 도
회지에 나가 교화를 펴기를 권하니, 스님은 말하기를, "내게 서원
誓願이 있으니, 발이 경성 땅을 밟지 않는 것이다."라고 하였으니,
스님의 평소 곧은 조행操行을 짐작할 만하다.

　　천장암에 살 때에는 추운 겨울에도 더운 여름에도 한 벌 누더
기를 갈아입지 않아 모기와 파리가 온몸을 에워쌌고, 이와 서캐가
옷에 가득하여 밤낮으로 물어뜯어 피부가 다 헐었는데도 고요히 움
직이지 않은 채 산악처럼 앉아 있었다. 하루는 뱀이 몸에 올라가 어
깨와 등을 꿈틀꿈틀 기어갔다. 곁에 있던 사람이 보고 깜짝 놀라 말
해 주었으나 태연히 개의치 않으니, 조금 뒤 뱀이 스스로 물러갔다.

　　천장암에서 어느 날 절구 한 수를 읊었다.

世與靑山何者是　속세와 청산 어느 것이 옳은가
春城無處不開花　봄이 오매 어느 곳이든 꽃이 피는 것을
傍人若問惺牛事　누가 나의 경지를 묻는다면

石女心中劫外歌　돌계집 마음속 겁외가라 하리라

　　그러고는 주장자를 꺾어서 문밖으로 집어 던지고 훌쩍 산을
내려와서 때로는 저잣거리를 유유자적하면서 세상 사람들과 섞여
어울리기도 하고 때로는 산속의 솔 그늘 아래 누워 한가로이 풍월
을 읊기도 하니, 그 초연한 경지를 사람들은 헤아려 알 수 없었다.
때로 설법할 때는 지극히 온화하고 지극히 자상하여 부사의不思議
한 묘지妙旨를 설명하였으니, 선善도 철저하고 악惡도 철저하여 수
단修斷으로써 수단할 수 없는 경지104라고 할 만하다. 게다가 스님
은 문장과 필법도 모두 뛰어났으니, 참으로 말세에 드문 위대한 선
지식이라 하겠다.

104　선善도 철저하고~없는 경지 : 수단修斷은 『잡아함경』에 나오는 사정단四正斷
　　　의 하나로 수행하여 정도正道를 짓고, 그 정도가 점점 자라서 악을 끊어 없애
　　　는 것이다. 경허는 선과 악에 모두 철저하여 선악의 경계를 벗어났으므로 바른
　　　도를 닦아서 악을 제거하는 유위有爲의 수행에 머물 수 없는 초일超逸한 경지
　　　에 있다는 뜻이다.

경허록·만공법어 편찬위원회

證明

진제법원	해운정사
송원설정	덕숭총림
달하우송	덕숭총림
허허지명	법주사
대궁종상	불국사

指導委員會

자운정묵	불교학술원
퇴우정념	월정사
지운	덕숭총림
정도	법주사

常任委員會

常任委員長	**서산도신**	덕숭총림
共同委員長	**정덕**	법주사
共同委員長	**종천**	불국사
共同委員長	**화평**	금산사
共同委員長	**성효**	용주사
共同委員長	**원경**	마곡사

執筆 / 飜譯

선암   불교학술원
이상하   전 고전번역원

實務委員會

學術協助

實務協助

경허록鏡虛錄

ⓒ 경허록·만공법어 편찬위원회, 2024
표지 題字: 송원설정 큰스님

2024년 11월 30일 초판 1쇄 발행

기획·편찬 경허록·만공법어 편찬위원회
(32409) 충청남도 예산군 덕산면 수덕사 안길 79
홈페이지 www.mirror-moon.org
이메일 gyeongheo.mangong@gmail.com

발행인 박상근(至弘) • 편집인 류지호 • 편집이사 양동민
책임편집 양민호, 정유리 • 편집 김재호, 김소영, 최호승, 하다해
디자인 쿠담디자인 • 제작 김명환 • 마케팅 김대현, 이선호, 류지수 • 관리 윤정안
콘텐츠국 유권준, 김대우, 김희준
펴낸 곳 불광출판사 (03169) 서울시 종로구 사직로10길 17 인왕빌딩 301호
대표전화 02) 420-3200 편집부 02) 420-3300 팩시밀리 02) 420-3400
출판등록 제300-2009-130호(1979. 10. 10.)

ISBN 979-11-7261-108-8 (03220)

값 28,000원

잘못된 책은 구입하신 서점에서 바꾸어 드립니다.
독자의 의견을 기다립니다. www.bulkwang.co.kr
불광출판사는 (주)불광미디어의 단행본 브랜드입니다.